国家出版基金项目
NATIONAL PUBLICATION FOUNDATION

刘大年全集

日记（下）

九

长江出版传媒
湖北人民出版社

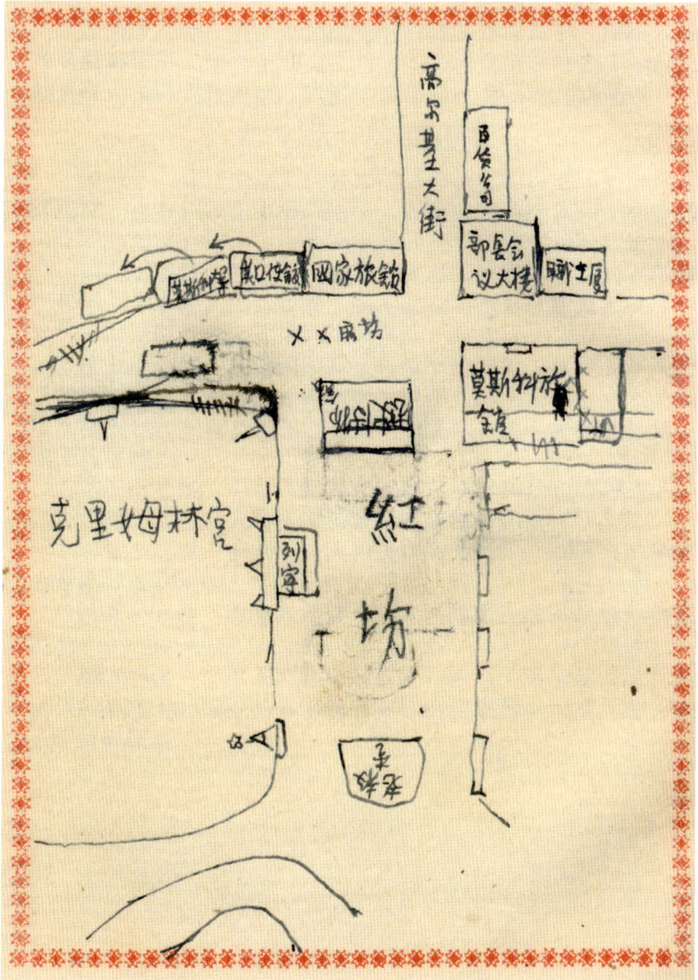

刘大年手绘的莫斯科红场周围示意图，绘于日记封面

编者说明

一、《刘大年全集》第八、九卷收录的是日记。现在发现的刘大年日记从1949年开始，1949年只有一条。日记集中在1951年至1966年之间。1956年日记大约是最全的，1963—1965年日记也较全，其他年份都不很全，有的年份没有（如1957年），有的年份只有一两条。

二、刘大年日记分为工作日记和出访日记。第八卷收录工作日记。工作日记共有13个年份。工作日记值得注意的有：1. 1951年作为中国科学院学习委员会负责人，具体安排了中国科学院知识分子的思想改造工作，日记对这方面的工作有具体记录。2. 日记对中国科学院早期工作，对中国科学院哲学社会科学部的组成和三个历史研究所的成立以及1956年的十二年科学规划制定过程，都有一些记录。3. 日记还记录了不少有关中央领导人的讲话、指示等，有的是作者本人亲自在场的，大多是各种会议的传达。因为是记录稿，不一定很准确，但是对于体现时代气氛，了解时代背景，是有意义的。4. 日记对1964—1965年间参加的农村社会主义教育运动（简称“四清”运动）有较多记录，特别记录了他在甘肃张掖乌江公社对地主、长工作的调查，以及准备写作《长工传》的种种思考，尤其集中在如何用马克思主义、唯物史观、阶级斗争观点分析地主与长工的关系方面。5. 日记还记录了他对中国近代史、国际关系史、美国侵华史以及其他历史问题的思考及他的学术研究的轨迹。

三、第九卷收录刘大年先生1953—1988年之间的14次出访国外的日记。他的出访活动不止14次，1988年后也有出访，但是只发现了14次日记。除了14次出访日记外，作为附录还收录了与出访活动有关的随笔，有的已刊，有些未刊。这些日记的珍贵性是毋庸置疑的，特别是1953年3月，作者随中国科学院代表团访问苏联期间，正逢斯大林去世，日记记录了中国科学院代表团参加苏共中央在莫斯科安排的各种悼唁活动，极其珍贵。

四、日记中的俄文地名和人名等，大多数是作者自己写的，间或也有苏联人写在他的笔记本上的，整理时未加区别。日记偶尔也写有英文，都是作者手笔。在莫斯科和柏林访问，为了加深记忆，作者手绘了几处街区示意图，今天看来也是珍贵的。

五、14次出访中，第一次是作为中国科学院访苏代表团成员进行的，作者详细考察了苏联及其乌克兰、哈萨克、乌兹别克等加盟共和国的科学研究机构、大学的科研组织和研究方法等，这些对后来中国科学院的机构建设和研究工作产生了实际影响；还有两次访问澳大利亚、新西兰，一次访问西班牙、葡萄牙，都是作为全国人大常委会派出的官方访问团成员，有时担任副团长，作者还有全国人大常委会中澳友好小组组长的身份，访问对象主要是该国的总统、总理、议长等，日记中对这些官式访问只是作一般记录，对沿途所见历史地理等方面情况则多所记录，且常发表观感；其他的10次出访都是历史学者身份，有时是代表团秘书长，有时是副团长，多数是团长，这些都是中外历史学家友好交流的珍贵记录。其中，1985年出席在联邦德国举行的第十六届国际历史科学大会，作为中国史学会代表团团长在开幕式上受到该国总统接见，在闭幕式上应邀讲话，开创了中国史学会与国际历史学界交流的宝贵篇章。

六、日记大多笔迹潦草，年深日久，字迹模糊，辨认为难。有时候工作笔记与生活日记写在不同的本子上，编者在编辑时适当作了整合。

出访日记写在大小开本各不相同的笔记本上，为了旅行方便，有几本笔记本是袖珍本。有的是在火车上写的，有的是在飞机上写的，大多是在旅馆写的，字迹都很潦草，有的字难以辨认。也有同时的出访日记写在不同的本子上，编者作了适当的整理。为了方便读者阅读，编者采用了几种符号：【】符号中的字代表衍字，[ ]符号中的字代表改正的字，〖〗符号中的字代表漏字，□代表辨认不清。

七、第八、九卷由张海鹏、赵庆云负责整理和编辑。在整理过程中，编者本着尊重史料的原则，努力保存日记原貌。日记中有些地方写得过于随意、简省和口语化，颇为费解，整理时也未作改动。有些地方人名、地名、日期、统计数字及史实等可能记忆有误，我们对其中部分问题进行了核查订正，但囿于条件所限，未便一一核查。为了帮助读者理解，个别地方作了力所能及的注释。不妥之处，请读者指正。

目　录

一九五三年二至五月访苏日记[①]

2 月 24 日　星期二

参加了大约 40 天的赴苏访问的筹备工作，今天出发了。这个代表团是〖在〗去年 10 月苏联科学院作出了加强中苏科学合作的基础上组成的。最初确定的代表团的任务主要是学习苏联如何组织领导科学研究工作，如何订科学研究计划，原来人数只有十来人，后来逐〖步〗增加为二十余人，原来只有自然科学方面，后来又增加了社会科学方面的科学家，其中语言学是苏联科学院提出的。原来是中国方面提出到苏联去学习，后来是苏联邀请中国的科学家。

我是在一月十二或十三〖日〗的下午，接到张稼夫同志的电话，要我考虑参加代表团的筹备工作，到一月底即已最后确定参加代表团，作为历史方面的代表。

在准备工作期间，我所做的主要是三件事：（一）起草几个发言稿，有中国历史科学现状，关于中苏关系的历史，关于屈原。（二）草拟一个访问提纲。（三）收集好一些介绍情况用的历史研究和科学出版工作方面的资料。在准备期间，开了一连串的会议，先后由周扬、陈伯达、郭沫若、胡乔木等人做了关于访苏任务的讲话和座谈。此外还做了一小部分熟悉苏联历史研究情况的工作。

行期原定在二月十七日，在一星期前即电告苏科学院，但延至二十一日始收到签证。从北京到满洲里的列车又只星期二、四有，故延迟到今日启程。

早七点从崇文门外兴隆街人事部招待所乘车至前门上车，七点半送行的

① 根据手稿收录。——编者注

人纷纷到车站，有郭院长、李四光、陶孟和、竺可桢、吴有训副院长，文委办公厅主任徐迈进，苏联驻我国大使馆参赞、秘书等人。八点整大家都上了车，八点十分，车上【播上】播送歌曲，列车开始慢慢移〖动〗，送行的人纷纷挥手。我感到了一种强烈的离别北京、离别家乡的气氛。

送行的人群中，我注意了两个人。一个是丁瓒。今天下午他就要在党内开始作检讨，不知结果会如何？他可以说是以往中国科学院的最关键性的人物。这次访苏最早是由他筹备的，并已宣布为代表团的秘书长。但由于过去工作中的问题特别是近来发现的历史上的问题都□□□□，结果不能成行了。我特别嘱咐了他几句话，要他很老实地检讨。另一个是黄有兰的爱人，私人关系来送行的好像只有他一个，他两人显得特别亲热，但似乎又不自然。

车开动以后，列车员在扩音器里报告，这一列车叫“和平列车”，是大连车厂的工人为迎接去年的“世界和大”制造的，车的外部为流线型，内部装潢相当精致，陈设也很华丽。一间铺满地毯、摆满沙发和玻璃椅子的“眺望车”是写日记的好地方。

上午十点过天津以后开始写日记，但左右摇摆写不成，搁下了。下午五点多钟过山海关——这是我第一次出关，在眺望车里见朱波的日记本上已写满了两页，我又开始继续写下去。

从北京到满洲里，全长二千二百公里，车行44小时。

这次赴苏访问的任务是光荣而重大的。但自己知道的东西很少，准备又不足，必须遇事多用脑子，多费一点时间，认真努力地来完成这个任务。

【自】北京早七点，正是机关工作人员上班的时候。路经东交民巷到台基厂南口时，特别注意往北看，但汽车一闪就过去了。

到山海关时，在眺望室注意看长城和“天下第一关”，铁路经过的地方离关口最少有一二华里，看得不清楚，给我的印象是极为平平，完全不像什么“一夫当关万夫莫入”的那样险要。西边虽靠高山，东边并不临海，连海还看不着，而是一大块平原。由此也可见书本上的知识总不如亲身经验来为[得] 真实。

下午六时十分到锦州，已是黄昏时分，什么也看不见了。据说十点二十可以到沈阳。

我与副院长张稼夫同志同房，对面的房是团长钱三强同志，有门可以相通。

到沈阳时我已就寝，严济慈等来送行。

2 月 25 日

昨晚睡得很好，原来说到长春也有人来送行，因那时已经是今天早晨四〖点〗，结果没有人来。

七点半起床开支委会，讨论到满洲里以前和入苏联国境后车上的工作。今天〖是〗很紧张的一天，要开团委会、党小组会、行政工作会、学术小组会等一系列的会议。八点过后车抵哈尔滨，支委会开会。同其他人一起穿衣至车站散步。车开时，第一次见到苏联军人，大衣外面带着斜皮带。哈尔滨以后车往北，但在车上感觉不出来。过哈尔滨以后风景已有变化。松花江紧靠哈尔滨市东，江里冰有裂纹，有一些小□冻在冰上。有人用冰拖子在冰上行走。越往西北，地下逐渐有积雪。晚七点在博克图。在此以前经过了昂昂溪、扎兰屯等地。这些都不是汉文名称。扎兰屯是内蒙〖古〗大城市之一。博克图在大兴安岭上，很冷，满地是未化雪，铁路两边有山，但只能见到小树，大树则看不见了。车站上堆满了木料。博克图是兴安岭高地，开始加一个车头，约八点钟到兴安车站，是中长路最高处。同钱三强等同志下车散步数分钟。山顶地面都是积雪。在北京出发时已经感到一种春天的意味，两天一夜的旅行，自然环境发生了如此大的变化。

九点后就寝。翻来覆去睡不着，停车时可以听到车外雪地上行人的脚步声，沙沙地响。在北京甜睡着的人们，再也不会想到我们在这半夜三更，正在祖国辽阔的边疆上奔驰着——说边疆其实还不到。

2 月 26 日

早五点十分，列车到达满洲里，误点一小时。到站前一个钟头，就起床收拾。昨天开团委会时作了一条规定：全团行动时，团长、秘书长、翻译在前，其次为女同志，以下按第一、二、三、四、五组的顺序排列，第一组为数理组，组长华罗庚；我属于第五组，组长张稼夫，为社会科学组。按全团二六人所排定的顺序，我为第二四，最后的两人是语言所研究员吕叔湘，高教部综合大学教育司司长张勃川。今天下车大体是按照这个顺序，以后将一直遵行。

下车后在车站的所谓“贵宾室”休息了一二十分钟，即由外交部驻满洲里办事处派汽车拉到满洲里的招〖待〗所。招待处是一所新盖的大楼，有宽敞的客厅和许多间卧房，陈设也很整齐，一色的大红缎子的被子外面罩了白布。早饭后同张勃川、梁思成等许多人在大街上转了一圈。

满洲里东西南北四面都有不很高的山，山上积满白雪。室内房屋是各式各样的俄国式房子。有高大的教堂，也有矮小的贫民居住的房屋，街上铺的石子和冰冻在一起，异常坚硬。

街上和商店里的人不算太多，但是形形色色，一种是穿蓝棉袍束花腰带的蒙古人——这里是内蒙〖古〗自治区，间或还见到有黄色棉袍的蒙古喇嘛，他们讲蒙语。一种是白俄，女人的衣色一般较整齐，也有些装饰。有些从事体力劳动的白俄所穿的衣服式样虽然有异，但破旧的情形和内地农村农民的服装差不多。我所见到的好像是赶车的工人式苦力。街上有旧式的俄国马车，我们还特地参观了一所俄国人开的商店 чорин магдин。另外也有苏联人，他们的各方面都是比较讲究的，最多的还是汉人。口音很普通，就是一般的东北话。

商店的招牌都是两种文字，汉文、俄文，大一点的商店还有蒙古文。我们所住的招待所外面所挂的牌子“中华人民共和国内蒙〖古〗自治区外事处”，就是用汉蒙两种文字写的。从扎兰屯往西差不多就是这种情形。

从百货公司出来和几个本地汉人交谈，知道这一带的气候和土壤都不能种庄稼，牧畜也很少，这个大约万把人口的城市主要靠铁路生活。

我手里没有地图，很想知〖道〗北京是哪个方向，有人告诉我是正南偏西，我从窗外不断地朝这个方向望去。

下午五点，苏联接我们的列车开入满洲里车站，重新编组，我编入第三组，鱼贯入车。正五点，列车开往西去，大家都站在窗口注意看国门。满洲里西部还有许多铁丝网、地堡的残余，是本［当］年日本人设置的。国境线并未看到特别的标志，有一所小房子和一个岗哨。往南看有较高的山，火车经过的丘陵地带，从我们的岗哨往西大约十华里是苏联边防军的岗哨，在一个小房子上竖有苏联国境〖标志〗。列车进入苏联国境时行驶较慢。这时有一种“离开祖国”的感觉。

进入苏联国境的第一个城市是Одпор，离苏联国境不过五华里，车没有进站以前停下了，开始了入境检查。先有国际旅行社（Интулист）的人上车来办理外汇等手续，接着有两三个苏军上车来检查护照，把每个人的护照给他们，经过翻译和简单的询问后即拿去盖章。随后开始检查行李，检查人员增〖加〗，据说这是对我们的一种优待，因为时间可以缩短。检查行李时，他们自己都不动身，我们自己把箱子打开翻给他们看，凡是有文字的东西只是简单看一下。我告诉他我的箱子里有书，他几乎没有看，翻译吴均燮的箱子里有一些俄文书籍，他们都仔细翻阅。在另一个翻译的书籍里发现一份天津出的俄文教学用的报纸，引起他们很大的重视，仔细问了情由——因为这是外国宣传品。检查人员对我们是很尊重的，但是他们对于执行他们的任务是认真的，态度也是很严肃的——这是最紧张的一幕，也是入苏联后给我们上的第一课。

差不多九点钟时才全部办完了检查、过境手续。

晚九点多钟吃晚饭，是苏联方面招待的。事先已听说他们招待我们的伙食费是每天每人85卢布。第一顿饭对我提出了一个新的问题，就是怎么能把分给自己的东西吃完。最后一盘菜是一大块鸭，用刀切，切不开，没有吃。端菜的女主人很不满意。当场就批〖评〗说Прохо。后来还是朱洗替我切开，勉强吃了一半。85Руб的确太多了，合人民币60万元[①]。据〖说〗中国在苏联〖留〗学的学生每月生活费全部为500Руб。过去来苏访问的中国农民代表团每人每月［天］60Руб，85Руб最多，是大学教授的待遇。饭后每桌又添一大盘用花纸包着的糖。每人发牛皮纸口袋一个，招待员坚持要把吃不完的糖用纸口袋带走。

2月27日　星期五

昨晚睡得很好——出发以来睡眠都还不错。早八点多钟起来在窗口瞭望，只见满地白雪，铁路两侧的山上到处都是森林，沿途村落稀少，房屋都很小，

① 这里指的人民币是老币，一万元相当于后来一元。——编者注

从墙到房顶全是用木料。小孩子和劳动人民穿的衣服都相当破旧，房屋附近有许多木制的栅栏，把地圈成一片片，好像中国南方的菜园，据说是为了积雪用的，使雪不被风刮走。

上午十一点到赤塔，这是苏联西伯利亚的大城市，停车三十分钟，大家都下车散步。城市除一部分木房外，大都是近代化的建筑物。许多建筑物北面靠山，铁路从市中心由东往西，在靠近市中心处有一个类〖似〗公园的场所，植有一片白杨，中立一铜塑列宁像，很生动。两侧各有铜塑的运动员二人，其中有两人是裸体的手执铁球女运动员模型。这是民族习惯不同的表现。如果在中国公园里〖摆〗上两尊裸体女人模型——不要说它和革命领袖像配在一起，无论如何行不通。

九点半钟过 Каримеская 时，也曾下车散步数分钟。回到车上后，张稼夫同志告诉我有一个没有肩膀的女孩子胸前挂一个口袋讨钱。

下午睡到五点起床，讨论总报告稿，钱、华等来房内漫谈。

从早到晚火车所过处，全是茂密的森林地区，西伯利亚今天决不是人们想象的那样荒凉。

2月28日　星期六

今天是从北京出发的第五天，是进入苏联境内的第三天。有些人如朱洗、张勃川等都先后发生生病的现象，我的肚子也感到有些不舒服，但无大妨碍。据说身体不好或适应环境能力较差的人在西伯利亚旅行的第三天总要发生变化。

从早起到北京时间的上午十二点，列车一直【与】沿贝加尔湖行驶。这一带的风景确是优美的，左面是连绵不断的高山，山上全是森林——也可以说 Одпор 到这里铁路所经过的地方全是森林地带，右面是湖，湖面上为白雪铺得□□的，望不见对岸。如果是夏天从这里经过，将看到一片葱绿。团里的工作人员新华社国内部副主任康英是一位女同志，高兴地唱起了红军赞美贝加尔湖的歌曲。

十点至十一点开支委会，由钱三强参加讨论总报告。

过贝加尔湖南端以后，铁路折向东北，这时看见一条流入贝加尔湖的河流，河里没有结冰，有一些小的钓鱼船停在河心，上面有人在钓鱼。

因为预计两点钟车到Иркуcтк后，苏联科学院迎接我们的代表要来见面，提前一点钟吃午饭。果然，苏方代表准时到车上相见，一位是从莫斯科来的，他陪着我们到莫斯科去。一位是【从】西伯利亚科学院的代表，他是来欢迎，同时也是欢送的。

在Иркуcтк西南，看见了大片的农业耕种的土地，还有像是集体农庄的村落。旷野的雪地里有人、牲畜【车】在拉车。到И城附近，更看见了大规模的共产主义建设的施工情形，工地就在铁路附近，那里停有许多重大的起重机，正在建筑水库。远处有很多高大的房舍和其他大的建筑物。经过打听才知道，是要在这一带建立一所大水闸和发电站。水闸将提高贝加尔湖水面六公尺，铁路要移到山上去，电力站发出的电力将供应西伯利亚地区，规模是异常宏大的。下午两点时，车在И城停三十分钟。下车散步，见青年妇女三五成群推一种很简单的四轮车，往火车上送煤。城市里妇女劳动的人数很多，这是一个特点。

散步时，同翻译刘磊其走到车站入口处，挂钟指的时间才九点半，这是莫斯科的时间，和北京时间相差五小时。今天是星期六，大概我们这里说下午五点时，北京的人们已经进入睡乡了。

3月1日　星期日

昨晚睡眠不好，肚子有病，晚十二点时，张稼夫同志发生梦魇，演了一场全武行。七点时天还不亮，贝、华已先后起床。

十一点以前的行程，所见沿途风景仍与前两天无异，山，森林。十一点以后逐渐进入平原地带，有成群的马在野外放牧，村庄很稀，房屋的构造大小差不多，像是集体农庄的样子。村庄里除一部分新式建筑，很多是旧式的木顶房子，而且很破旧，也很小。车站上和铁路沿线来往的人，一部分人的服饰也是很破旧的，当然也有一些人是穿着很阔绰的，如果单看这一部分现象，会令人怀疑社会主义国家的人民生活水平到底有多高。

昨天晚餐吃的糖很特别，不但装潢美丽，而且花样很多，有的里面包着酒，有的包着果子汁。我想买一些回去送北京人是很好的礼物。

下午三点至 Иенисэ 河旁的大城市 Кнасноярск，是一个有一百五十万人口的大城。因为停车半小时，大家下车散步，走了不远的一段，见有两处有列宁、斯大林铁像。车站里吃饭的人大都穿戴华丽，有戴金肩章的将军，有着玄狐大氅的少妇，与乡间劳动者的气派显然不同，城乡的差别这里表现得很明显。

整个下午小组讨论历史现状报告，有些不适的挑剔。北京〖时间〗九点吃晚饭，饭后找汪□研究资料组工作。资料组工作由我负责，指定要成为团的参谋部，这对我是一个很重的负担。

3月2日　星期一

北京〖时间〗十一点半车抵新西伯利亚，是一个很大的城市，苏联科学院到 Иркустк 来迎接我〖们的〗Нигуна Василивыти 领着我们参观车站。车站是座很高大的建筑，旅客活动的地方有上下两层，据说在中国只有大连车站可以相比。

过新西伯利亚后进入平原地带，再往西是一片低洼的大草原，是畜牧区，按斯大林计划，要吸干潮水，改造为农业区。

下午七点半，车至草原区的 Тебисокая，这里的居民是塔塔尔族。塔塔尔据说是成吉思汗的后裔，可能〖是〗鞑靼的转音。停车时有些身穿黑色棉衣的妇女，手里拿着一瓶牛奶，或是一两个整个面包来车的窗口兜售。这种情况是原来我所想象不到的。一瓶牛奶或一块面包大概值三两个 Роб[①]。能够出售的当然是他们的剩余生产品。但数量是这样少，可见生活并不是那么富裕。不过既不是经商，而又有剩余产品出卖，总是不错了。

七点半，北京人早已下班回到家里去了。从七点半起开学科小组会，至九点四十分，讨论语言学的分组报告。

现在时间的计算法很混乱，有人的表是北京时间，有的已改为莫斯科时间，有的又是本地时间。今天在车上看到太阳出来，大概是北京时间的九点半以后。看表只有一个作用，就是知道北京人这时正在干什么。写到这里已

---

① 指卢布，俄文原文为 Руб，以下不再注明。——编者注

经十分［点］钟了，我们还未吃完饭，北京人已经舒服地休息去了。

上午开支委会，布置下车后的工作，做好资料工作成了团的中心问题。我提出刘咸一负责未获通过。张稼夫同志一方面说我胜任，同时又批评我有个人打算。我想无论如何，对历史方面必须收集一些材料，写成一些东西，不能空手回去。资料工作也要做好，这就是要很好地做组织工作，合理支配时间。

晚十二点听【说】莫斯科广播，塔斯社记者访问郭沫若，郭发表谈话，加强中苏科学合作，中国派廿六名科学家去苏联学习，这是一种国际宣传，是一种大事。

3月3日 星期二

前天晚上起，在车厢的走廊上形成了一种临时的唱歌晚会，华罗庚、朱洗等许多人都参加，女同志中，黄有兰、康英最活跃。昨晚照例又举行，快到下〖午〗一点时，车到Омоско始停，因为大家要下车散步。Омоско是一个很大的城市，是从满洲里到Моско的一半。

大家唱歌时我已经脱衣躺下，这两天感到身上不舒服。有两种原因，一种是上苏联车以后，饮食习惯大变，我有点不能适应。武衡、张勃川等归纳出了吃饭的三条经验：1. 不吃先上的公共的东西，如面包、黄油、香肠、罐头等；2. 吃自己应吃的一份，时间放长一些，细嚼慢咽；3. 吃完后不喝汽水、杏汤一类的凉饮料。我想这几条是完全对的，应坚决执行。另一个原因是车上温度不一致，国内的车温度经常在华氏80度，外面遍地是雪，车上穿衬衣还流汗。苏联车上较好，气温常在华氏60度左右，但也有时嫌高，有时嫌低，特别是两节车接衔处和下车散步时，都很冷，极易感冒。今天从七点半起来洗脸到十一点天明都头痛，是感冒的结果，以后穿衣要更多一点。

下午十点至什维尔斯诺夫克，这是一个有一百二十万人口的城市，有一个电影是介绍什维尔斯诺夫的。什维尔斯诺夫是加里宁以前的苏维埃主席，原是在这一带做地方工作起来的，后来调至中央，换了一个知识分子，官僚主义，枪毙了一个好共产党员，什维尔斯诺夫亲自来处理此事，因感冒病逝。什维尔斯诺夫在电影中有一个特点是一只眼镜［睛］上带有眼镜。车到站时正在开团委会，没有下车，只在窗口望见车站的广场，有无轨电车和一些汽车来往。

在团委会上提出了资料工作的三个问题：

一、资料工作的□□和要求达到的目的。

二、资料组的分工与制度。1. 团的总的活动与各资料〖人员〗要有分工。2. 资料组内部每个人分担的具体工作。3. 资料人员与各学科小组的分别联系。4. 资料人员分别负责考虑的问题。在制度方面两条纪律：1. 按时完成任务。2. 达到一定质量——内容清楚、切实。三点注意：1. 严格分清责任，机动使用力量。2. 亲自动手，对工作不推未［诿］。3. 展开严格的批评与自我批评，及时纠正错误。

三、对学科小组的要求。

这些意见获团委的一致通过。

3月4日　星期三

昨晚车过乌拉尔山，进入了欧洲。当地时间九点吃早饭。餐车的无线电所收的莫斯科广播宣布了一个突然的使人惊异的消息：斯大林得病很严重。病是三月三日开始的，为脑溢血症，同日下午三点病情恶化，血压高达二百廿度，脉搏每分钟一百廿余次，呼吸困难，有时中断，半身麻痹，不能讲话，并一度失去知觉。

这个消息是联共中央与苏联部长会议发布的，消息末尾并号召全苏人民在斯大林暂时不能工作期间更好地团结在政府和党的周围……宣布这个消息的本身，说明斯大林病情严重的程度。车上的苏联人和我们代表〖团〗的许多人顿时神情紧张起来。饭后大家回到自己的住所纷纷猜测。我想这个消息对全世界都是一个极大的震动，不论革命派与反革命都会予以极大的关心，不过是出发点不同。对于我们此次访苏来说，这个消息自然也〖是〗极为不利的。大家期待着新的消息。

昨天到今天，看到的沿途积雪比西伯利亚更厚。沿路栽的挡雪的柏树墙和一些小的树被雪埋没了半截。

一直到现在看到的村庄很稀，而且仍然是一些很小很不整齐的木头房子。

Молотов 城已在昨晚的睡梦中过去，没有瞻仰一下。

下午一点十分钟，车抵 Килов 城，基洛夫是联共党的重要的活动分子，是斯大林的亲密战友之一，于 193？年[①]为托洛茨基反革命派害死。车停后，大家照例下车散步。车站的入口处有基洛夫演讲姿态的塑像，是一个面孔很慈祥的人，并不像有些他的传记里所给予人们的一种印象：一个十分严厉的、革命组织的工作者。

当我们走到基洛夫像前不远入口处所时，有一位看来约五十上下的劳动妇女问我们是否知道斯大林病势最重［新］的消息，我们告诉她所知道的情形。她很忧虑地说：要是没有斯大林，谁来领导我们。一面说一面流泪。这种表示，正是代表了我们所有人的情绪，而且没有什么话可以回答她。

下午修改总报告的最后定稿。

一直等到莫斯科八点钟，几次打开桌上的扩音器，仍没有听到关于斯大林病况的继续报告。

八点钟，正是北京的夜十二点。紧张而疲倦以后的北京人，大概已经睡着了。

原来有些人坚持不到莫斯科就用北京时间，今天已经有人把表改为莫斯科时间了。

今天打听到车站上出卖的一只烧鸡 38 个 Руб，一瓶酒 22Руб，物价不低，由此可见。

因为明天就到莫斯科了，团里准备了一些礼物送给车上的乘务员，给他们就收下，毫不客气。这是他们的直爽表示，不像中国人虚伪。这是一种民族特性。车上管理伙食的经理和厨娘，他们晚上不睡觉，筹划如何使我们吃得好，可见他们对工作是极其负责的。其他乘务员也是如此。这种精神就值得我们学习。

晚饭饭吃得很少，端饭的女工还是第一顿饭就批评我 Прохо 的那位，坚持要我把一块鸡吃完，最后给我做结论是 Очин Прохо。

车上管伙食的经理是一位胖胖的青年，在苏联卫国战争中，他们父子都是志愿〖兵〗，其所以现在当了列车伙食经理，一则因为受伤残废，同时也因为他在莫斯科大学毕业时的毕业论文是关于吃［食］品工业问题。由此可

---

① 日记原文如此。基洛夫被暗杀，应在 1934 年 12 月 1 日。——编者注

见，社会主义国家人民文化水平之高。在中国不能相比。

3月5日　星期四

向往了多少年，又经过了十天旅行所要达到的莫斯科，在今天上午十一点到达了。

今天车上的人起得特别早。我早三点醒后就没有再睡着。距莫斯科还有大约一百华里左右，沿途的风光就有了变化。别墅式的新房子逐渐增多，许多房子是不规则的排列在大片大片森林里。老一些的房屋中间有高大的俄国式的教堂，漆黑的圆顶上杂以金色。在铁路两旁出现了一排排的国家为工作人员或工人盖的样式比较划一的住宅。这种景色一直连接的［到］莫斯科市的边缘。

八点钟时在车上听到广播斯大林的病况仍然严重，没有好转的象征。我向张、钱提议把原来预备在车上用的讲演稿加上表示对斯大林的病十分关心的一段。我们估计在这种情况下不会有什么隆重的接待，这个讲演稿可能用不着。科学院派来接我们的尼古拉·华西里维奇也只说科学院学术秘书长托布契也夫院士可能来车站欢迎我们。

十一点以后，车快进站，大家也已收拾停当。车停后大家按顺序下车。刚刚下车就见到我驻苏大使馆参赞戈宝权。他告诉团长：苏联科学院院长涅斯米扬诺夫和许多有名的老科学家都已经到车站来迎接，准备的讲稿要用。这时我的心情紧张起来。随着顺序往前走，不断地和来欢迎的人握手。走到月台的中心，那里早已摆好扩音器和电影摄影机，十几个手里拿着照相机的摄影记者和欢迎的人群一拥而上，包围了我们的代表团。纷纷上前和我们握手并向我们团长及女同志们献花。

涅斯米扬诺夫院长致欢迎词，讲了大约五分钟。我只记得提到斯大林的病是一件不幸的事。欢迎你们就是欢迎中国人民的代表。最后喊斯大林和毛泽东万岁。钱致答词后大家步出车站。

在欢迎的人群中有许多【老】须发苍白的老者。大多数是五十岁以上的人。我感觉到我们一些人是太年轻，很不相称。

车站外面有几十辆灰色和黑色的汽车，我和张勃川、武衡所乘的大概是第三辆车。由车站出发，经过不太折［窄］的街道往西走。过了一些大街到一座大楼前下车。这座大楼是 Националь 饭店。进入楼里大家都在等候分配房子时，吉谢列夫来找我，钱介绍和他见面。

下午两点吃饭。在座的有奥巴林院士，斯克列亚宾院士，格鲁森科博士，吉谢列夫博士，苏联外交部远东司副司长。我的座位在奥巴林和戈宝权的对面，斯克列亚宾的左边。戈宝权是对苏联很熟悉而有外交活动经验的人。在席间他对我们的活动出了一些主意。

斯克列亚宾身为三重院士，是一位七十多岁的老科学家，我问他多大年纪，他要我猜，我说七十岁，他说还要加四岁。我告诉他，我的年龄只有他的一半。后来贝时璋知道我只有三十八岁时很惊讶，认为太年轻了，其实年纪并不算小，而是知道的东西太少了。

国家饭店坐落在克里姆林宫北面，又有一条笔直的大街经店门口直通克里姆林宫。在吃饭的大厅里，对克宫、列宁墓、历史博物馆看得很清楚。

我的房子是 127 号，是在餐厅的上一层，与餐厅同一方位，从窗口望克里姆林宫近得很，到城墙大概不过一百多米远。

房子陈设华丽，平生未见。隔壁是华罗庚，难得他对我很关心，告诉我许多国外的生活习惯，细节上所应注意的事。

下午四点半开团委会，宣布苏联科学院为我们所安排的近三天节目，他们并将举行招待会，我们只好客随主便了。

写日记时是下午七点多钟，工友送来莫斯科晚报，第一版上载有斯大林健康状况的公报，和我中国科学院代表团抵苏京的消息，车站欢迎会的照片赫然在目。苏联新闻工作者的工作做得太好了。

从今天起，日记改用莫斯科时间。

1953 年 3 月 5 日下午 8〖点〗，莫斯科国家饭店 127 号。

3 月 6 日　星期五

早八点多钟，桌上的电话铃响，起来接电话，是华罗庚的声音。他的第一句话是："告诉你一个不幸的消息，斯大林同志过去了。"要我马上到团长室开会。赶紧起床梳洗，拉开窗上的金色布幕看到通往克里姆林〖宫〗的大街上已经有大群大群的人们络绎不绝的往克里姆林〖宫〗走去。许多人低着头，步子很急促，显得是极其沉重。

到团长住处，钱、张已去大使馆，他们回来时告诉我们已向苏联科学院提出停止今天的预订日程，以后的日程另商量。

接着有《消息报》的记者来找团负责人，要团里有人写文章在报上发表，表示中国人民与科学家的沉痛，决定由我负责。下午武衡又告诉我《火星报》还要写一篇。大使馆也来电要我们用〖团〗的名义对苏联科学院院长和科学院主席团写信吊唁。由康英、何、汪分别起稿，最后一篇文章的题目是《中国人民的伟大朋友和导师斯大林同志永垂不朽》，张稼夫指定用我的名义在《火星报》上发表。

上午十一点，科学院代表团与商务代表团联合举行简单的追悼会，由叶季壮、钱、张分别讲话，由商务代表团的翻译宣读《真理报》上的讣告。叶是对外贸易部部长，财经委员会副主任。张的讲话简短有力，说我们是沉痛，但不悲伤、不抑郁，斯大林死了，他的事业是永远活着的。在世界有苏联共产党的领导，中国是毛主席的领导……　钱讲话时哭了，几位女同志也落泪。十二点和晚上八点苏联科学院和我国大使馆举行追悼会，要我们代表团参加。我因赶文章未去。据小何回来讲，苏联科学院的追悼会上有十位著名科学家讲话，许多人泣不成声。钱也简单致辞，又哭了。

为了赶写给《火星报》的文章一直到十二点，快是北京人们要起床的时候。这是我参加代表团的工作以来最为紧张疲劳的一天。晚上看东西眼睛都睁不开了。

傍晚的时候，听说斯大林的灵床已由克里姆〖林〗宫移到职工大厦。我们所住的国家旅馆对面就是克宫，离列宁墓不过五六百米，右边只隔一所部长会议大楼就是职工大厦。有些知道消息较早的人在窗口等着看灵床经过，但没有看见。据说是五点半钟时过去的。

从早晨起，这一带就断绝了交通。但许多市民仍想往克里姆林〖宫〗走去。先是警察维持秩序，后来增加了穿黑色服装的骑兵，仍然拦不住行人。十二点前后，用一些大卡车把东西通行和南北通行的街口拦住了。骑兵警察还在巡逻，但还有些人想经过。足见苏联人民对于斯大林是如何的爱戴。“自己最亲爱的人死了”，一定要去看望那种心情是完全可以理解的。

大概下午三时以后，苏联红军、国家机关职员、莫斯科市民已经开始在组织到职工大厦去谒灵。各种服装代表着不同职业的人群，来往交错，一直到夜深还没有停止。

3月7日　星期六

一九五三年三月七日莫斯科时间下午三点钟，我看见了停止呼吸还不到四十小时的世界历史上最重要的人物之一的斯大林。这会是我一生中所经历的最重要的事情之一。

昨天我曾听说要往职工大厦吊丧。今天上午十二点以后我们团里才从大使馆知道了确定的时间。下午一点半在旅馆门口集合。团里事先通知大家不要带红色的中苏友好徽章，不带红色围巾等，女同志不要抹口红。我们的服装大部分都是黑色的大衣，走到哪里总是黑压压的一片。黑色衣服按照外国的习惯是一种丧服的颜色，我们穿着这样的衣服去吊丧，则是用不着什么准备。不过后来在别的人群中才发现，苏联对红色并不和我们的看法一样。苏联群众吊丧的人群中，男人有围大红围巾的，女人有穿红衣的。

集合出门往西走，经过美国大使馆，旧的莫斯科大学校舍门口，绕到克里姆林宫的北门再往东经过我们住的旅馆门口到职工大厦，因为这一带交通断绝，而且路也很近，所以是步行的。

到旧莫斯科大学西边的街口上等了一刻钟，与我驻苏大使馆人员、政府代表团、商务代表团人员会合在一起。据说，我国在莫斯科的公务人员有三百人左右。这里集合的看来不过二百人上下，到克拉姆林宫北门附近以后，又和其他国家的吊丧行列汇合在一起，从他们带的花圈上写的文字可以分别出来的有保加利亚、朝鲜等国。

中国是排在第一队，中国队内部的顺序是：大使馆、政府代表团、商务代表团、科学院代表团。戈宝权、李富春、钱三强等走在前面（今天《莫斯科报》上发表的各国驻苏使节谒灵的名单，第一名就是中国临时代表戈宝权——张大使因公回国，戈暂代），紧接在中国后面的是保加利亚。我回头往后看去，队伍很长。中国送七组花圈，第一个花圈是毛主席署名的。

因为前面谒灵的人群没有走完，我们这一大串不同国籍的队伍时走时停。轮到我〖们〗走进职工大厦门口，脱下帽子、手套进入门内时，当面壁上挂钟所指的时间是三点差五分。

职工大厦在外面看起来是一个并不高大的房屋，一共只两层。门口挂有巨幅斯大林画像。进门后往左手转弯上楼。从楼梯前起，有三行服装整齐的士兵，用立正姿势整整齐齐站在那里。一行站在中间把吊丧的人分成两路，另两行站在楼梯和通道的两侧，有一种十分肃穆的气氛。到楼上一直往前走，两侧摆了花圈，异常强烈的、交错的灯光使得稍远一点的地方看不清楚。再往左边转，是一个大厅。跨进大厅，从正面看去，在对面的墙上挂有两面很大的把整个墙壁都盖起来的苏联国旗和苏共党旗，在国旗下面有一个一人多高的为鲜花簇拥着的台子，这就是灵床了。停止了呼吸的斯大林就仰卧在上面，面对着大厅的门口。灵床周围是可以绕着走的。我进入大厅向右转，出来时看见一群身着军服戴着耀眼的金星肩章，类似高级军官的人们在灵前从右往左绕过。我们一般吊丧的人所经过的地方离灵床最少还有两丈远。

从两丈远以外望去，只见斯大林的面孔很瘦，不像死后照片上显示的那样正常，颜色是苍白的，但仍给人一种和蔼可亲的感觉。

进入大厅后，里面的人是满满的，却没有嘈杂的声音，只听见哀乐的一种沉重的节奏。但由于灯光很强，灵床两旁有数不清的电影摄影机对着吊丧的人们拍照，加以走到这里的人心情都很紧张，经过的时间又很短促，所以我们团里差不多有半数的人就没有看见斯大林的遗体，有的人出来以后埋怨自己排定的队列位置不好。有的人埋怨别人为什么当时不指点他。这决不是一种好奇心理，而是对斯大林的真诚的爱戴，对他的深切哀痛的表现。

当我紧跟着队伍快要离开大厅的时候，回头再往灵床处看去，只看到一大堆的鲜花和数不清的花圈，连灵床也看不见了。这时我发现这个大厅有点像中国式的墓式建筑，有很粗的白色圆柱支着房顶。我想到这就是有名的职工大厦的圆柱大厅了。把斯大林的遗体安置在这里来接受广大群众的瞻仰，是很有意义的。

从职工大厦后门往西就到了高尔〖基〗大街。在我们要经过的地点稍往北一点，就拥有两排大卡车，还有一群红军和警察在那里把守着。在汽车北边的街道上挤满了人群，他们制造一切机会，企图越过封锁线，跑到职工大厦去。有的从卡车上爬过来，有的从车底下钻过来。警察和士兵手拉手来挡住这些群众。一个不小心许多人就冲过去了。红军士兵们又费尽力气把他们拉回来。我们从职工大厦出来就碰见了这么一个很紧张的场面。其实这种情况是整天继续着的。我们住的旅馆东侧就是高尔基大街，可以从窗口看得很清楚。

在旅馆门口出发时见到李培芝，她参加我们团的行列一同去吊丧。从职工大厦出来时，她回住所。

回到住所以后，我想了想：有人类历史以来还没有一个人，因为他的死引起世界这么大的震动，引起了群众这么深的悼痛。我想主要原因是由于苏联今天真正是世界上最强大的国家，它在整个世界的民主阵营里起着当之无愧的领导作用，而斯大林就是这个国家的缔造者和领导者。

斯大林的一生，在世界人类历史上的作用是再巨大不过了。参加领导十月革命，进行苏联的社会主义建设，打垮法西斯德国，扭转历史发展的方向。这一切是和全世界人民的生活有直接关系的。

晚上吊丧的人群越来越多，听说排队已经排到莫斯科市外二十多公里处。

报上发表以马林科夫为部长会议主席。我们私下议论，认为这是很有利的措施，给帝国主义者泼一盆冷水。他们对于斯大林去世自然是兴高采烈的。下午两点多钟，我们吊丧的队伍从美国大使馆门前经过时，看见美国大使馆的楼上窗口里有一个女人拿望远镜在观望，大概想从这里发现些什么情况好写情报。但见到国外群众吊丧的人是那么多，他们也会不娱［愉］快的。

晚上十点开团委会。

从红墨水起往后的一段是 1953 年 3 月 8 日追记的。

莫斯科国家旅馆 127 号

3 月 8 日　星期日

今天团内无活动。各小组开小组会，讨论苏联科学院提出的参观计划。

昨天斯大林治丧委员会已宣布，斯大林将在三月九日安葬入列宁墓，在三月九日以前停〖止〗一切日常活动，三月十日起，一切照常。

下午五点正在写日记时从窗口看见列宁墓东口正在用汽车围起来，大概是为明天安葬的布〖置〗。安葬仪式团内只有钱、张两人参加。

下午两点以后，我国来吊丧的政府代表团已到达莫斯科，以周恩来同志为首，有郭沫若等人。在莫斯科有刘长胜、叶季壮、钱三强等人加入。张闻天大使也同返此〖地〗。

今天早餐时，与苏联科学院一位负责与代表团联络的老先生谈话，他会说中文，不过要很注意听才能听懂。他告诉我，他有一本《美国侵华史》，如果我不信，他可以拿来给我看。我说，值不〖得〗提，写得不好。他说很好。请他批评，他说就是写得好。平常可以客气一些，但在科学院，在科学问题上是不能客气的。有不同意见就应当提出，批评并不是为了把事情做坏。苏联也还有一些老年人不顾别人批评，但那是不对的……这位老先生名Пянтковский（边特可夫斯基），是东方研究所研究中国经济、法律的。他说他有《六法全书》和人民政府的《结婚法》（婚姻法），希望我们能借给他一些中文书看。他带来三个学生在这里做与我们团有关的翻译工作。我们写的追悼斯大林的文章都是他们翻译的。他的学生中有一位青年名Новголоский（诺夫果洛斯基），在中国住过较长的时间，在我接触的中文翻译中，他算是最好的。老先生还有一位女弟子，也能说汉语，打算研究中国现代文学。据说对田间的诗有兴趣。老先生就要算苏联的汉学家了。

吃中饭时，吉谢列夫在——他每天中饭都来陪客的。他问团长刘大年为什么没有来，是不是病了。其实，我已和他谈过两次话，他不认识我的面孔，团长找我要我去与他寒暄一番。

今天与斯大林告别的人显著减少了，但花圈显著增多，从窗口看到历史博物馆的周围都摆满了花圈。这自不是没有群众要来，而是不能容纳了。可能是只接受了他们派来的代表。

这三天早晨或上午都有【超】飞机从莫斯〖科〗上空飞过。

克里姆〖林〗宫塔顶上的红色五星高耸着。这里是七点，北京已是十二点半，大概北京人已经睡着了。听说北京也举丧三天。

七点半，国家旅馆127号

3月9日　星期一

伟大的斯大林遗体在今天安葬了。我有机会看到了从移灵到入墓的大部分过程。

七点多起床，见旅馆前的广场里有大队的红军在排队，从部长会议大楼附近穿过历史博物馆前的广场，抵克里姆〖林〗宫东口，一个挨一个排成两行，成一条走廊的形式。这就是斯大林灵柩所【有】要经过的道路。

快九点半时，到钱三强住处，他已去集合准备参加葬仪。钱住室为115号，是旅馆东南角的两间大房。往东到职工大厦的门口不过一百米左右，那里已经整齐地排满抬着花圈的仪仗队。从这个房往南看，可以见到列宁墓，不过半华里。送殡行列要经过的道路就在房外不远处。这里要算是最好的【看】观看斯大林葬仪的地方。我到这个房子里来的时候，已经有几位旅馆的职员在那里等着。其中一位是诺夫果洛斯基。他告诉我移灵的时间是十点钟，并且约我赶快下去吃早饭，他说吃过饭到这里来看还来得及。我们早饭时间本来规定在九点半。

我从饭厅里回到115号房间时，十点还欠十分，就在这里等着。来看的人逐渐增多。旅馆的女工告诉我们不要太靠近玻璃，怕警察干涉。

十点一刻以前，灵柩已经从职工大厦移到殡车上。后来张勃川告诉我说他们看见从大厦移灵出门，灵床是由苏联政府领袖们抬着的。正十点一刻，军乐队奏哀乐，送葬的仪仗队和灵柩开始徐徐向西移动，沿着原来排好了的道路前进。

走在最前面的是一个着将军服装的军官。在他后面的是二三百个大花圈，由穿着黑色丧服的人们抬着走。抬花圈的是一个长方的队形。离开花圈队大约五十米有五匹深颜色的马拉着一辆马辆［车］，灵柩就平放在马车上面。马车前面有一个将军为前导，另一个骑马的将军走在马队的左边，每一匹马都〖有〗一个军人执着缰绳驾御着。当灵柩渐渐移近旅馆东南角时，我问马林科夫在全［前］面还是在后面，他用望远镜看过，告诉我在后面。

灵柩更近了，周围是用红绸布围着的，棺材的上半部是透明体的物质。从房子的玻璃窗户看去，可以见到斯大林的头部，但只看见白色的面孔，相貌看不清。

灵柩后面就是排列整齐的送葬的行列，除了苏联党政首脑人物还有一些外国的主要代表。

我注意看谁是马林科夫，但由〖于〗面孔不熟看不清楚。第一排就是苏联的首脑人物【，我注意看马林科夫，但由于面孔不熟看不清楚】。第一排里有两位戴红帽子里［的］，据诺夫果洛斯基说，靠北的一位是布尔加宁，南面的是伏罗希洛夫。周总理是紧跟着马林科夫。

再往后就是红军的队伍，人数不多，不过三四百人，分为十路纵队。前面一个军〖人〗打着军旗，但旗不是向前举起，而是向后倒扛在肩上。这一点很特别。最后是四列（？）红军摆成U字形，随着送殡的人们缓缓前进。我注意着手表，从职工大厦到列宁墓不到一华里，整整走了半个钟头，从十点一刻到十点三刻。

苏联人民对斯大林的感情的确是深厚的。当哀乐声起，灵柩移动时，站在我附近的几位苏联妇女顿时泪珠如雨点一般地掉下来。欧洲人有一种压制自己感情的习惯，好像只有如此，才算得是文明。我想如果是在中国一定有许多人是嚎啕大哭了。

送殡的行列进入克里姆〖林〗宫与历史博物馆之间的街道以后，我回到了我所住的127号房间，是在115号西边，南边的窗口正对着克里姆〖林〗宫的街道，列宁墓看得很清楚。诺夫果洛斯基迅速搬来一个收音机，收听红场上所举行的追悼会进行的情况。他因为能〖说〗中国话，随时摘要翻译给我们听。华、吕、武都先后来到房子里。

十一点宣布追悼会开始，马林科夫演说。他讲话的声调很急促，但干脆有力。从诺君的翻译中有几句话给我的印象很深："如果有需要，我们能够消灭任何侵略者"，"世界上没有任何力量能够阻碍我们建设共产主义社会"，"中苏两国人民的团结是无敌的"。这几句话确实是很要紧的。接着是贝利亚和莫洛托夫讲话。莫洛托夫讲话的声调好像老泪纵横的样子。从讲话的神情去判断，也知道他是很苍老的了。他们的讲话声音虽然是从收音机里听到的，但他们那许多人走上列宁墓，又从上面下面［来］都可看得很清楚。

十二点整，鸣礼炮三十响，哀乐声大作。远远望见红场上的红色的斯大林灵柩，由东往西进入列宁墓。因为列宁墓周围有柏树，远看就好像灵柩是从柏树行间穿过的。这时我们房子里的人自然肃立，达十来分钟之久。

追悼会闭幕后举行阅兵。早晨六七点钟，各地组织的群众已进入红场。这时受检阅的部队由历史博物馆东面的街道进入红场，再在列宁斯大林墓前经过，往西去。我看见的大少［多］是步兵，有炮兵、装甲部队等，是莫斯科卫戍部队的一部分。至下午一时以后阅兵完了，有组织的群众退出红场。

散会时，我无意中见到有四位从红场出来的人，走向美国大使馆，大概是美国外交人员了，其中有两人穿的黑色西服，戴的高顶礼帽，另一个戴的黑色眼镜，是一个流氓样子，再一个是穿肉色衣服的妇女。据说在这以前美国大使馆也有些人去谒灵，但穿着是大红大绿，苏联同志表示不满意。

下午三点时，部长会议大楼附近的大街上恢复交通，顿时有许多群众拥往红场。但进入红场的街口上的重叠的岗哨还没有撤岗。许多人都站在〖那〗里不走。

下午五点时，与张稼夫对换房子，我搬至三层楼的321号。东面窗外是高尔基大街。晚上快十一点时，我拉开窗帘看见部长会议大楼〖周〗围站了很长的一串群众的队伍，蠕蠕向南向东移动，看样子好像是去职工大厦的。

听说斯大林去世的消息公布以后，大学里的学生有许多人吃不下饭，医院休养的人坚决要求出院。斯大林真是其生也荣，其死也哀矣。

夜十一点莫斯科国家饭店321号

又，诺夫果洛斯基说，斯大林去世后，他的儿子非常悲伤。他儿子是空军中将，以往每次红场检阅都是他领航飞在前面。斯大林还有一位女儿，是日丹诺夫儿子的爱人，小日丹诺夫现在联共中央公［工］作。

3月10日　星期二

今天莫斯科恢复正常工作。

上午苏科学院派格鲁森科、吉谢列夫来团里谈日程。下午六时科学院举行招待会。

科学院在旅馆西边，汽车要走大约二十分钟。

会议由涅斯米扬诺夫院长主持，苏联科学院主席团全体出席，各部部长、各所所长都到会。这些人是苏联科学界的领袖，他们多半在科学上有很高的成就，有许多人都是院士学位。如托布契也夫、奥巴林、亚历山大诺夫等。

欢迎会是在一个椭圆形的会议厅里举行的。很［看］样子建筑很古老。每个人的座位都是事先排定的，我排在主席团左边的一行。紧靠着我的是哲学研究所所长亚历山大诺夫，他是哲学界的权威。右边是老汉学家边特可夫斯基。他的任务是作翻译。再就是吉谢列夫，是到中国的考古学家。对面是历史学家波布列夫。亚历山大ΓФ、吉谢列夫都非常健谈，使我应接不暇。

谈到毛泽东同志的哲学著作时，亚历山大诺夫说不只是在中国是很高的，在世界也是很高。苏联的哲学家也学习毛泽东的哲学著作。

开会后，涅院长致欢迎辞，首先讲到斯大林去世给中苏科学家带来的沉痛。郭致答词说，斯大林是最大的科学家。话讲得不多，很得体。钱又讲了一段，不但画蛇添足，而且有些词不达意。这个人确实有些旧习气，政治思想水平不高。

接着，由涅院长介绍科学院情况，九点散会。

晚饭时紧靠着我右边坐下的是苏联科学院的一位工作人员，她的任务大概是招待我们的。长得很漂亮，也极善于交际。我问她的名字，她告诉我名叫 Илисабе Дмитливла（伊丽莎白 · 德米特里叶夫娜）。她不但劝菜，还用手扶我的身上替我读报纸，说北京六十万人开大会的消息，说毛泽东献花圈。问我懂不懂，我说 Я Не Панимаю，她哈哈大笑。

我问别的翻译，《真理报》上载有北〖京〗开追悼会的消息，时间是在昨天下午五点，就正是这里的十二点。大概我们在房间里肃立的时候，天安门前六十万人也在肃立着。

从科学院回来时，在车上听说科学院的房子很有来历，过去是一个贵族的别墅，赌博输给了别人又赎回来，叫做“不娱［愉］快的别墅”。李鸿章来俄国就住在这里。里面有一间房子叫“中国室”，现在查不清楚了。中国人想起这一段历史别有领悟。

十六点，国家〖饭店〗，321 号

3 月 11 日　星期三

上午十一点出发看斯大林寿辰纪念馆。纪念馆设在普式庚[①]博物馆内，是一重柱□□□的建筑，其中陈列的礼品全部都是稀世之宝，或是劳动人民的精心杰作。第一个例子，有一幅地毯大七十平方米，中间是斯大林巨像，周围有七十幅画，七十个人费了八个月的时间才做成的。

有一些表示数字的实物，斯大林七十寿辰国内外有一百零一种文字出版

① 普式庚，现在通译为普希金。——编者注。

斯大林的著作。

有一个挖土机的模型，它的实在工作能力一分钟所挖出的土等于二千人的工作，只要十七个人操纵，是共产主义建设用的。

一幅名为《人民的凯旋》的图画，画的一九四七年红场检阅，胜利了的红军把缴获的希特勒旗帜掷在地上，准备销毁。人物景致十分生动，莫斯科的□都画出了，是我【我】看见的最好的图画，作者曾得斯大林一等奖。

馆里的展览品是全世界五十国送来的。为世界人民写给斯大林的信有一百多万，是由 4 万【万】劳〖动〗人民签字的。现在参观这个馆的人有三百五十万人。

馆中专有中国馆，所有的人以极大的注意参观这个展览室。

德意志共和国的礼品中有本原为俄国人的著作，题为《俄国工人现状》，上面有马克思新［亲］笔德文评语，写在书的下面，字迹仍很清楚。

法国礼品中有列宁在法国住时戴的帽，形状〖像〗通常见的维吾尔帽，外面为红色羊毛。还有马克思当年用的茶壶、茶碗，及 1875（？）年〖法文版〗第一版《资本论》。

展览馆的主任为我们介绍时说中国礼品陈列室特别引起观众的注意。但当我们看到中国室情形完成［全］相反。1. 根本不能算是什么礼品，是一些临时应酬的东西，如寿幛等。2. 没有政治内容。其他国家送的有很珍贵的纪念品或者是象征革命斗争，或表示团结的意义。3. 完全是农业国的落后的表示，别国有很多很好的工业品。依我看，中国的礼品是很差的，在馆内很减色。

下〖午〗三〖点〗半参观完毕，相当疲劳。

午饭后（我们午饭规定是下午四点），大家又去看莫斯科市面建筑。我在家里写给历史研究所的问题。写就如下：

吉谢列夫同志：我们把要从历史研究所了解的一些问题写在下面，如果你认为没有什么不妥，请在星期六以前交给历史研究所的负责同志。

（一）关于组织领导。

1. 历史研究所的组织机构和这些机构的职责与相互关系；

2. 在行政工作与学术工作方面有哪些日常的工作制度；

3. 如何培养干部，研究生科与博士科怎样组织领导，怎样审查学术著作，怎样考授学位？

（二）研究工作的内容。

1. 目前苏联史学界中心的、大量的工作是什么？在这方面已经完成了哪些著作，正在进行哪些工作？

2. 苏联史学家对中国历史研究方面有哪些意见？请对我们多提一些。

3. 目前苏联史学界有哪些重要的学术上的争论，争论的主要点是什么？准备如何解决？

4. 在历史研究所内有没有研究经济史的部门，如果有，它的工作内容如何？

（三）工作方法。

1. 怎样进行集体研究，苏联史学界采用的有哪几种集体研究的方式，如果要把不同职责的研究人员（如研究员与研究生）组织在一起，他们怎样分工？

2. 领导某一个题目的集体研究的人，他的主要责任是什么？

3. 请介绍一些其他的有关集体研究方法的经验。

（四）思想工作。

1. 怎样经常组织理论学习，来提高理论工作者的思想性与科学性？

2. 怎样组织学术讨论，怎样组织公开的批评与自我批评？

3. 历史研究怎样有效地和当前的政治斗争相配合？

4. 怎样克服历史学中的资产阶级民族主义的观点，贯彻国际主义与爱国主义相结合的观点？以及怎样反对非历史主义的倾向？最好能举实例说明。

（五）关于历史教学工作。

1. 大学里的历史系怎样组织，有些什么课程，这些课程的时间是怎样安排的？

2. 大学历史教师怎样进行研究工作？与科学研究机关怎样联系？

3. 高级的教育机关和研究机关是否需要考虑如何在广大群众中进行历史知识的教育的问题，如果有这种需要，请问这项工作是怎样进行的？

（六）其他。

1. 苏联史学家有哪些应该向中国介绍的著作？

2. 苏联史学界对中国史学工作者有哪些需要和希望？

3. 对于加强两国历史学家的亲密联系，苏联史学家认为应该采取哪些方法？

叙述：

1. 叙述科学工作中的批评与自我〖批评〗时引证斯大林语言学问题中关于没有批评就不能发展科学一段。

2. 叙述历史科学必须用马克思主义武装【引】，引斯大林十八次党代会总结中关于精通一门自然科学还必须通一门共同——马列主义一段。

3. 叙述历史科学的基础时引证经济是历史科学的灵魂大意。

3 月 12 日　星期四

托布契也夫介绍苏联科学发展的历史。

俄国的光辉的科学在俄罗斯时代已经有很大的成就。由于一九五一年——一九五二年考古学家的发掘证明，一九一八年俄国已成立莫斯科大学[①]。在俄罗斯科学上有创始意义的是彼得大帝一世，他在一七一七年时参加了巴黎科学院，成为院士，并在这一年按巴黎科学院形式组成俄国科学院。但这时俄国的国内国外情况都复杂，科学院的组织工作不易进行。罗马洛索夫成为俄国文学的源泉，同时他还是一个哲学家，他的哲学思想有唯物的性质，他说世界是活动的物质。

十八—十九世纪之间许多俄国科学〖院〗的院士，他们做了大规模的教育工作。他〖们〗的特点是学识很渊博。他们是把科学用于实际结合起来的。十九世纪上半期科学院的成员得到补充。

1839 年成〖立〗了天文观象所，在世界观察台里占有地位。在十九世纪后半期化学有很大的发展。有许多有成就的科学家从事这方面的工作。但在这时科学院发展是很慢的。沙皇并不愿意科学真正发展起来，而只是当做了一个装饰品。当时有些在科学院的人与科学没有什么关系。当年对进步的科学家有很大的障碍。例如大化学家门德列耶夫有很大的成就，是爱国者，就没有进科学院。

1902 年高尔基被选进科学院，但沙皇未批准。有两个出名的院士为表示

① 此处有笔误。据查，莫斯科大学成立于 1755 年。——编者注

抗议离开了科学院。

沙皇俄国科学的特点是脱离人民，脱离实际的，只有革命才〖能〗扫除这种障碍。

党和苏维埃政府为科学工作创造了非常有利的条件，没有一个政府这样急迫需要科学，把科学作为它存在和发展的条件。列宁说过没有科学就不能建设社会主义，没有任何一个阶级像无产阶级这样大的程度要求发展科学。

列宁认为科学是发[①]活的力量。他在科学院发现了所需要的人。他非常重视伟大的俄罗斯人民创造的天才。苏联科学院再生，应归功于列宁。1918年教育人民委员会写信给科学院说到利用科学成就的可能性。秘书长回信，只要有需要，科学家就准备做科学理论的研究，来解决国家的需要。

列宁本人在1918年写了著名的《科学工作计划草案》，从这个草案中看到科学院的工作有多么巨大的规模。

但是科学院并没有马上找到科学同革命相结合的创造性途径。当时必须克服个人选择研究题目的传统。因为个人选择的题目多半是远离生活的。为了解决理论联系实际的需要，就必须打破这些传统。但科学研究还是慢慢转变过来了。

1918年根据列宁的提议，人民委员会准许科学院发行二百种杂志，虽然当时纸张印刷非常困难，并【对】〖提出了〗改善科学家的物质生活的措施。1921年列宁签署命令，保证巴甫洛夫的工作条件。列宁也经常召集科学院的工作人员谈话。

就在这几年里组成了科学院的许多研究所。

1920年开始进行库尔斯克半岛的研究工作，结果在那里建立了工业中心。1925年科学院院士人数十二人，其他工作人员由1917年117年［人］增至431人。1924年列宁的逝世，使科学界非常的悲哀，使科学界失去了最好的朋友。

之后，最伟〖大〗的科学家、列宁的学生继续领导科学院的工作，斯大林成为科学发展的思想领导者。

1925年7月20日，政府发布命令，把俄罗斯科学院改为苏联科学院，从这个决定表明苏联政府对苏联科学院的信任。这时提出许多任务，使科学

---

① 此处似有漏字，所漏何字，难以判断。——编者注

院直接参加社会主义建设工作。

1929年组织政府委员会到科学院来，来检查调查科学院的组成人员及其工作情况，同年苏联人民委员会批准科学院研究部的条例，调许多青年来科学院做研究工作。从这时起，科学院根本改造，来了一个剧烈的改变。在这个改变中，基洛夫同志有很大的作用。以后的几年中许多研究机构进行了改组，并成立了一些新的研究所。例如东方学、地质、细胞、进化形态、植物等研究室［所］。

1930年科学〖院〗第一次编制了年度工作计划，包括各部和院的工作计划，克服各人在小房间进行工作的方式。1930—1934年科学院的出版获得巨大成就。1935年院士增至一百人，有十八人是技术科学的代表，这是第一次把技〖术〗科学〖家〗选为院士。这时科学院成为一个很庞大的统一领〖导〗的有目的的集团。在几年内，在方法上有了很大的改变，掌握了马克思列宁主义的方法。1934年政府命令把科学院从列宁格勒搬到莫斯科，这使科学院更加强了领导的地位。1938年科学院的预算□拨资和地方科学院达一亿二千六百七十万Роб，1939年一亿五千八百万Роб，1940年一亿七千六百九十一万Роб。1939年把斯大林选为名誉院士。1941年科学院有119名院〖士〗，182名通讯院士，5名誉院士。全部科学工作人员达一万人。院内包括76〖个〗科学研究所和其他机关，16〖个〗研究室，6〖个〗观察台，46〖个〗科学工作站。

1941年7月20日德国进〖攻〗，使苏联人民劳动中断。

几乎给科学院提出了新的复杂的问题。1942年秋天斯大林给科学院两个电报规定了科学院在战争环境下的任务。科学院院长向政府提出建议科学院的任务应该是巩固发展国防军事力量，发展生产。

1944年又成立了许多研究所，如历史语言、文学等研究所。

科学院1952年有三万二千零三人。

往后科学院发展的特点是与社会主义建设联系在一起的。

斯大林经常关怀科学院的工作，接见科学院的代表，给他们提很多宝贵的意见。

现在谈学术秘书处的工作。

学术秘书处受主席团委托检查各研究所的工作，注意挑选干部。1. 要检查政府所批准的任务计划完成的情情［况］。2. 要检查和监督苏联科学院大会和主席团的决议和指示。3. 要经常提出各研究所，对工作较差的提出警告，听取各所工作总结，向主席团作出报告。4. 采取某些措施保证科学院与各部门及加盟共和国之间的关系。

学术秘书是在学术上很有成就的人，由各部提出主席团任命的，共十二人（吉谢列夫是其中之一）。

党发展科学的方法是发展批评与自我批评的方法。

斯大林马克思主义与语言学著作对一切科学有决定性的影响。

科学院主席团可以邀请各有关学者参加拟定研究题目。

学术秘书处的人都是苏联共产党党员。

报告和解答问题至下午三时始完。解答问题的人除了托布契也夫秘书长，还有共产主义建设援助委员会副主席（？）Сисакиан（西夏金）。

报告会进行中，我走出会场，有位苏联同志拿了一本俄文书要我在上面签名。他告诉我这是《美国侵华史》的译本。书不很厚，白色硬纸封面，大概是按照新华书店旧本翻译的。

午饭后送给吉谢列夫三本书，一本是郭沫若送给吉的安阳考古报告，一是吉在中国的讲演集，另外一本是中文的《美国侵华史》。后两本我都在上面签了名。他很高兴。

3 月 13 日　星期五

生产力委员涅布契诺夫报告生产力委员会的工作。

生产力委员会是组织、领导配合生产的科学研究工作，它本来也还单独进行科学研究工作。主要是研究边区地质、地理、生物、经济方面的工作。参加工作的有全苏科学院和加盟共和国科学院。这个委员会进行总结考察工作。1952 年有 174 个考察队，参加的人数有 5000 人，本身编制内有 2100〖人〗，其他为大学等处临时借调的。这个委员会领导的机构只是领导有关资源方面的，如果委员会有 340〖人〗，科学研究的就有 250 人。调查的结果要向 СВИТ[①] 主席团报告，并作为下一个五年计划的根据。

---

① 此处有笔误，应为 СОВЕТ，作会议解，又指苏维埃。下同。——编者注

这个组织还可以组成一些专门性的委员会，如关于铁等，参加这个委员会的包括植物、土壤、地理、水利、冶金、经济、土壤改良等专家。这些专家〖是〗从各部门来的。参加这个委员会的有科学院四〖十〗三个所、十个分院、九个高等学校、不属于科学院而属各部的十三个研究机关。制成地理、植物、土壤、地貌、水文地质等详图。

委员会有四十个人，有七个人是经常来工作的。

一、在斯大林共产主义建设计划下，斯大林同志说，社会的发展不决定于地理情况，而决定于生产方式，但地理条件可以有一定的影〖响〗。整个说来苏联的地理条件是优良的，多样的，但也有一定的不利因素。加强共产主义建设就要消除这种不利。苏联有很多的【很】“永冻地带”，必须消除它。有些酸性土壤要改良，草原的干旱比较严重，过去每三四年就旱一次。防旱中实行深耕，牧草轮作，在沙〖漠〗地带开辟灌溉系统，种树固定流沙，供给水分——这许多目的在改造自然条件的措施，就叫做斯大林改造大自然的计划。1948 年后这种工作进行更加紧张。

每一个建筑工作都解〖决〗电力、水利、灌溉、交通、城市工业供水等问题。是综合性的利用自然力量的原则。这是社会主义原则，在资本主义条件下是不能实现的。这里表现了斯大林所提的社会主义基本经济法则的作动[用]，就是最大限度地满足人民物质需要。

电力：沙皇时代每年 20 亿千瓦小时，现在在古比雪〖夫〗一处等于当时全部的五倍。

1940〖年〗苏联发电量已占世界第三位。

1950〖年〗苏联发电量已占世界第二位。

1952〖年〗一千一百七十亿千万［瓦］小时。

至 1955 年要达一千八百亿千瓦小时。

1946 年斯大林提出要在十至十五年内达到二千五百亿千瓦小时。这是占世界第一位。

改造大自然对苏的作用：

在沙皇时代俄国只有四百万海克托灌溉土地。

二次大战前灌溉土地面〖积〗已达六百万俄亩。

在下个五年计划中间可增至一千四百万俄亩。这就是社会主义制度优越性的表现。

谷物，沙皇〖时代〗年产一千七百万吨谷物。由于集体农庄、拖拉机、施肥等，现年产量达一亿二千五百万吨。

植棉，革命前无基础，每〖年〗只产七十万吨。现在每年达到六百七十五万吨。

由此可见，斯大林改造自然的计划的伟大作用。

现在苏联没有一种科学是在斯大林改造大自然计划之外（下有各门科学的作用的详细叙述，其中包括历史、考古）。因此，许多科学家要求科学院组织一个科学家的协助共产主义建设的委员会。它在1950（？）年成立，有两个职任。它虽然是属科学院的，但它也包括了各部门的科学家、工程师和技术人员，领导人是苏联科学院院长，有大量的编制人员和足量的资金，每年都制定自己的工作的总计划。

1952年协助共产主义建设委员会协助、配合了一百二十个其他研究机关工作。如对列宁医学科学院、建筑科学院及其他部门都作了帮助。这个委员会的工作原则是志愿的，对任何人不加强制。委员会工作完成后将结〖果〗分发有关部门。

在委员会下成立不同的“学者工作队”，都是院士。这是服务性质，不拿薪水的。工作队还有委员会由共援会任命学书［术］秘书领导。他是经常工作，得薪金的。

晚饭后，同康英、吕叔湘出外散步。从莫斯科旅馆往南经红场至列宁斯大林墓，往西经克里姆林宫南门至莫斯科河畔，再沿克宫西墙、北墙绕回。整整费了一小时。红场虽不大，东西长，南北窄成长方形，东为列宁博物馆，西头是一个老教堂。克宫南门靠近教堂，列斯墓在中间。墓的外形是石头砌的，下层是黑色石头，上为深黄色，都发亮，像镜子一样。墓门口有许多人围着观看。门未开放，有两人站岗，见里面有灯光。红场显得很古老，地是像中国的“灰砖”大小的青石铺成的。据说历来这里就是政治中心，过去老皇帝〖去世的〗时候，新皇帝要在这里宣布诏书就位。

列斯墓上站人的地方离下面不过两丈高，下面经过的群众对上面的人可以看得很清楚。和中国天安门不大一样。

3月14日　星期六

上午十点五十分出发历史哲学部座谈，参加的有张稼夫、梁思成和我，梁参加是他不宜分至技术科学组。会议由潘克拉多娃主持。

历史哲学研究部的组织情况。原来科学院【有】社会科学部有经济、历史、文学、语言等，后来由于工作发展，分为三部。现有历史哲学部、经济法律、语言文学三部，历史哲学部最大。这个部下分八个所，历史所——最大最古的，它的任务是研究苏联和全世界的历史，潘克拉多娃代替所长，葛列可夫院士是部领导人；哲学所——很大的研究历史——辩证唯物主义哲学，哲学所长亚历山大诺夫通讯院士；人类学研究所——最老的所，下面领导有人类学博物馆，所长达斯多夫；物质文化史研究所，东方学研究所，斯拉夫研究所。这两个所有共同的特点。自然科学史研究所，多是研究哲学方面的问题。部内还有宗教史博物馆，附带研究宗教史。

部的本身责任是很重大的，主要任务归纳成四类：

一、□各研究所制定研究计划。有的研究任务必须由许多所合者［作］来解决。部的任务就要使各所很好的配合，不重复能完成的任务。

二、组织科学研究工作的进行，经常注意检查各所的工作进行情况，部就作为一个高级机关帮助解决这些问题。因此部有时也组［把］某些所的成就，把经验传播各所，以至历史学界。部还注意解决各所的共同问题，如最近要〖写〗十大本世界史，就组织历史、东方、文化等几个所共同进行，组织科学讨论会，各所都参加。

三、检查各所工作完成情况。

四、负责把本部工作与其他有关部门以及各加盟共和国科学机关配合起来。不久以后就要〖召开〗波罗的海沿岸历史讨论会，有科学院历史研究所参加。也有爱沙尼亚、立陶宛史学家参加，有时部也请他们来此。

关于培养干部，所是研究机关，也是培养研究干部的机关。高等学校毕业生无任何学位。要得到学位就要进科学院所的研究部（各所都有）做研究生，学习研究三年，在所学术会上答辩。研究生的条件是大学里学得很好，或［可］做研究工作的人，在研究部是在一个导师指导下进行。三年后通过了学术论文，即授予硕士学位。硕士能写出很大的学术论问［文］，在学术讨论会上答辩成功后，授予博士学位（多少时间？）。各所都有博士部，为了使□□士解除其他工作。现全历史哲学部有四百研究生，一百人准备读博士学位。

考学位后一部分人留在本单位工作，大部分送至各加盟共和国工作。各地也送人〖到〗这里参加博士科答辩。

科学研究计划的原则和方法——原则是科学研究和社会主义建设〖是〗统一的。

制定计划的主要目的是促进社会主义过渡到共产主义，并帮助苏联人民建立共产主义的世界观、人生观。马列主义是我们工作的基础和准绳。

我们在编制计划时要根据党的指示，最近就是要根据联共十九次大会和斯大林《〖苏联〗社会主义经济问题》的指示。

科学计划并不是大家马上能接受并执行得很好的。开头一个时期就为科学工作的计划性而斗争。上一代的科学工作人员，认为科学只能个人进行，计划是不可能的。后来苏联科学家了解科学工作计划是社会主义建设不可缺少的条件。

编计划时要与有关部门联系。过去计划是下而上的，先从各单位编然后总起来。现在已有改变，先根据科学院主席团指示提出原则任务。

定计划时也要考虑每个人的能力和兴趣，把领导意图与个人意图相结合。

先有五年计划，然后又有年度工作计划。

每个计划的编制程序：先从主席团得到最重要的研究题目的指示，然后部把这个指示通知各所。然后各所考虑上级的任务，根据自己的力量，制出计划草案，草案在全所学术会上讨论，作修正补充。

在讨论计划时首先考虑各有关部的要求，如教育部、加盟共和国的要求。同时也考虑有关研究机关的工作。部在接到所的计划后在委员会上讨论修改。然后部将计划提交主席，等主席团批准后，送部长会议，部长会议通过后就成为法律，是我们工作的准绳。

在计划中有一种是大规模的集体的【大规模的】工作，一种是个别人的个别专门问题的研究。因科学院是研究中心，所以对各个学校要供给教材。

在计划中还规定一些出版工作。计划的最后一部分是科学讨论会，规定要讨论一些什么问题。

1953年的计划：1. 斯大林对马克思列宁主义的发展〖有〗下面【有下】〖的问〗题。A. 斯大林论生产力与生产关系发展的理论【家】。B. 斯大林论科学法则的客观性质。C. 斯大林在论社会主义经济问题中对马列主义哲学的发展。D. 斯大林论社会主义基础与上层建筑等，是历史、哲学两所进行的。研究这些题目要发掘斯大林提出的从社会主义过渡到共产主义的理论成就。2. 从共产［社会］主义过渡到共产主义的法则。3. 揭发资产阶级的思想……这个问题就是要揭发资本主义、美帝国主义侵略的性质，揭发客观主义的错误，揭发资产阶级对历史的伪造。4. 美国资产阶级哲学为反动势力服务。5. 对资产阶级哲学和社会学的主观唯心论的批评。另出小册子。A. 揭发美英帝国主义对历史的伪造。B. 对东方学的伪造。C. 对考古学的批评。6. 揭〖发〗美国及其他帝国主义的侵略政策。A. 美英在捷克的犯罪阴谋。B. 美英帝国主义破坏朝鲜著名建筑物的情况。

列拉契科夫主持的十大册的《世界史》，由东方、历史、文化物质等几个所合作（后记为茹科夫较可靠），这个著作以马列主义为根据，特别注意近代史、苏联史。在大著作中还有包括中国文化、经济的中国史，阐明十月革命对中国的影响，美英对中国的侵略。另外一部大著是三大册的《苏联自然科学史》。

另外，苏联的工业与工人阶级的历史，这个著作不只包括苏联时代，更包括俄国时代。另外，专门问题还有俄国农民史、斯拉夫语言问题、人民民主国家建设、论殖民地制度、东方的近代现代史、东方各国的现代经济情况等专史，有的一人专做，有的集体研究。另有殖民地制度下民族发展的问题、社会主义现实主义的发展（文化方面的）、现实主义传统等。

1953年教课［科］书的工作是编苏联历史，过去已出过两种，现在要根据马列主义著作与苏联指示编新历史。

资料要出的有，苏联工业化的，一百年前比丘林翻译的中国《资治通鉴》拟出版。

关于讨论会。1. 论波罗的海民主国家的历史，2. 讨论各门科学总结——如考古，3. 纪念列宁英雄城二百五十周年。

我们非常重视科学讨论。斯大林讲过，没有分［讨］论科学不会发展。

讨论是把没有解决的问题提出，先把一个所分成各个组，然后提到所讨论，大的提到部讨论。各科学杂志也可进行讨论，吸收最多的专业学者参加。一个问题往往讨论好几天。会议结束时作出总结，说明哪些观点是正确的，哪些是错误的。杂志上的讨论也是如此，由编辑部总结。有些问题不能一时作出结论，但任何讨论都有益，可以帮助展开这方面的工作。

1952年讨论心理学对象与方法，艺术在生活中的作用，讨论克里米亚历史的基本问题，在会上批评一些错误的观点。在莫斯科、列宁格勒、基辅讨论了世界史提纲。

在历史哲学部目前的主要工作是编世界史、苏联史，完成了一些专著。最近出版《1848—1849革命史》（两卷）、《莫斯科八百年史》（六卷）第一卷出版。波兰、保加利亚、捷克历史都将近完成。个人专著有俄国农史。

各种刊物如《历史问题》《哲学问题》等对我们有极大帮助。当然我们的工作还有困难和缺点，但我们能正确估计我们的力量，完成我们的任务。

吉谢列夫讲考古调查。

考古调查工作是根据两个原则组织的。第一【组】小组在大建筑工程地去保存古物，斯大林帮我们制定一条保存古物的法律，根据这条法律，所〖有〗古物都应该保存。假如施工可能毁坏古迹，建筑机关就要拿出经费做研究，然后才能动手。如大水利工程可能蓄水，被水淹的地方也要进行工作。目前在古比雪夫水电站，那里有些土地要淹没，现在就在那里进行考古工〖作〗。斯大林水电站，伏尔加—顿运河，克里米亚北运河，〖第〗聂伯河，里海沿岸的灌溉体系，列宁格勒附〖近〗的河流，西伯利亚 Ирты 斯水电站等几十处工地，都进行调查研究工作。这个工作是全面的、综合的，对这些地方做有关一切古迹调查。从这些调查中我们得到很多的考古历史资料。加盟共和国也做这样的工作。

另外一组专题的考察工作。1952年包〖括〗了十二次专题调查。在 Вононеж 有旧石器时代的遗存，正在调查。斯拉夫民族的发生发展也在调查。包括〖第〗聂伯河、伏尔加河上游许多地区，在东部克里米亚也进行这个工作。这时［里］住有最古老的斯拉夫民族。还有一些专题是调查古代城市如莫斯科、基辅、Новоголод 发现白桦皮的古文字，对研究俄罗斯民族的经济很有帮助。关于高加索中亚西亚等地都有许多工作。在世界屋脊帕米尔高原，在远东都进行了工作。

这两方面合起来，对古代史起很大的作用。研究这些资料说明苏联民族起源、各民族的古代史、经济史，可能时还收集古代政治史资料，各加盟共和国已写成一些自己民族历史的书，考古资料在这方面将有很大的作用。

住在苏联境内的若干民族在十月革命前无文字。这样根据实物来研究就更加重要。

苏联科学院的发掘不只是为了发掘而发掘，是为了完成历史学的任务，是以马列主义原则为基本根据。

如恩格斯民族起源，列宁论国家，斯大林论语言学都是考古学家的依据。考古结果发表在：1.《考古学报》，2. 专门报告，3. 历史专著。

人类学所长 Cптолстов(主要是研究少数民族的历史)。

古文献是各民族文化的生活资料。苏联包括几十个大小不同的民族，十月革命前他们的文化相差很远，现在却一起参加苏联的文化建设。古文献学的工作依据是马列主义的著作特别是斯大林民族学著作。

我们的工作地区范围很广，现在有许多队在各地进行调查。已经写出了很多报告。塔吉克斯坦有三十种民族，七种语言，因此这些民族的团结和形成由我们进行。在西伯利亚有调查队在工作。那里的民族在十月革命前文化水平很低，革命后这些民族经过的道路是十分重要的。有一个工作队在远东、黑龙江、勘察加进行工作。

这些调查团除了共同任务还有特殊目的，如远东〖人〗还在石器时代就是通过远东这一带流入美洲的，这就与美国土著人种的来源有关。因此这个调查队除了研究文献还要研究人的头颅、人种的问题。美国资产阶级学者在这方面造了很多谣言。在勘察加一带有一些原始社会的民族，革命后迅速变化了。

中亚细亚发现有大宛民族的文献。正是从中国方面来的。比丘林在这方面做了很多工作。现在他们研究吉尔吉斯、乌兹别克等，写了许多厚本的报告（一面讲一面拿报告给我们看）。

中亚细亚有埃及民族，在 1937 年以前对这一带的民族都是不知道的，现在终于发现了。此外，中亚细亚里海附近发现了一些古代民族，这些民族是古代手工业文化民族的继承者。

1950年斯大林批准土库曼运动计划，文献工作考察队达二百余人。这个所的工作是同基地单位密〖切〗配合的，不断帮助我们了解现在的。

历史研究所。与大学联系，在研究工作的人，时间有具体规定，在所的时间为二，教学时间为一，这就保证有青年干部来补充我们。

关于经济史的研究在经济所，但历史所也要研究经济问题，如葛列可夫对农民的研究就是研究经济。所以没有把经济史作为一个独立部门，就是防止把经济和历史脱节，经济是历史的灵魂。因此在研究封建经济时就在封建组内研究，资本主义也是如此。

怎样组织公开学术讨论会，批评。组织批评与组织自我批评容易得多。批评只需指出别人的错误，自我批评就承认错误，如何改正。组织〖讨〗论时有不同意见，效果是好的。如俄罗斯民族发展的历史，就组织过大规模讨论。经验证明要使讨论获得结果，会议的逻辑就是做出结论。在这方面还有缺点，就是讨论了问题而不能解决。有时也把不应提出讨论的问题提出来了，如各民族和俄罗斯民族联合的进步意义。以后将避免这些缺点，把报告很好地准备，并把不同观点的文章公布，让大家知道。这对讨论才有好处。

关于集体工作问题。

个人的研究一般要依靠集体工作，凡是他人的工作未经讨论、批评，是不能发表的。一个著作出版前接受的批评更多，出版后遭受的批评就少。此集体的形式。另外，也可以集体编书。

集体工作领导者的任务，一方面是组织工作，一方面是学术思想工作。应是最成熟，理论上最有训练的。第一个任务要正确了解集体工作的任务和方向，第二，正确地选拔干部，正确分配工作题目，使每个人能很胜任完成自己的工作。同时领导者要预见各部门之间发生的矛盾，解决这些矛盾，取得一致的意见。集体工作领导者就要负责编辑一年来的任务，从开始到出版。这方面我们也有缺点。有时领导者不能觉察错误，不是执行的人的错误。

怎样进行思想工作。

这个问题很重要，但不易找出一个通用的方法。首先要求历史学者深入研究马克思主义，而不是研究个别著作。我们有些集体讨论，如《苏联社会主义经济问题》就讨论了。困难的问题是怎样把大家公认的原则应用到具体工作中去。有些用得好，有些就不行。

亚历山大诺夫，哲学所长。

我们的国家是统一的，我们的一切是用辩证唯物论与历史唯物论统一起来的，因此不能理解哲学研究所的工作，是脱离生活，脱离〖实〗际的。我们要编出很多〖书〗出来，在大家的思想生活上就〖起〗作用。我们的目的是提高〖大〗家的生活水平与思想水平，大家都成为哲学家。苏联对中国古代哲学史有很高评价，对王充的著作准备〖翻译〗，对毛泽东的著作，我们是〖与〗马克思主义的著作并列的。

阿夫吉也夫，东方学所长。东方所参加这个会的还有杜曼 Думан、尼克菲诺夫 Никифоров 两人。

莫斯科是科学研究的中心，也是研究东方的中心，今天的会对中苏学者联系，巩固中苏友谊大有好处。因为有些问题大家都感兴趣，要求大家到那里去。

潘克拉多娃——历史学部代理主任，通讯院士（四五十岁）。

怎样把历史研究与目前的政治斗争配合。

苏联历史学家认为自己是苏维埃的战士，同一切苏维埃敌人进行斗争。因此总是把我们的科学研究与反对各式各样的敌人斗争结合的。最好的结合的方式是我们积极工作帮助党和政府教育人民往共产主义前进。我们认识了社会发展的客观发展就能完成这个任务。我们不把历史丑化，也不美化，就能完成这个任务。

过去有过巴克诺夫斯基一派，他认为政治与历史没有关系，历史是过去的政治，这就是反对用当时当地的条件处理历史事件，就引导到反历史主义。

与巴克诺夫斯基相反，马列主义帮助我们了解过去和现在。如何政治与历史结合……

应研究最急迫的政治上的问题，可帮助党和政府迅速地建设共产主义社会，目前的急迫题目是苏联史和世界资本主义史，研究工农史也是急迫的。研究目的在于扫除人们资本主义思想残余，也是急迫的。向［像］这种揭穿美英散布的世界主义，其目的是进行侵略。正要反对资〖产阶〗级客观主义，它抹煞历史的阶级斗争，也要揭穿历史的卫道者。还有义务帮助【完成】苏联青年一代，告诉他们父祖如何斗争过来的，他们自己应如何斗争。最好的结合就是宣传共产主义，宣传马克思主义学说。

如何消灭资〖产阶〗级民族主义。

苏联史学家在研究少数民族史上犯了些错误。不正确地了［理］解民族运动。苏共和国的历史学者对一个民族统治者鼓吹为进步运动者，这就是民族主义的残余。原因【其】在对这些材料没有批判。没有很好地运动［用］马列，特别是斯大林关于民族问题的理论的指示。斯大林教导我们，民族运动可能是进步的，也可能是反动的。我们要研究民族发展的辩证法。根据其具体条件任务来分析。斯大林说封建时代的民族问题是封建主解决的。在资本主义时代资〖产阶〗级也根据自己的方式来解决民族问题，也就是资产阶级的。无〖产阶〗级有自己解决民族问题的方式。列宁教导我们把爱国主义与国际主义结合起来，要把过去的优良传统与现代生活结合起来。

为了与超历史主义斗争，研究辩证法。

普及历史知识的教育由政治科学知识普及协会进行。

最后提出几个问题：1. 去各所细谈，2. 中国史学报告，3. 如何互相〖交流〗。

参加今天上午的会议的共有历史哲学部的八个所和其他一些比较负责的人，共二十多【余】，东方所除所长外，另有杜曼、尼克菲诺夫两人参加，杜、尼一再说到《美国侵华史》，1951 年的新本正在翻译，再有两三个月可以出版。他们觉得其中关于台湾部分的材料是他们没有的，很需要。

下午五时半至经济所访问。张勃川参加。会议〖由〗经济所长奥斯特洛维诺夫主持。他是苏共候补中委，斯大林《〖苏联〗社会主义经济问题》一书中所提出的政治经济学教科书的主编。

经济法律部，经济研究所。

任务是研究国内外的经济问题，同时也培养干部，有博士科与研究生科。同时出版刊物《经济问题》——重点是与当前国家经济生活有关的问题。

吉雅琴科副所长讲经济所历史和工作情况。

在革命前，科学院无研究社会科学的，也没有研究经济的机构，研究经济是个人的活动，国家不予支持。Свит 政权成立后，马上成立经济研究机构。1932年开始，共产主义学院，只做科学研究工作，不做培养干部工作。共产主义学院就是经济研究所的前身。1937年共产主义学院撤销，将其政治、经济两所交科学院领导，其所〖以〗要这样合并，是当〖时〗马克思主义经济学家很少，由［尤］其科学院没有。当时的科学院，不但联合了社会科学的马克思主义者，还联合了自然科学的马克思主义者。在这个房子的大厅里斯大林对农业科学工作者作过报告。后来科学〖院〗就□参加了社会主义，形成了马克思主义的领导，共产主义〖学院〗作为一个单独的学校成立，就没有必要了。

1946年以前经济所有两个机构，一个是经济所里研究苏联经济，一个是世界经济研究所。1946年，这两所合并，成为现在的所。

现在经济所有部分组成。1[①]. 社会主义经济组，研究国民经济最急迫的问题，一般的社会主义政治经济问题，其中再有一个政治经济学小组，是研究斯大林关于关于社会主义的政治经济学说。这个小组还研〖究〗斯大林新著作中提出的一些问题，规律性成比例发展中。在大组中还有工业经济组、贸易经济组，也有一个小组研究人民民主国家的经济。原来这个所里也研究中国经济问题。后来成立东方所后，有关人员都调到那里。另有经济思想史组、苏联国民经济小组，现准备编俄国经济思想史。这一本大作的任务要说明马克思以前和以后俄国先进经济思想家所起的作用，研究绥吉诺夫、十月革命党人、革命民粹派等的经济观点，车尔尼雪夫斯基，马恩都很重视，所以也要研究。它要着重马列在经济上的理论。同时组成各共和国进行自己的经济问题的研究。

第二组，社会主义生产分布与各经济区综合发展的小组，这个小组的著［注］意中心，例如研究伏尔加河流域发展的远景，土库曼运河修建后附近几个共和国发展的远景。这个组还研究生产分布的方法论问题。

第三组，资本主义经济组，研究资本主义的一般问题，这组还研究工人阶级的状况，研究农民的状况，研究资〖本〗景气与否的问题。

这个研究所还有一个科学图书馆，还〖有〗培养干部的研究〖生〗部。

关于经济史的资料来源，一个是文字的统计资料，另一个就是档案。至于Свит时代的资料有党和政府的指示、国家统计局与计划局的资料，这些

① 按照下文，这里的1应该改为第一组。——编者注

都是要利用的。关于集体农庄等我们就组织调查队。在本所经济史的研究不占主要地位。研究工业经济的就到厂矿去进行调查。

研究生参加研究部有两种方法。一是作本单位的成员，二是外面送来学习或函授。去年一年考出 23 个博士和学［硕］士。正在学习的有一百多人。不只是给本单位培养而且也给高等学校和产业部培养。

现有一位女兵兰诺娃，60 岁了，去年考上了博士学位。去年一年有四个研究员得博士。考博时受一个院士，或通讯院士，或博士领导，一个人领导的为三四人，不超过五个人。

斯大林《〖苏联〗社会主义经济问题》发表后，研究有很大改变。研究问［的］题目就是斯大林著作中提出的问题。当然内容也有了很大改变。并〖且〗现在还在写通俗著作，阐发斯大林提出的思想。

经济研究工作要日益与生活联系，就是做理论研究与实际工作的必须配合。科学院内进行研究，还要在各实际部门进行研究。这与历史稍微有点不［远］。所有经济院士、通讯院士都参加了国家计划部门。现在所里工作人员过去大部分做过实际的经济工作。这样做，不但对实际工作有好处，而且对科学研究也有好处。

会间休息时经济法律部秘书又拿来一本《美国侵华史》译本，要我签字。我问是什么意思，老汉学家说因为“你是很有名的人”。真是可笑，也感到惶恐。

下午的会开得不够好。晚上在科学院看《列宁在十月》，是科学院专为我们代表团放演的。

历史哲学部和经济所在一座楼里。1929 年斯大林在这里对农业科学工作者作过演讲。楼的地点就在普式庚博物馆，即现在的斯大林七十寿辰礼品展〖览〗馆西侧。

3 月 15 日　星期日

今天是星期天，没有安排正式的工作。派生去游览莫斯科市。这个节目本来到这里的第二天就准备进行，因遇斯大林丧事而取消。

上午十二点全团乘两辆大卡车出发。乘大车是为的满解［街］〖观看〗

方便。原来旅馆前广场叫革命广场，从那里往东经圆柱大厅——1924年列宁逝世后也停柩在此。到附近的Свидлов广场。那里是大剧院、小剧院、儿童剧院（原称戏剧广场）。再从高尔基大街往北到莫斯科苏维埃，转过去往西至外交部大楼。这个大楼是三十二层能容5000人办公。像这样的建筑全市已有七八处。

往西绕北出莫市到列宁山，那里是莫斯科大学，校舍建筑比外交部大楼更大，也是三十二层？能〖容〗五六千人上课和住宿。一个教授可以有六七间房子，研究生一个人一间房子，两人合〖用〗一卫生间，有沙发等设备。讲解员举了两个数字，楼上的钟直径九公尺，一根指针重一百二十八公斤，长七米。一个小孩从生下的第一天起，每间房住一晚，把所有房屋住完，是一百岁。用的砖接起来可以绕赤道一周。

回【市】到红场，克宫南门为正门，称“救”门，大概是天主教主的意思。

晚上到大剧院看《天鹅湖》。大剧院名副其实，包厢六层，舞台上经常有三四十人，还觉得空空如也。天鹅湖是一个爱情故事，天鹅（美人）之多、之美，表演艺术之高，实在大开眼界。难怪苏联人看这样的舞戏时要大加讲究了。——可惜主角还不是乌兰诺娃。

3月16日　星期一

上午十点至自然科学研究所开会，听取茹科夫馆长所作的图书馆工作报告。

苏联科学院总图书馆，1918年建立，从共产主义学院划归科学院领导。这个图书馆即成为科学院社会科学图书馆。其规模在全国仅次于列宁图书馆。关于社会科学藏书极为丰富，不亚于日内瓦图书馆、伦敦社会科学图书馆。在这里集中了各国文字写成的历史、经济、哲学的书籍。有巴黎公社的女情[①]，有俄国农奴解放运动的材料，有法国抵抗运动的材料，有几千种从

---

①此处女情二字难解，疑有笔误。——编者注

人民民主国家和资本主义国家来的书，有几 [1] 种杂志。

图书馆业务系按专业分的，例如东方学成为一部，历史部就集中所有历史的目录卡片。图书馆有一阅览室，专业阅览室。各所有小图书馆，有总馆的分馆。根据各所计划把书拨归分馆，计划改变后把不用的书收回，把新书再拨去。

图书馆最重要的工作是补充和从外国收集图书。这个馆同许多国家都有交换，希望同中国交换书刊。1952 年从中国送 5500 种书，其中□千杂志。19 □□年从中国收到 1500 本书。希望扩大今后的交换范围，希望得到全部中国科学书籍和政治书籍。但中国的书在馆内很贫乏。

下午六点看建筑展览会，地点在伏龙芝（军事家）河岸，莫斯科河这一段河岸的名称。展览内容异常丰富，充分表现了社会主义有计划的特点和工业化水平高。盖房不是一所一所，而是一区一区，不是一块块砖加起来，而是堵堵墙加起来，绝大部分是用机器。

晚上开支委扩大会，提建议六点。

3 月 17 日　星期二

上午十一时涅斯米扬诺夫院长报告科学工作计划。

在革命前，科学工作根本说不上计划，科学工作多集中在高等学校里，关于计划思想的萌芽都没有。在革命初期，和最初几年，科学家认为科学要做计划是不可能的，克服这种观点要相当长时间。斯大林的发展工业计划在这方面起了决定作用。科学研究没有计划就不可能解决工业中的问题，例如工业中要制造磷、氧［氮］等肥料，以什么为根据，就要有计划。现在在苏联的科学工作中找不出一个人否认科学工作的计划是可能，而且必要的。当然目前苏联科学工作计划还不是尽善尽美，还应改进。

由于问题的性质不同，计划的深度也不同，有的要求技术上更仔细。但我们的范围是清楚的，工作的日期、完成的结果是要有计划的。

科学计划一定与工业部门有联系。国家计划委员会和其他计划机关，提

---

① 此处有空笔估计是两位数以上的数字。——编者注

出科学工作的任务和完成日期，有时从部长会议【要】得到这样的任务。他们多具有很大的实际意义。例如伏尔加河水流变化与里海水位有密切的关系，我们精确地知道里海水位可以了解那里的水道运输、渔业等。因此，科学院必须研究这个问题。又如土库曼运河干线选择时，要避免最危险的地震发源区，因此部长会议交下任务要勘察土库曼运河地震发源区，科学院就必须解决。

另外，科学院本身一［也］可以提出任务。首先各所提出问题交部汇集，然后由院汇总。这种情况是由室加所，加部，最后为院计划。好处是可以考虑学者的积极性，但同时这种计划有显著缺点，就是它是零散的，由小计划凑起来的，完全不能〖达到〗解决统一的力量的目的。看来改动情况的方法是把下面的意见与科学院上级所规〖定〗的主要工作方向结合起来，因此，编制计划时就要召集一些主要学者的会议。集中意见然后制成指令。

如在植物生长过程中，生长点是生长的最快的，在科学发展中也有它的生长点，这个点取决于国家经济文化建设的条件，作计划时，摸索这个生长点，把它作为发展的主要任务。

一般的是部长会议要托国家计划委员会来审查科学院计划，计划委员会与各生产部门会同研究这个计划。科学院主席团根据计委会提出的意见修改，然后最后决定。

科学院总计对有一些题目并不规定每项工作的完成日期、具体要求等，只是指出方向，对另一类任务则做出详细规定。这样的任务多半是与经济建设有直接关系的。规定这一类计划多半事先已有周详调查，所以对日期等都有具体规定。这是计划工作的一般情况。

科学工作计划是五光十色的。大体有两类：一类是规定任务的，另一类是规定具体题目的。第一类大约有五六百个大问题，各部可以分到五十到一百个大问题，大部可以分到一百五十起。

科学的生长点，斯大林在《〖苏联〗社会主义经济问题》中所提出的一些基本问题，就是经济的生长点。因此，国民经济的任务给科学研究提出了生长点。这对我们科学研究有好处。

托布契也夫秘书长解答问题。

涅斯米扬诺夫院长回答问题。关于生长点，如《〖苏联〗社会主义经济问题》中提出的城乡消灭、体力劳动与脑力劳动的消灭、社会主义经济法则、资本主义经济法则等，这些就要更详细的研究。又如地质科学的生长点是地球物理方法。物理方〖法〗来探矿，物理方面的生长点是原子核。生物学是大量发展米丘林学说。生理学整个发展方向是研究高级神经活动，即巴甫洛夫学说。这当然是指的大的方面。在每个方面中还可以提出一些具体的东西。所以各种科学不是什么都主要，主要的只在几点，作计划就要抓住这些。

科学院内没有专门的机〖构〗来制定与批准计划，是由各部门配合做。

对计划的检查，主要是根据各部门提出的报告来检查，学术秘书处负检查的责任。它【有】很好地了解各部执行和完成计划的情况。

关于理论题目与实际题目比重。部长会议提出百分〖之〗二十，共产主义建设支援会提出百分之十，产业部门提出百分之三十五，社会科学和其他纯理论的占百分之三十五，最近几年也一般地保持了这个比重。战前业务部门提出题目很少，共产主义建〖设支援会〗题目没有，部长会议提出的也很少，主要是科学院自己提出的。

每年五月末或六月初要准备讨论下一年计划。

每一个计划要包括四部分。第一部分是轮廓的大题目。第二部分是推广研究成果。第三，各种讨论会、辩论会，即会议计划。第四【出】编辑出版计划。

关于研究题目的确定，包括：（一）题目名称，（二）研究目的和意义，（三）这个题目过去已有的基础和预取成果，要求哪些部门采用，（四）我弄成这个题目的几个主要阶段，（五）具体内容，工作量，所要达到的成果，（六）由谁负责完成，由谁领导。

一门科学要研究什么问题，例如历史方面在东方所进行的工作，包括四册《中国史》，从古代到现在，任务是要说明各社会经济形态形成和交替的特点，要说明阶级斗争以及人民的运动在中国社会发展中所起的作用。这个著作是一个综合研究，不但谈中国政治、经济的发展，而且要谈中国文化的发展，而且特别注意中国近代史，谈十月革命对中国民族解放斗争的影响，揭露美国侵略政策，美国目的是奴役中国人民，变中国为其殖民地。同时还要研究走向社会主义发展道路的中国各种经济文化的改革，参加的将由经济学家、历史学家、中国语言学家共同进行。

科学院从来没有在人员、财政、装备等方面发生困难，从来不向产业部门要钱的。科学院工作人员感到十分不安的是国家供给我们优厚的物质，我们自己如何更有效地服务〖国家〗。

关于某一个问题的领导人是由各部指定或批准，此外在计划中还指出执行者，和负责哪一部分。

财务计划。第一部分工资。这是开支的主要部分，包括技术、行政人员薪金。第二是添置仪器费用。第三办公经费。第四野外工作经费或科学出差费。第五杂项，其他。

每个单位每人要经常向上级报告工作情况，年度，季度，都有报告。必须及时发现问题，纠正错误。

各所修改计划，必须经部送主席团，主席团最后决定。

科学院最大的是生物部，其次是数理部、化学部，再次是地质地理部，再下是技术科学部，最后是社会科学部。

下午较闲。去旅馆西侧卖［买］书。购得《美国侵华简史》翻译本第一版四部。第二版没有找到。

晚上十点参观【钟】。我们团内六个，张稼夫、张勃川等加上伊丽莎白（Лица），由她带领。十点【由】从莫斯科旅馆楼下上车，十二〖点〗到革命广场回来。地下铁道的建筑确是洋洋大观：（一）许多车站规模都很大，富丽堂皇而又具多样性，有不同的雕塑、图案等。（二）长达一百米左右，坡度很陡的自动电车，成百的人群同时上下。（三）车开得异常快。中国有这样的建筑还要很长的时间。

十点后车［街］上来往的人还是很多，居大［然］有〖人〗在电梯［车］上看上［书］，也有一对对爱侣在车站谈情。我算又学会了如何上下自动电车。

3月18日　星期三

上午十一点至下午四点半参观斯大林汽车工厂。

汽车制造过程〖经〗过了四个部门，冶、锻、铸、装配，每一个部门都是自动化的。在装配部门看表，没［每］两分钟出汽车一辆（一天六百辆，一年二十万辆）。另有一个自行车车间，每分钟出车三辆。厂址在莫斯科东南，所占面积是一个不小的城市，汽车在里面要走相当的时间（据说是六七万工人）。

后来看汽车厂的文化宫，其规模之大，设备之优良，虽然仅仅是一个工厂的文化宫，但在我国国内任何一个机关都比不上。其成人图书馆、儿童图书馆，共七万多册书，有大小不等的会议室，几个宏大的跳舞厅，讲究的剧场。文化宫的建筑宏大，布置多样，都是想不到的。我们去参观时有相当多的服装整洁的人——大概是工人或其家属在那里读书。我看得懂的见有人读的《经济问题》杂志。其水平之高可想见。还有一所小的动物园，儿童们玩的地方特别有意思。小火车和小房子里的人，站岗的人，都能自动。参观阅览室时一位十七八岁的金发女郎一直望着我们微笑。大概是表示欢迎的意思。

晚上华罗庚来我住处闲谈。工人控制自然界力量之大，组织性之最密，文化生活程度之高，都给我们以极大的教育。据华讲他来苏联已第三次，前两次都没有接触到这些东西。在新闻机关工作的 Воскобойников 正式送我一本《美国侵华史》〖俄文〗译本。

3 月 19 日　星期四

托布契也夫报告科学干部培养问题。

（干部培养处主任诺维科夫教授）

在建设共产主义的条件〖下〗，科学干部培养有特别重要的意义。社会主义经济建设是在深刻认识社会发展的基础上前进的。苏联人民的创造是同科学与利用科学成就分不开的。这就是为什么急迫要培养科学干部。青年科学干部的培养是按不同科学部门分别进行的。这样做是必要的，没有必要让一个医学专家同时又是物理专〖家〗，但有一门科学是大家都要掌握的，这就是马列主义，是斯大林的指示（找原文），列宁主义者必须是政治家，关怀自己国家的命运，努力参加国家的政治领导。斯大林这个指示是培养科学干部的基础。

我们的国家在培养干部上是不吝惜金钱的。现在苏联有一个庞大的培养科学干部的网，有几百个高等学校和研究机构都进行培养干部的工作。科学院起主要作用。每年都有成千学者做硕士、博士学位答辩，然后参加文化、教育、科学的队伍，而且有不少的高等教师、工农业家也进行科学研究工作。把科学研究与他们担任的任务、国家建设配合起来。

在苏联做学位答辩成功的每年增加。1946 年有 3188 人得硕士〖学位〗。1951 年有 5461 人得硕士学位。1946〖年〗有 469 人得博士〖学位〗，1951 年有 529 人得博士学位。1952〖年〗得各种学位的人数有更大增加。1952 年苏科学院共培养 500 硕士，144 博士，同时有各部经济与服务科学部门大为增加。例如，科学院 1953 年研究生人数比 1946 年增加很多，物理增 108%，数〖学〗增[①]%，化学增 109%，地质增 136%，技术科学〖增〗151%。

在苏联干部培养是国家经济文化发展密切配合的。参加做研究生与预备博士论文的，多是各个经济部门来的，他们有这种志愿。应当指出，俄国科学院非常注意培养本国的科学人员。俄国科学奠基者罗蒙洛索夫培养出一大批获得世界声誉的学者。如化学方面有[②]，生理有绥契诺夫、巴甫洛夫，物理有波波夫。十月革命后科学干部培养有了更大规模。还在 1918 年，就对科学院提出培养自己的科学干部的问题。为了完成列宁斯大林在科学和改造国民经济方面所作指示，要把科学与实践密切联系起来，就需要有许多新的苏联学者。

1929 年，斯大林提出要很好地解决干部问题，要攻克科学堡垒。这一年通过了招收研究生培养干部的方法，党提出了选择研究生的原则。根据政治品质与业务能力选拔。以后这样的研究生一年年增加。1947 年组织了博士院。即我们培养干部的基本组织是研究生院与博士院。

以下诺维科夫讲。从罗蒙洛索夫起，建立一种传统，与高等学校联系，培养本国科学家。但贵族地主的政权与整个社会发展，劳动人民的利益均不相容，障碍了科学创造的发展，使很多俄国学者的出色实验不能得到成就。

真正的科学干部培养，只有在苏联社会主义制度下才能［有］可能。

Свет 政权本身就要求科学的高度发展。党中央和政府对苏联的科学发展特别关怀，使科学在发展国家经济〖中〗起了主导作用，科学成为国家经济建设的基础。

---

① 此处数字空缺。——编者注

② 此处缺化学家名字。估计是没有记下来。——编者注

正确的组织培养科学干部的工作，是发展科学的一个重要条件。我国学者都深刻了解、接受斯大林的意见。科学的前途属于科学青年（斯大林原文），培养青年科学干部是苏联学者最重要的任务之一。作为国家科学中心科学院除了研究一些重要问题，推进共产主义建设，还给各专业部门培养、输送科学干部。

在苏联科学院设有博士院与研究生院。科学干部的培养是〖分〗五百多种专业进行的，领导研究生博士考受［授］的都由院士、通讯院士、教授、博士担任。研究生院成立后给国家培养了几千干部，其中出了不少的院士、通讯院士，或加盟共和国科学院院士、通讯院士，出了几百博士，他们是苏联学者最典型的代表。只有在 Свет 政权才有的代表，如克列士其院士、格拉西莫夫院士等等。

苏联科学院研究生处的特点，包括各民族，有苏联五十八个民族的代表在这里学习，人员的百分之五十是各个民族来的。由于科学的发展在十六个加盟共和国成立了十二个共和国的科学院。从前许多被压迫的民族他的代表现在都成了教授或博士。

苏联的科学是在认真的批评与自我批评的条件下发展起来的。科学干部的培养也是按照这个原则。我们对研究生的要求是很高的。得硕士学位的论文，不但要表示这个人能做研究，而且论文中还要包含一些新的科学成果，常常有些青年研究者在论文中粉碎旧的传统和说教，提供把科学推向更高峰的材料。

目前苏联科学院系统及加盟共和国系统中有四千多研究生和将近五百考博士学位的人，其中有两千一百个各民族的干部，此中又有九百人是苏联科学院机构内培养的。

党和政府非常关怀年轻的科学干部，用一切力量帮助他们的成长。斯大林本人对之也非常关心。科学人员都能得到各种必要的设备与材料，每组研究生能得〖到〗国家每月 700 卢布的助学金，和其他奖金。研究生每年有两个月休假。必要时可以到休养所去休息。科学院每年有几千万卢布的经费，其中不包括实验的开支。

研究生的招收是有计划的行为，是根据国家经济建设某一部门发展的需要，经政府批准进行的。手续是经过考试。研究生院的研究生年岁不超过四十岁。脱离生产学习的年限是三年。不脱离生产的要四年。高等学校毕业成绩优异，得到学者的推荐，可以入院，实际工作中有成绩的也可以入院。

招收时有入学考试，包括马列主义基础专业、□文、外国文学，还要交书面小论文。有时要考附加的科目，如考法律的，加集体农庄法、国家法权理论等。按国家法律规定，入学考试前有一个月休假，考试由委员会进行，其中有研究院的主任、副主任、指导某专题研究的导师等。

科学研究机关与产业部门、生产机关、高教等有联系，入学考试前公布考试的规定。

在选择论文时，研究生有主动权。本人的兴趣与该研究院的题目可以结合。应以与当前国家建设最有关的问题为题。题目的批准是在该单位的学术会议上批准。他自己可以在会上辩护。指导的教授事先应对题目提出意见。

研究生的工作【进行】是按个人计划进行的，由他本人与指导者在学习开始的两三个月内提出，经主任批准。其中包括论理准备与实验工作。

在培养过程中应不晚于一年内考完候补的必要考试，包括辩证唯物主义、本科、外文。如苏联史者要考历史辩证唯物论、从古到十月革命的俄国史、苏联社会史、外国文等。在研究院内，各主要科目要提提纲、参考文件等。在研究生必要考试中，考辩证唯物主义与外文是由哲学、外文两教研室主持的，外文中有西方文学，也包括中文。

对提高研究生思想水平的工作，不仅是考历史唯物论，还有各种理论讨论会，有其他形式的马列主义教育，研究生要积极参加学院内的科学与社会活动，要在科学扩展机构与其他群众场合作报告。

研究生与博士生的检查工作是在自己的室、组、科学学术会上把自己的工作做综合报告，由导师指出其缺点，对能力不够的也要指出。每年研究要工作总结报告，包括已经完成、发表的结果。在科学协会及其他处的报告，都包括在总结内。

辩护论〖文〗进行的手续。研究生或博士生把他的论〖文〗先交指导老师看过，然后在所的组、室的会议上作报告，有了结论以后，这个论文才算正式登记，交学院的科学会议。先听一两个专家的意见。听到正面的、好的评判后再决定考问的人选，然后决定辩护论文日期。辩护前要把论文印一百份交有关的组织和个人。辩护后在报上发表。任何参加论文的辩护的人都有发言权。决定研究生称谓时是本单位秘密投票产生，决定博士学位要有更高级机关批准。

研究生院毕业后，派到高等学校，加盟共和国产业研究所等处去工作。

苏联党和政府对培养博士工作非常注意。博士学院招收的人要有硕士学位，有恰当的研究题目。研究时间是两年。为保证博士生很好地工作，给以各种充分条件，不但保留其职位，还按原来处给他工资，对他的题目，由原机关和科学院学术会议进行讨论。题目要反映国家经济发展中最成熟的问题。博士生的论文题目是包括在所在的研究所的题目〖中〗的。因此在所内有他的经费。学完后还回到原机关去。

苏联科学院研究所的研究部对共和国的科学是有很大帮助的。共和国所以派人来是有一些弱的部门如实验室设备不够，指导导师不够等。

除了在研究生博士两科而外，科学院还有其他培养干部的方法，在职的工作人员也要培养。1952 年有 53 人考得博士学位，139 人得硕士学位。目前 139 人准备博士，148 人准备硕士学位。有约 600 年［名］青年科学人员准备考研究生。

潘克拉多娃讲：领导历史方面的研究生、博士生们，【驻】在我领导下，特别注意培养妇女与少数民族干部。苏联是多民族国家，对民族形成历史特别注意。所以在选题〖上〗特别注意各民族历史和各加盟共和国成立后的历史。

过去在我领导下有二十多个研究生写了许多加盟共和国历史。例如研究白俄罗斯共和国的成立的克面斯卡娅。亚古包斯卡娅研究 Свет 共和国联盟的成立。

首先要使研究生理解在论文答辩中要发挥哪些问题。关于加盟共和国史一律［类］的题，与列斯民族理论有直接关系，必须说明列斯的民族政策怎样表现。当然要深刻了解马列主义关〖于〗民族的经典著作。当他们研究哲学和党史时也要特别〖关〗注少数民族的情况。在写论文答辩前写学术论【术】文，由于事先注意这些问题，在【理】论文辩［答］辩时保证思想理论水平。

在研究生收集了许多资料时，我注意她们要［要他们注意］批判地看材料。每星期找他们〖开〗一次会，要他们讲他们看了材料的见解。在这里注意对非马克思主义倾向的批评，反对沙文主义倾向。要使他们正确地发展国际主义的思想。

对亚古包斯卡娅，要求她特别说明党和斯大林在民族问题上的作用，说明只有十月革命才能成立共和国。

同时要这两个研究生去找民族事务委员会谈，在著作中说明只有Свет政权才有这样的机构，并要在著作中指出俄罗斯民族对各民族给了一些什么帮助，这些思想在论文写以前就提出来了，构成了论文的基础（即在写论文前有主要指导思想）。

写论文开始前还要制定工作计划，围绕着要说明的问题收集材料，在小组或科里提出计划进行讨论，在讨论中有经验的人提出意见和批评，这就是对研究生给予一种集体的创造性的帮助。在计划批准以后（研究生在小组批准，博士生在学委里批准），就按计划进行工作。

在论文写出以前，要求研究生对自己有关的作为基础的文献做好介绍、评判，考验其批判能力，同时还要求其对一般材料也作批判，并进一步说明自己的立场。我认为这是很重要的。批判必须引证具体材料，这样才有说服力。

也要求研究生对有关题目的马列主义著作有很好的了解，并对所收集的材料认真研究。报纸杂志、档案都要看，对于有关的数目字做出统计。

当写完第一章后，领导人就要进行工作。第一章多是比较弱的，因为没有经验，往往第一章要重新写。但不要马上改正这一章，写完后再改，但要指出不要重复第一章的错误，以后的各章就要好一些。第一章差不多是导言，所有的问题都要提出。这一著作的科学上政治上的意义都要说明。对资本主义的有关这个问题的过去的著作与现在的著作要进行批判，对本书有几章讲些什么都要介绍。

历史一般是三四章，最后要有一个结论，每章后面也要有一个结论，要强调这一章的新的成就。全部写完后再送到组做初步讨论。领导人这时就帮助研究生如何辩护。最重要的准备工作是写一个论文的简单介绍，结论也要【包】进行。

在工作中往往因材料不足而产生困难。有些新的研究题目，研究生不知从哪里找到材料。导师因没有进行这一类研究而生疏。这就要进行很多工作。导师对一些问题也不能给一些完满的答复。这就要他们找没有出版的新的材料提出给领导人看，考虑后提出意见。引用材料来源要特别注意严谨。

论文写好后装订起来送给要考查的人。

对于粗制滥造的现象要进行斗争。对引用的材料领导人要考查。

最重要的时期是论文答辩。要请主考的人提早提出他的意见，意见有两方面，成功的，或缺点错误。

主考人多半是这个问题的专家。他必须指出哪些不够和缺点，而这些主要是原则，政治理论方面的，实际的具体的错误也要指出，最后并要下一个结论：论文是否值得提出辩护，作者是否应给予学位。

如果对论文评价很高，就决定答辩，作者在会上宣布他的重要结论、引证材料证明其正确性。作者讲话后由主考人发表意见，出席辩论的人发表意见，作者最后发言对哪些同意、哪些不同意，如果认为自己的结论正确，可以提出对主考或其他人的不同意见。最后举行秘密投票。如果答辩通过，就由学术评论委员会批准。这时把学术论文印刷出来。但作者和导师仍要在这个题目下进行工作，由导师编辑出书。

Смит，苏联英雄，老院士，介绍苏联科学如何推广。

《自然》杂志的任务是把科学成就介绍给科学家。要求作者所写的文章，不仅自己能懂，也要其他科学家有兴趣。虽然他不是非常群众性的，但有四万二千册数。希望中国科学院在自己的指导下，组来供给《自然》杂志的稿件。

对问题的答复。我问四个问题：1. 博硕士组织领导？ 2. 研究人员等级。3. 博硕士论文□□。4. 业余培养。

培养科学硕士、博士是在各所进行的，各所领导人对此直接负责。在科学院是由主席团负责，具体执行的是学术秘书长。主席团下有培养干部的科（或部）专门计划培养干部的工作。根据国家经济建设提出的任务，同时监督各所干部培养工作。在各部的перо里是由院士秘书负责管理。

在研究所里由管科学的副所长直接领导。如超过一百人的所里成立研究生处。主席团要〖在〗会议上经常听取各所有关培养干部的报告。主席团在听报告以前还派专门学者去各所检查。在这个基础上作出决议，能进一步改进干部培养工作。各部的局也要经常研究各所的干部培养工作。各部直接领导培养干部工作，对主席团负责。

收入博士科的是比较成熟的学者，他们能负担一定的研究工作。吸收入博士科要参考其著作情况。博士论文应该是一种科学专著。在著作中论证其科学结论。考硕士的大学毕业有去研究的人，是未来的专家。当然对他们的要求是很高的。考博士则是比较成熟的学者。

除脱离生产的外，还有不脱离生产的研究生科。一个专业工作者在得到所的同意后，可以列入不脱离生产的研究生科，方法与过程和脱离生产的基本上一样。一年多一月休假。这样科学院就可以把在博士科、研究生科的科学人员投考的计划也列入各所计划内。

科学学位有两种。得硕士的步骤：公开辩护，论文中应表现出独立研究的能力，新的理论上的见解。要得博士学位：本人必须是硕士，通过公开辩护自己的论文。论文要有很大的科学上的意义。不〖但〗要把这一科学的一般的理论知识放进去，而且有特殊的发挥。

苏联科学院是苏联科学研究最高机关。院士有三种：名誉院士：有显著科学成就的。正式院士：用自己的著作丰富了这门科学，有头等意义的发现，有活动能力完成这样的任务。通讯院士：用著作和发现丰富了自己的科学。进步的外国科学家也可以被选为科学院院士。院士和通讯院士的选举是秘密进行的。

各种学位的考学与高教部，与产业部都有密切联系。科学院、政府各部和产业部门在科学院兼职的专家可以了解各方面需要什么干部，同时还有国家计划委员会，这就可以使科学研究与各部密切联系。

在有条件的大学也可以接受研究生与博士生。这是政府规定哪些机关有权，哪些无权。在加盟共和国也可以进行，哪些共和国能进行，也需要政府批准。至于博士科，1951 年前只有科学院有，1952 年才在某些高等学校设立。进行时按政府统一规定的条件。

通过博士和硕士都是一个委员会，成员不变。所有学术委员会的成员都有参加秘密投票的权利。

参加考试而不能通过的很少，当然也有不能通过的。

研究生进院后在一年半内通过所有考试。论文题目不晚〖于〗第二学期决定。

晚八点至十二点在大戏院看 Хованщина 历史歌剧，又是大开眼界。①

---

①这一页的天头，作者有一个注：“后来我所接触的事实，证明这种制度成为一种社会风气。如马戏中的节目就有‘论文答辩’，对不学无术的人加以讽刺。图书管理员、翻译工作者都在做硕士论文。三.三十注。”——编者注

3 月 20 日　星期五

参观莫斯科大学。

由彼得罗夫斯基校长讲莫斯科大学历史。1755 年成立。如岗卡诺夫、柴可夫、屠格列夫等都是莫斯科大学毕业的。其他如生物、化学、物理学等方面、社会活动方面都有出色的人物。但十月革命前的成绩与以后不能相比。十月革命给大学发展创造了条件。

大学里有十二个系：力学、数学、物理、化学、生物土壤、地理地质、历史、哲学、经济、法律、语文、新闻。187 个教研室，有 1360 个教员，338〖个〗教授，391〖个〗讲师，13000〖个〗学生。各系有函授部，共有 3000〖名〗函授学生。根据十九次党大会决定，学生人数大增。

组织有校长、副校长，各系有系主任，主任有几个助手。大学有校委会，系内有系委会。校会成员都是教授，系委大部是教授，有讲师。学校一切最大的问题都在校委会与系委会上解决。校系委会的决定由校、系长批准。学位方面有硕士、博士两种。校委会〖是〗任命的，不是选举的，有少数团体代表参加。

研究生学习三年，参加一些考试。研究生院是培养科学工作的人员的基本形式。更高的学位是博士，有些讲师参加博士考试。收入博士院多半已开始写论文，或写了一半，才收入博士院，学习两年。另有三种职位是助教、讲师、教授。要得到这些职位也要分别考试。要做讲师必须是硕士，在教学上很好，工作三年被选为讲师。要做教授须是博士。政府最近决定，教授、〖讲〗师每经过五年评选一次。凡是大学需要教师，可以在报纸上登广告，登出条件，如果有几个人愿来就用评选方法，挑选最好的。

中学毕业进大学要经过考试。但得金银奖章可以免考。如果同样的人太多，也要经过谈话，毕业的占入学学生百分之九十五以上。每人都有助学金。每年分为两学期。每期终了有考试。学完时做毕业论文，参加两次国家考试。一次是专业，一次是社会科学的。一个学生不能只了解本门业务，而对周围的事物隔绝。斯大林讲的有一门学问大家都要知道就是马克思主义。

大学毕业生可以按自己的专业找到工作。毕业时要对毕业论文答辩。

关于教师的工作，教师不但教书，还进行科学研究。教师有教书计划，也有科学研究计划。研究计划由学术会议（校委会）批准，大部分是自己关于共产主义建设〖的〗。我们的一个重要原则〖是〗教书与研究结合。这样教师就可以是全国有名的先进的科学家。为此，大学与科学〖院〗有密切联系，教师多半在科学院有职务。科学院长就是莫大化学教研室主任。

得硕士学位由学校决定，辩护在系内进行。博士则由更高的委员会批准，这是全国统一的一个机构。由此可见苏联博士与资本主义国家不同。那个委员会有三四十人，有各种科学家的主要代表。这个委员会有许多专门的审〖查〗委员会。

张勃川问培养研究生的目的是教师、研究生各占多少。

答：问题提法不对。因为两种〖不〗可能对立。一个很好的教师，一定有好的科学研究基础。为了教学必须研究，否则不能教书。

学校里的教研组就是领导科学研究工作的。副校长专门管这方面的工作。两个副校长，一管社会科学研究，一管自然科学研究。此外，全校有一个科学组，管研究工作。

研究计划制定的过程是由系制出交校批准。也有由上面交下来的国家建设中要解决的问题。

以下是雷巴可夫副校长讲：教研室的工作有个人与集体两种方式。集体的第一种方式是编教科书。现在在写莫斯科大学的历史。集体、个人的工作都在事前计划好。首先是教研室内部讨论，然后系批准。经常把以前研究得很少的题目提出研究。一切著作都是准备出版的。研究生学位论文题目尽是与教研室配合，作为其一部分。有些系有很大的题目，大家集体研究。

如果一个人的研究计划流产，就取消其研究资格，或追查原因。

教授要每年教授六百小时的课，每年至少写四五十页科学作品。如果编教材或做博士论文可以给两三个月假期。每个教师所教的学生的比例一般为一比二十，有时也有教八九人的。

学生每周有三十六小时功课，学年越高，自学的比重越重。最后半年或一年不上课，完全是做毕业论文。

第一学年有马列主义（听课，课堂讨论），苏联史（从古代开始），原始社会史，人类学史，外国文（对研〖究〗西方的，拉丁文必修，再选一门外国文，研究东方的只学一门外国文），东方史，古代史（世界史，包括中国、希腊、罗马、埃及等）。三门课要进〖行〗课堂讨论：苏联史、马列主义、东方史。苏联史共讲三年，第一年讲古代的、封建的，第二、三年后学比较近代的。

史学系的组织列表如下：

系学术委员会

系主任

艺术史部	东方部	世界史与俄国史部
俄国苏联艺术史教研室	东方语言研究室	苏联史——封建时期、资本主义时期、苏维埃时期
艺术通史教研室	中亚细亚教研室	党史
	印度史教研室	古代史（世界）
	近东史教研室	中世纪史（世界）
	中国史（即将设）	近代史（世界）
		考古
		斯拉夫史

马列主义教研室与系并列，直属校学术委员会。经济、哲学两教研室归两系，但管全校的本门课程。

下午大家继续看建筑展览，我在家做资料组工作。

3 月 21 日　星期六

生物与技术科学组分别去参观医学科学院与建筑学院。我未去，往北京写了一封信，在寓所看资料，准备晚上的会议。

由于是星〖期〗六，特别想念北京人。

早饭后，与钱谈话。他的情绪还算安定。但他是一个极容易情绪波动的人。康公上午在我房里工作，对武、张等人有些批评，大体上都是对的。

应当说服大家少注意小事，多注意大事。

康又提出应以物理、技术科学两部门为重点，大批投入青年干部，这是有见地的。

晚上在科学家之家参加招待会。在会上发言的有勒松辛斯卡娅、欧布洛错夫（去中国的木偶艺术家）、Островитянов（奥斯特洛维琴诺夫），经济所长也在。勒氏八十四岁，发言时指出中国科学要以斯大林的每句话为行为纲领。最后，我讲了几句话。大意是：我们在苏联科学家之家受到招待，每个人〖都〗感〖到〗很光荣。刚才奥氏问我有何感想，我说来苏时间虽不长，每个人都受到很多教育，因此，总任务也完成了一部分，这是苏联科学院帮助的结果。每个人都有感想，可惜还来不及像欧布洛错夫同志一样（他在讲话中提到中国感想）写很长的文章，但每人都要写文章的。勒氏提出告诫要中国科学家以斯大林的言论为纲领。中国科学家坚决相信应这样做，中国人民、全世界人民也应这样做。毛泽东指示我们中苏团结是不可战胜的力量。中国科学家认为是自己〖前〗行的方向。欧对中国艺术的赞扬，只有人民解放的中国才有可能的。但比之苏联艺〖术〗仍很差，因苏联比我们前进一个历史时代云云。〖讲〗话后，奥介绍他的夫人和我见面，并约再到他所里去。

3月22日　星期日

开支委扩大会，钱传达总理指示。

俊瑞昨天向总理汇报工作。周指示：坚持一条，他们有专长的要虚心向他们学习，我们的优点是政治质量较强，党外科学〖家〗一般是有科学成就。他们的缺点是政治弱，我们的缺点是科学弱。但我们没有理由自卑，更不能骄傲。旧中国留给我们的遗产——科学很少，求［文］献也不足，因此我们的问题是科学家太少，而不是太多。如果与他们比高低是一个立场问题。我们对科学家在政治上要求过高，就像他们对我们在科学上要求过高一样。总理讲，如果他们的政治与我们一样高，又有科学，那他们就比我们不知高了多少倍。如果我们在政治与他们降到一般低，我们自己也就一点也不高了。

对苏联科学家要强调一条，就是真正虚心、诚恳，但又不要过分客气，变成虚伪。

团内生活与规则上的问题，要反对自由主义，党员的自由主义对苏联，对团内党外人士影响都不好。一定要严格。

昨天国内邓小平署名来电报，第一条就是按苏联科学院规定的日程办事，不提出要求。第二条以科学院为中心，不要强调各业务部门。

学习的方法先了解，要听懂听全，不要首先提出联系实际，弄清楚后回去再研究联系实际的问题。这是富春同志的主要经验。不能混杂起来。回去说哪些能运用，哪些不能运用。这是学习步骤。

3 月 23 日

上午十一时同张稼夫、张勃川至哲学【史】所座谈。

会议由哲学所长、候补中委、鼎鼎大名的亚历山大诺夫主持。

亚谈：哲学研究所做研究的有 83 人，此外有 14 人考博士论文，42〖个〗研究生。这里有许多不同单位的人，都希望变成院士。所的领导机构是学术委员会，有 21 人，是最熟练的马克思主义宣传人员。学术委员会要审查著作，组织科学讨论，授予学【职】术学位。

研究所要出版刊物《哲学问题》。为了更好地做好工作，所有的人按专业分为若干组。有所长一人，三副所长。辩证唯物主义组，别诺夫；历史唯物主义组，克斯诺夫；哲学史组；自然科学史组；现代资本主义哲学并社会史组。整个所是按统一的主席团批准的计划工作的。计划首先由学委会讨论，在目前要出什么书来宣传马列主义，然后分给各组。做出后原稿在组内讨论。把手稿先讨论，也是根据斯大林指示的原则，事先讨论得更多，准确性就更大，也就更符合人民利益。

1952 年出书有：历史唯物论教科书，辩证唯物论问题，论苏维埃政权，个人在历史发展中的作用，斯大林关于语言学著作与历史唯物论问题。亚历山大诺夫。

1953 年计划：斯大林在《苏联社会主义经济问题》中对马克思主义哲学的发展，从社会主义到共产主义的三个条件，逻辑教程，其他及批判资〖产阶〗级的著作。

毛泽东著作在理论上深刻、明确、坚定，我们的研究中特别注意，杨兴顺特别对这方面做研究。

康斯坦丁诺夫讲哲学杂志。杂志是要作为先进的马克思主义的讲台，与资〖产阶〗级反动思想进行斗争。杂志是要把全国哲学方面的人才都集中起来，不管是有成就的，不〖管是〗青年。但杂志反映我们工作中的成就，也要反映我们工作中的缺点，同时也要反映人民民主国家，特别是中国的思想斗争，要研究中国哲学史。下一期就有杨兴顺中国的古代唯物论与唯心论的斗争。

爱因斯坦的理论问题要展开讨论。波克院士学理论物理的，在下一期就要发表这篇文章。爱因斯坦的思想与马赫主义有联系，要展开批评。在杂志上不但要有哲学家写文章，对社会科学〖其〗他代表者也要写文章，推动与反映各方面的工作。

对杂志的理论水平还不够满意。对生活中提出的新问题没有及时在杂志中加以总结概括。

杂志有几栏，辩证唯物主义，历史唯物主义，哲学史，美学艺术，自然科学哲学问题，对资〖产阶〗级哲学批判，哲学生活等栏。现发行三万份，准备加到五万份。中央的《共产党员》出五十万份，也不够。历史唯物论教程出版一千多人抢购。

奥古诺夫（Окулов А. Ф.）副所长：如何与资产阶级思想作斗争。一、批判中世纪宗教思想的书，二、批判新康德派的书。也注意批判社会发展中的主观唯心论——反科学的，否认客观真理。

切斯诺可夫 Чесноков Д. И.，美国对中国文化思想的侵略。

哥士洛夫 Кознов，历史唯物论组组长：本组有十五位一级研究员，有几个研究生，有八个准备念［写］博士论文的。书主要是一级研究员写的。

培养哲学干部分三级。第一级在大学学哲学的。第二级在高等学校培〖养〗，毕业后当研〖究〗生。第三级博士，全国七百多哲学硕士，三百多博士。去年本所出 27〖个〗博士。研究生有四门课：1. 辩证，2. 历史唯物主义，3. 哲学史，4. 外国文。

研究生学习方式首先是讲课，由最好的研究员来讲，其次是组织课堂讨论。再次组织大家读马列主义著作，有详细书单。

所有所里的人如果不是硕士，就写硕士论文，如果是硕士，就准备博士论文。也不是只让他们考上学位就算了，还要他们在研究上做更多的工作。

托洛申 Трошин Д.М. 副所长：进行硕士答辩有两个正式主考人，考博士有三个正式主考人。职位有一级、二级研究员，也是由投票方式决定的。一级研究员可能是硕士，也可能是博士，但必须有学位。没有学位不行。得到一级研究员位置后可以进一步准备为通讯院士。二级研究员可以不一定有单位，大学毕业也可以，有比较成熟的著作，就可以成为一级研究员。

亚历山大诺夫：在革命前，党处在地下。革命后不经□党和政府就授给学位，因为他们早就是马克思主义者。党〖授〗予学位就可以让他们培养干部。不能想象在国民党统治下会给刘大年、张稼夫什么历史博士〖学位〗。但现在就完全可以，不这样是不合理的。

一级和二级研究员都是单独工作的，不帮助的。二级人员中没有学位的帮助一级人员。一级写大题目，二级写一般文章。一级、二级的区别也是投票选举的。

斯吉巴娘：从社会主义过渡到共产主义的三个条件。这个问题很要紧的理论思想水平，其中又包括很多小问题。因此要许多人参〖加〗。首先组织六个人的编辑委员会，有主任一人，起草大纲，根据各章，分为谁担任哪些章，这个大约是经过详细讨论了的。规定写成和讨论的期限。为了把整个工作组织起来，指令一个秘书。监督的工作做得好，计划完成好坏，决定于检查。讨论是经过好几阶段的。组内、所内、经济所内，今年底完成。最后讨论时，请外面各地哲学家来参加。

每组一个一级研究员，每年要一百六七十页稿纸的著作才算完成任务。除此个人可做另外的题目。

出版时用哲学所名义，写上每个作者的名字，也就是除了集体负责，还要个人负责。

参加今天的会的还有哲学问题主编 Ф.В.Константинов。他自己签名送给我们每人一本 1953 年 1 月号《哲学问题》。我在致辞时说，今天的会使我感到不是在另一个国家，而是像在我自己家里。他们热烈鼓掌。我说你们送给我们很多礼物，可惜我们还拿不出什么东西送礼。亚历山大诺夫说，中国人民革命的伟大胜利，就是最好的给我们的礼物。这的确〖像〗哲学家的话。临别时，我说希望亚历山大诺夫能有机会到中国去，帮助我们的工作。他说他们每个人都有这样的希望。

康斯坦丁诺夫在介绍《哲学问题》时要我写一篇美国怎样对中国进行文

化侵略的文章在哲学杂志上发表。我答复回国后努力，希望能做到。

参加今天的会的有杨兴顺，他是哲学硕士，是所的活跃分子，负责国外哲学史部分的工作。他原是中国人，老家浙江宁波，十二岁到俄国，现已四十多岁，没有回过国。他的有关毛泽东革命辩证法〖的文章〗写得很好。

今天日记中有几处人名的中、俄文都是杨兴顺的笔迹。他是硕士，但是一级研究员。

亚历山大诺夫的讲话中又一再并称马、恩、列、斯、毛。这不是无意的。

今天所了解的苏联科学院研究人员的等级、工作制度与方法总括如下：

1. 研究员分一级、二级，成绩很好的硕士和所有博士都是一级研究员，有硕士学位的和少数大学毕业的是二级研究员。这与自然科学部门不同。自然科学还有第三级叫实验员，哲学研究所没有。

2. 所有一级、二级研究员都是独〖立〗进行工作的，并不是二级帮助一级研究员工作。二级研究员中没有单位的可以帮助一级研究员做搜集资料等工作。

3. 一级员平日的工作是研究较大的题目，写大著作。二级员则是一般的小题目，写文章。一级员每年规定要写一百六七十页（打字稿）的文章。

4. 所有一级、二级研究员的分别是投票产生经批准决定的。

5. 一级员都是有学位的，二级中可以有未得学位的，但未得硕士学位的，必须准备硕士论文，凡是有硕士学位的就必须准备博士论文。

6. 这种情形下集体研究基本是两种方式：一种是写成论文初稿后，由小组、所、所外专家等广泛讨论，事先讨论多多，准确性更大，更合人民利益。二种是一个大题目组织编委会，再组织一些人分章分节写，集体讨论定稿。

3 月 24 日　星期二

上午十一点同张勃川到经济研究所，到会的有副所长 Арзуманян 及各大组组长。Арзуманян 首先讲：培养科〖学干〗部，每个研究生有一个导师，由硕士、博士、教授、少数硕士担任。进研究院不久就确定研究问题。研究生除了受一个导师领导，还经常参加一个小组。考硕士时一定有一个博士、一个硕士主考，如果万一没有博士，就要三个硕士。经济所有三个学术委员会，论文属于哪方面，就在哪里秘密投票。投票结果送上级批准（所的学术委员会）。从通过这一天起，付给硕士的工资。

本所有研究生科，博士、硕士都有。

博士要已经是硕士，有比较大的著作，来源可以挑选所的一级研究员和外面，和加盟共和国送来，来时已带来一部分工作，所内两年完成。博士生工资照原薪发给。

二级研究员可以做论文，考硕士。

研究员只有两级，没有三级。没有学位的二级研究员归一级研究员支配做一些工作，同时做硕士论文，但一级研究员要让二级很快成硕士。

研究生、博士生归处内领导。

经济博士生尼古拉也华西里：本所有各经济区生产力综合发展研究小组，从主席团得到有关的题目，主席团的共产主义建设支援委员会，已经说过把所有题目分各个部分，经济所本组就研究其中经济的题目。斯大林格勒修水电站影响伏尔加下游各省，影响五万万俄亩。土库曼运河影响三千万俄亩，这就要研究这个地区的发展方向问题。研究工业如何发展，劳动力如何使用等问题。从主席团得到任务后就做计划，分成许多小题，规定工作后完成的日期和方法，规定执行人。这个大组还有一个特点即规定与其他业务部门如何合作的计划。计划工作做出后即所的行政部门审查。三个副所长，一管苏联经济，一管资本主义经济，一管干部和一般问题。加上所长成为管理部。全所有由29人组成的所的学术委员会。行政管理部是建议机关，由所长执行。计划决定后逐级上送。主席团批准后，组内每人据此作出个人计划。在计划中规定工作性质、完成日期等。

现在本组研究的题目有斯大林水电站影响下的生产力发展问题，大河影响的工业和运输问题。

个人计划的工作是按照不同工作性质规定为生产力分布的问题。二级研究员每年70—100页，一级研究员100—150〖页〗，博士170页（打字稿），博士还要审查别人的文章1000页，如果是编辑书只编辑一本，审查书也只审查一本。这是大体的规定，有时多得多，有时还少。所长一星期在所里工作一天，副所长四天。

本组工作材料来源是在外面工作，而不在图书馆，在当地做调查。如斯大林格勒所内去十余人，两年完全［成］。大河去十余人，三年完〖成〗。

但有联合组成的，500 个调查队，合计四五千人。

社会主义经济组 Аракелян 讲：本大组有七个小组。1. 社会主义经〖济〗一般问题。2. 工业运输经济。3. 农业经济。4. 经济统计。5. 流通组。6. 国民经济与经济思想史。7. 人民〖民〗主主义国家组。

现讲社会主义一般问题组研究的问题。一、研究哪些问题。二、出版计划。三、科学讨论。一、研究的问题：1. 整个研究组参加编社会主义教程。2. 国民经济计划按比例发展法则问题。3. 商品生产与经济发展。4. 过渡到共产主义的先决条件（此书本年完，其他 1954 年完）。二、出版计划。1. 社会主义所有制，卡尚诺夫的。2. 社会主义制度下的货币。三、科学讨论，其中是个人很难解决，要大家讨论的。1. 国民经济有计划按比例发展问题。2. 从社会主义过渡到共产主义的产品交换问题。在今年六月和十月分别讨论。凡是作品在出版后重复讨论，给作者两三个月时间修改（集体讨论是主要特点，我们完全没有做到）。整个所要出一本 35 年来共产主义与资本主义的发展〖的书〗。

卢宾斯德 Рубинштен 博士，美国研究组组长：本组研〖究〗美国政治经济问题，揭穿其战争挑拨者面目。本组去年有一集体著作：《美国经济的军国主义化与人民生活的恶化》。大著还要邀请院外同志参加。先拟定计划草案、总纲，然后分成小问题，规定各年何人何时完成，何时讨论。要它不成为论文汇编，要避免重复，在逻辑上一致。在讨论中会有争执。去年年底各章已做完，送所的管理部找所内专家校阅，年底送出，一月底送回（迅速准确）。现还根据校正和学委会讨论意见修改。如除了许多学术专著，一般文章也经过答辩，凡是写得好的就出版。

我们的材料来源是批判的利用帝国主义刊物的材料，各国共产党材料。二次大战后为现代经济，以前为历史。

马洛索夫，国民经济史与经济思想史组长：研究经济学史与苏联国民经济史。《经济科学史》已有集体工作，完成《俄国经济思想史》，分两卷。第一卷从俄国最古的经济思想谈起，至 18 [1]5 年十二月党人暴动。第二卷。第三卷列宁斯大林在革命前对经济思想的发展。第四卷是革命后马列经济思想的发展。这部著作的巨大意义是帮助我们揭穿世界主义的观念，以为经济

① 此处空格。据查，十二月党人起义，应在 1825 年。——编者注

思想都是从西欧过来的。贵族与资产阶级思想家没有看见俄国经济思想的宝藏。现在我们把它发掘出来。另外有《祖国经济史》，叙述俄罗斯和其他民族经济的历史。这些著作很大［多］都要集体创作，《俄国经济思想史》第一卷九八[①]在所内，以后各卷都有所外人参加，这就可见集体程度之高的一种表现。

历史研究所不研究经济思想史，只研究政治、军事等思想。初稿印一百份，分发各有关学者讨论。《祖国经济史》不但自己所内的人做，还动员各加盟共和国的人来参加做。

关于苏联国民经济史。工业史，近代手工业，蚕丝，苏维埃恢复后期的经济，分第一个五年计划，第二、第三个五年计划，先搞完工业史。

散会等车时和副所长谈，知道他们的三个副所长每星期每人有四天在所内工作，接见研究员，审查学术报告，开会或处理其他事项，有两天在图书馆做研究。问到做研究与行政的矛盾如何解决时，在研究上最大成就的应该是行政领导上负责的。只有有学问的人才能做更多的事情，这是社会主义的原则。斯大林曾嘲笑那种只会签署命令的人，说他们自己也不知道签署的到底是什么东西。自己不研究，就无法领导别人研究。问题在于如何安排时间。他们所内有很多人在学校里教课或指导研究。规定一年要有二百五十小时。（大体上是科学院工作的人要把三分之二的时间用在科学院，三分之一用在学校。在院内拿全薪，学校拿半薪。在学校工作时间薪水相反——这是钱与Киселев谈的。）他又讲到他们有许多人也不是一开始就专做研究的，而是做党或行政工作，经过自己努力，才慢慢掌握科学。现在你们（指我们）要督促一些老干部学习。讲得很好。下午两点回旅馆。

3月25日　星期三

昨天十一点从国家旅馆出发，上车来列宁格勒。陪同我团同来的有格鲁森科及翻译多人。我国在莫斯科学习的研究生施光等四人也同来。吉谢列夫、Лиза等到车站送行。

---

① 日记手稿如此。——编者注

晚十二点二十分开车，开车后即入睡。今早九点起床，沿途景物与莫斯科以东所见无大区别，地上积雪更多。

十二点车抵列城。到站欢迎的有数十人，其〖中〗有三四位须发苍白的老者，两位着将军服。他们是地质所长 Наливкин 院士、Быкоб 院士，动物所长 Бафловский 院士。在车〖上〗已为钱准备了答词，果然又用着了。На 氏致辞后与钱拥抱，kiss 发出很大的响声。

住的饭店名 Астория，比莫斯科住处还豪华富丽。我住过的两处房子构造大体相像。

下午六点在科学院参加欢迎会。列城建筑街道都很美。看起来〖比〗莫斯科舒适。尼瓦河很宽，上有面［宽］的大桥，据说可以开启使轮船经过。这里离海不过几公里。

今天讲话的人有一个特点：马列主义与自己的业务紧〖密〗相结合。На 氏讲话中引俄国大科学家罗蒙洛索夫的话：科学工作是一种很煊赫，享有声名的工作，这一思想只有在十月革命后，才真正实现。Быков 讲话中说巴甫洛夫说是唯物主义的胜利，是人类生活最复杂的表现。争取唯物主义胜利的斗争，是与一切科学部门都有关联的（与历史尤其分不开）。

3 月 26 日　星期四

上午十一点参观科学院自然科学总图书馆。馆长 Д.В.Лебедев 有详细介绍，对馆的任务、特点、规模、工作内容、制度等讲得很好。有详细记录。参观完后，同钱、张一起在馆长办公室谈图书交换问题。格鲁森科和老院士 Наливкан 也参加，谈了一些具体问题，准备到莫斯科再作决定。

下午五点参观 Ломлосов 博物馆。这个馆是 1949 年建立的。苏联人民的这一措施说明他们是如何重视科学，爱好和平。罗氏为彼得大帝亲信，在科学的许多方面达到了很高的成就，与彼得大帝同是俄国科学与文化发展上的了不起的人物。

馆内另有大部分房间是人种学展览馆。各种各样的怪胎，各种原始人，应有尽有。中国部分有许多中国已经绝版充分表现中国落后的五六十年以前的年画，如“天津马路”的“姑娘”（两个姑娘小脚、长裙，骑着自行车，手里拿着白纸扇，另有三个相公调情）、“李傅相议和”（李鸿章掩面涕泣，依［伊］藤博文坐在一起，刺客和许多人在下面）等不一而足。令人看了啼笑皆非。

晚上参加科学家之家晚会。“家”里是所皇宫。在冬〖宫〗北边，富丽堂皇，无与伦比。壁上到处挂有画得异常精巧的绝色佳人。这个房屋原为沙皇的兄弟所有，屋主为当时禁卫军司令。看这个房子外国统治者比中国封建帝王会享受得多。现拨归科学家为俱乐部，也足见苏联政府对科学家是待遇厚的（听说院士是八千卢布，一级研究员是四千，二级两千），中国办不到。

我们到会时，大厅里正在举行演讲会，也有两位科学家的太太在自由地演奏钢琴。科学家的座谈心［室］和用餐的地方无不精美。真是科学家之“家”。难怪在苏联，科学家、作家被人羡慕了。到会的史学家有历史分所负责人，日丹诺夫大学教授 Предмеченский（普列切千斯基）。

下午四点饭后在旅馆购列城风景照片，发现遗失八十 Руб，总共一个月只发了一百 Руб。

3 月 27 日　星期五

十点去参观 Булково 天文台，地点在列宁格勒东南约二十公里。汽车走 [1] 小时。台所在的地点是一个带形的七十多公尺高的土岗。卫国战争时这里是保卫列城的前沿防线。德军阵地在岗南约 [2] 公里。这里从旧有的照片上看，原是一座花园式的建筑，经炮火破坏无余。经过几年建设，今年八月将正式开台。

据台长介绍，Булково 是世界天文学的首都。从 1900 年起就在这里工作的通讯院士基可夫报告他的工作说：他正在研究天体植物学，研究火星上高等植物生长的可能性，推翻火星上是不可能生长高等植物的怀疑。发现火星上植物的叶绿素与地球上的不同，植物叶多紫色、蓝色。并建议中国应成立天体生物研究所，他很愿意到中国去帮助工作。他说植物〖不〗只生长在地

① 日记手稿此处有缺漏。——编者注

② 同上。——编者注

球上，也可以生长在整个宇宙。讲话结束时，喊毛泽东万岁，宇宙间的生命万岁。

这基氏的讲话使我觉得可以就近来参观所见写一篇文章，说苏联的“为和平服务的科学”这一思想。谁能说基氏的研究是为了战争呢？

苏联的天文学家正在研究太阳的活动，形体和地球的光谱，天体起源，宇宙的形成，这都只［足］以说明上一思想。

当然这些研究并不是没有实际意义，其作用是提高人民文化知识，同时对农业、园艺等也都有作用。

观象镜有各种样式，见到了很著名的一种新观象镜，制者为天文博士得斯大林奖金，亲为我们讲解。观象的房顶都是活动的，可以开启和周围转动。这算又增加了一点知识。

从 Булково 所在的山岗上看见了芬兰海峡。

张公今天肝火甚旺！钱又不痛快！

晚上在列城戏院看芭蕾舞，是普式庚的诗——一个类似香妃的故事。演技与剧情比天鹅湖都有逊色。回来与西子（施光）同车。西子为人沉默寡言，1950 年正在东北工学院当助教，现又做研究生二年，最少二十六七岁，但状如廿来岁人，貌美而镇静，侧面看去如某人妇（邓）。

舞台中间休息时，剧院人致辞欢迎中国代表，会场异常热烈地鼓掌，喊毛泽东万岁。假设斯大林未去世，不知该如何欢呼。

现在我们到处都避免欢呼毛泽东！

3 月 28 日　星期六

参观巴所高级神经活头［动］遗传学研究室。Быков 院士讲条件反射，动物的行为一部分是先天的，大部分是后天获得的。本所研究目的在于研究高级神经〖活动〗过程性质、改变及其作用。改变动物的生活条件，就能改变其条件反射。像昆虫这类简单的动物也可以因改变环境控制它的条件反射。高级神经系统控制着动物的活动。

我们开会的小会议室就是巴甫洛夫生前的会客室，Бы 氏致辞时认为我们就好像是巴甫洛夫的客人。

在会议室试验了三种类型的动物，兴奋性的，抑郁性的，懦怯的。这些性格可以遗传至后代，但是可以改变的。门德与此相反。

下午五点同吕叔湘到东方学所。格鲁森科早饭时告我，与叶菲莫夫可以在那里见面，到时叶已在场。

吉洪诺夫讲，东方所的任务在于收藏，整理东方各民族的文献，收藏古□、语言的种类为 45 种，藏书文字 60 种，开始搜集在一百五十年以前。除一般的研究，还编制索引。不久出版材料汇编，包括蒙古等国材料，第二编朝鲜、西夏。

工作方法，先把题目分给整理的人，然后交专家审查，再做讨论。

著者［作］出版后，也公开发表批评意见，或交作者处理。

除了进行科学研究，还做培养干部的工作。

这里是东方图书中心，各地研究这个问题的都到这里来。

介绍见面，有位女同志是管理图书的，中文会得不多，但她的研究题目是西周社会。我真佩服她的勇气。听说莫斯科大学的学生还有以中国力学史为毕业论文题目的。

东方文献部藏书确实甚多，有四库备（题？）要、图书集成及敦煌藏经多卷。地址在科学家之家靠北，也是一所王宫，高大而豪华。

上午看的巴氏研究室从昆虫到黑猩猩（类人猿）都在做条件反射研究之列。亲自看到试验的有狗、鱼、猿等动物。猿很特别，状如俗所画狮子，长二三尺，雄的，见饲养他的女工作人员进去，大叫大跳，作性欲要求的表示。

这个室的整个实验是要说明高级神经活动的物质属性。这是唯物论的科学依据。从这些实验中当然也可以说明科学为和平服务这一思想。

室的地点似是列城北面，距市中心 25 公里，车行五十分钟，沿〖路〗都是森林，房屋也完好，未被战争破坏。去时与马雪兰同车，他［她］在做硕士论文，题目是《抗日战争时中国的诗》，一定要叫我提意见。我讲了一些。最后问她多大年纪，出了笑话。

晚上将去东方所情况告张，证明我对梁、沈情况的观察是对的。诚如中则形如外，若康梁公。

今天又是星期六，下午因忙于照应场面，想起北京人时已经是八点多钟。北京是下〖午〗一点了。

3 月 29 日　星期日

上午十点四十五分去参观冬宫。因为离 Астория 很近，步行去。途中经过苏联海军部，是与冬宫并排，中间只隔一条马路的黄色房子。海军部设在列城是很有道理的。

参观是从紧靠冬宫北面的一排楼房开始的。总名历史文化艺术博物〖馆〗。其地理位置大致如下：

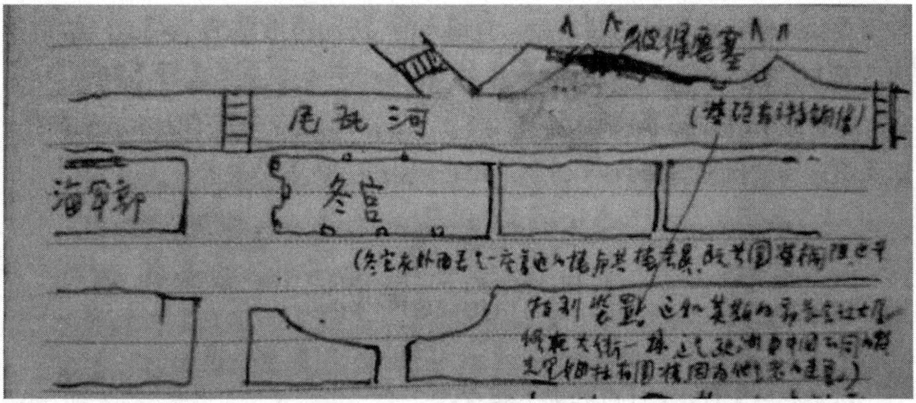

馆内共有 250 个陈列馆。我们费三个半钟头的时间在里面很快走了一遍。据讲解负责人说所看到的只是四十分之一。他希望我们再去看三十九次。

馆中有各国的艺术陈列品。西方国家的主要是油画和雕塑，欧洲文艺复兴时代的作品极多，其中有世界十幅名画中的两幅，是画的圣母抱着雅［耶］稣，篇幅也有一尺多高，外行根本看不出如何好来。有一幅吃奶，奶的位置似乎不对。另外有一些世界闻名的画，一般人也可以看出来，印象最深的一幅是美人哭泣，面孔并不带哭相，眼睛内含有泪水；一幅是一个失明的父亲抚摸跪在他膝前的久别的儿子，仿佛看到老人的手在弹动。另一幅是一位侧卧的裸体女人，左手放在枕上把枕头压下去，乳房和腹部突出像活的一样。一个男人拨开她后面的帐子立在她身边。除了少数的例外，几乎所有的画和雕塑都是裸体男人和裸体女子。（西子和个别的女同志每看到石塑的高大的裸体男人后，把头一低就过去了。）这些画主要是意大利和西班牙古典作［画］家的作品。德国的就差一些。最后看到的中国馆，内容也相当丰富。

冬宫是一座三层的楼房（连地下四层），外部墙为白色和浅绿色。里面有几个大厅，全是用大理石和铜修建起来的。铜上全是贴金。所以看起来金碧辉煌。

参观时有塔斯社摄影记者同行。在十月革命起义时克伦斯基政府的会议室和中国馆内所摄的两张影片内，我和钱都站在一起，可能照在最显著的地位。

最后在楼下看宝藏部分，其中国王的金冠、女王的珍珠做的梳妆盒，各种宝石及其他各种珍贵的装饰品，有纪元前希腊王国的东西。门是经常锁着的，进去要签名。

西子似乎对一切都兴趣不大，看样子是另有所思。每次有人给我们照相，他［她］总是离得远远的。

3 月 30 日　星期一

列夫琴科主任，《拜占庭史》作者。

Романов 罗曼诺夫教授，《日俄战争外交史》作者。

斯特卢越 Струве 院士，《古代东方史》作者。

档案非常丰富。十五、十六世纪的写在羊皮草［纸］上的文件很多。1675 年俄国第一次派大使到中国的档案还保存的有，他们很重视档案工作。档案中有各种关于经济制度、土地问题的记载。彼得一世时的东西，很多，记述某人地［多］少地，多少农奴，收支情况如何，由多少人经营等。

最早的西欧国家的档案，是一世纪的材料。有意大利一二〇年的意大利材料，是一个意大利统治欧洲全盛时期的文件，现在的教廷希望得到这些东西，来证明他们的统治历史。有十五世纪意大利法典。

列夫琴科：现在历史学家主要学习斯大林经济问题，计有生产关系一定要适合生产力、社会主义过渡到共产主义条件、资本主义总危机发展的两个阶段、基础与上层〖建筑〗的相互关系、封建所有制、商品生产等等问题。所有人都要学，并作为历史研究的基础。著作方面在编《列城史》，因不久就是列城二百周年。俄国史的分期问题，《共产党人》1952 年第 13 号（即布尔什维克）发表〖批评〗《历史问题》杂志的错误文章，批评其历史学中的主观唯心论，即不承认历史法则的客观性质，与经济唯物论倾向。

列城历史分所在整理出版资料方面做了很多工作。是与利用资料研究历史相结合的。因此很好地选择这些资料。要研究经济资料并作总结是一个非常复杂的工作。列宁的著作《帝国主义论》《俄国资本主义的发展》和斯大林每次联共会议总结是典范。列宁在著作中要牵涉许多经济情况，我们所用的统统是资本家的资料，因此要很好地分析批评。这方面的工作有很重要的地位。研究与出版资料就是从批判的原则出发。因此，出版资料的任务就是挑选最重要的出版，向史学界推广。我们的工作也包括出版近代的一些资料，古代的、封建时代的资料也出版，也是必须专家来做。这个工作由一组档案整理委员会负责。

此外，题目有彼得堡 [①] 年工业国有化的资料汇编。我们完全〖按〗斯大林的把科学发展列首位的任务，就要研究历史的各个方面。

在列城主要是研究西欧、美帝国主义历史，经济侵略历史等。

有些争论在杂志上已有发表。其中一个问题如生产关系与生产力相适应等问题，应展开讨论。如国家上层建筑在俄国封建农奴〖制〗瓦解过程〖中〗的作用。

Струве 院士：资产阶级史学界经常强调东方与西方历史发展有不同的规律。我们依据列斯观点，东西发展是一样的。很大的一个争论是东方没有奴隶制度，以为只有封建制度。现在不管东西方史学家，都认为西方的经济制度东方都有。有些人认为殷朝是奴隶制，有人认为是周以后，有些人认为是后汉以后，这个问题需要新的材料，靠发掘提供。苏联科学家根据准确【在】材料在巴比伦两千年前是奴隶制度。如果认为东方特别，对帝国主义有利，对民主主义者也有利，例如印度的甘地政府就〖认〗为印度与西方走的道路不同。

要求中国史学家供给可靠的古代史资料。尽量介绍书籍。

---

① 日记此处空格。——编者注

列夫琴科：把历史研究与政治斗争结合起来是很重要的，要经常揭发资产阶级谬论。今年四月要开会讨论如何揭发资产阶级伪造出版的文件汇编。

罗曼诺夫（年近七旬的老者）：认为与我见面很高兴。苏联史学家认为任何人研究的内容有资产阶级影响，应坚决回击。至于对刘的书，苏联史学家只能表示欢迎。因和苏联史学家的观点是一致的。这个著作本身一个主要的问题是抓住日本和美国合作的重要思想，对苏联史学家很重要。正在让他的学生研究得更彻底一些。罗氏说他对本书从头到尾读了一遍。

苏联史学家对中国的要求：中国的如苏联十月革命，旧制度已崩溃，但还能从中找出一些毛病。首先研究中苏历史最感重要的是海关资料，要像保护眼珠一样保存下来。我希望我的学生能把这些资料背下来。这些［是］研究中国最重要的东西。

各国教师在中国的活动的档案，希望也集中起来。我们很愿意看到。《美国侵华简史》规定为苏联研究生必修的科目，还要考试。

对刘的书小的缺点，是外国的材料较多，中国政府外交部的材料太少了。希望看到这方面的东西。我们对这些书的重视，从这一点可以看出规定苏联历史研究生的必读书。

希望有些关于中国档案的资料，报纸杂志，人民大众的反映。

人民反对侵略的活动，经济资料等希望有所补充。

关于批评与自我批评是集体工作的主要原则。如马尔学说也影响到历史界，我们就进行了批评。批评的方法由研究者先提出初稿，大家看后提意见，修改后交学委会，通过后再出版。

Струве 问：现在中国有多少人口？

可以翻译的有各种教科书。

你们应用力做好古代与中国通史，缺了这，世界史就缺了一部分。这是要中国史学家完成的。

Фуреенко Александр Александрович[①]，此人是美国侵华史研究者。

今天谈得很好。对于我等于考博士论文。时有人问起我的情况，我大致说了一些。华罗庚、赵九章认为我的"博士论文通过"了。

历史分所对于接待我们是郑重其事做了准备的，除了一上场有 Струве

① 这一行苏联学者人名的俄文手写体，当是那位学者的手笔。——编者注

院士的书面欢迎词外，还专门布置了一个临时的展览室，一部分是摆列城史学家的著作，有前面列名的许多人的书，另一部分是翻译的中国作〖品〗或苏联史学〖家〗对中国历史研究的著作。当中有《毛泽东选集》第一卷，胡绳《帝国主义对中国的侵略》[①]，刘大年《美国侵华简史》，军政大学编的《中国近代简史》《窃国大盗袁世凯》《人民公敌蒋介石》及苏联史学家写的《太平天国》《孙子兵法》（部头很大）等等。他们预先预备好了议程，于是〖致〗欢迎词、参观档案、介绍所内工作情况及答我提出的问题，谈《美国侵华简史》及询问中国史学界情况。

我方参加的只有我和翻译郑撰两人。我所提的问题和前一些讲话，对方的老院士、老教授们似乎还很满意。罗曼诺夫已经七十多岁了，是一位很热情的老先生。我在全部讲话中都是称他们为老师，称自己为小学生的。

3月31日　星期二

上午参观列宁格勒大学。

校长报告：列大成立于1879年，有许多俄国著名学者在这里学习过，列宁曾在这里参加法学院考试。

现在全校有十三系，有一万正式学生。函授生部、数学力学系、物理、化学、生物土壤、地质、地理、历史、语文、法律、东方学、经济、哲学共十三系。另有苏联北方民族系，培养北方少数民族的文化科学工作人员，参加社会主义与共产主义建设。这个系在大学中有特殊地位，这个系里的学生是主要由西伯利亚北部各地派遣来的，研究各民族、语言、历史及其他科目。在许多系里还设有科学研究所，组织本系人员做科学研究工作。例〖如〗数学力学、物理、化学、地质、经济地理等研究所，分属各系。大学里的每个〖系〗都进行科学研究。共分两类。一类是为教课进行研究，另一类是各所的研究员直接做研究。研究工作单位作为教〖学〗研究室。此外，本校还有研究生部，现有六百人，按照不同专业培养为硕士。

---

①《帝国主义对中国的侵略》，是否俄文译本的书名，待考。胡绳原书题名《帝国主义与中国政治》。——编者注

我们的科学研究是按年度计划进行的。在年度中抽出一部分最重要的计划，必须完成。同时，还要做五年计划。所有计划与国家整个计划是一个整体。我们研究特点是在很大的程度上与实践联系的，也还帮助工厂或共产主义建设有关的工作。我们科学研究的第二个特点是与马克思主义哲学的结合。为了改善我们的思想工作，每个系都有哲学讨论组，帮助本系人员学习马列主义理论，把本门科学与哲学很好的联系起来。哲学讨论这种工作方式是非常重要的。一方面帮助大家学习马列主义理论，同时也帮助大家把哲学运动［用］到本门科学中去。现在的讨论是集中在斯大林《〖苏联〗社会主义经济问题》上。

学校还举行其他科学讨论会。最近生物部门曾讨论意识与感觉的问题。

现全校有130多个教研室，有1000个以上的科学研究题目，有1000以上的人在进行这个工作。

校长报告〖后〗，参观了门德列耶夫纪念馆，〖后〗由叶菲莫夫引导至东〖方学〗系座谈。

东方系主任果龙诺夫 Кононов，历史系主任 Брюнин。

叶菲莫夫介绍远东史教研室工作情况。1. 教研室要经常开会讨论学术问题。今年四月七号就要开会讨论东方历史长期停滞问题。2. 具体的用中国历史证明生产关系必须适合生产力的状态，何时是适合的，何时是发生冲突的。3. 研究资本主义的基本法则在东方各国的作用，说明资本主义怎样侵略中国。根据斯大林新著做我们政治修改课程提纲。因新［为］斯大林提出了新的经济法则，只有研究了经济法则，才能说明历史真相。

1. 平英团，2. 李秀成，3. 康有为——资产阶级改良运动的破产，4. 京汉路二七以前的罢工运动，5. 二次国内战争中的政权建设（以上大学毕业论文）；1. 捻党，2. 明末农民起义，3. 共产党员——人民解放战争的组织者（以上研究生）；1. 第一次国内战争中美国的干涉，2. 中苏关系是新型的国际关系，3. 门户开放政策（以上研究员题目）。大家都迫不及待地等待《毛选》。东方系657〖个〗学生，57〖个〗研究生。东方系有12〖个〗教研室，9个是语言，历史有近东、远东、东方古代史。

果龙诺夫：本系除研究中国问题以外有很多专业，如朝鲜、蒙古、日本、印度各民族，伊朗、阿拉伯、土耳其各民族的语言和历史，对苏联境内东方各民族（中亚细亚）语言历史的研究，也占有很重要的地位。同其他各系一样，大学生是五年毕业，第三四年作课程论文，最后一年作毕业论文。除了必修科目还作科学研究。系内出有一种发表研究论文的杂志，把研究论文登在里面。系内有哲学讨论会。关于中国的必修课程有中国语文，文学历史（包括古近代现代），语言文学概论，俄国研究中国语文的历史，中国的历史文献，中国地理，中国国家政权组织等。（语文教研室还学中国书法。）

Иванов 副校长：研究工作分教学、科学院、政治教育（包括对学生）等三部分。每年都有详细计划。

政治课如马列主义基础，一切系都要讲。政治课用大课，自修阅览资〖料〗，个别辅导等方法进行。马列主义、政治课教师主要是为全校服务的。

哲学系有两个专业：辩证唯物、逻辑一个专业，其中有辩证唯物、逻辑等教〖育〗研究〖室〗；另一为心理专业，有心理教育研究室，研究生属室内。以辩证、唯物两处研究生居多。研究生学三年，必修科课程不超过一年半，其余一年半的时间做硕士论文。

心理研究生教材除了马列主义的经典著作，主要是巴甫洛夫著作做教材，研究高级神经活动与巴甫洛夫生理所等有密切联系。研究思维的原理、思维和语言关系。研究 Сетде 人的新品质，对祖国的热爱，胜利的信心。

Брюнин：历史系有考古、罗马史、中世纪史、拜占庭、世界近代现代史（除东方外）、苏联史、艺术史（西欧苏联）等专业。研究苏联史最多，这个教研室最大。

课程有苏联史，从古到现在；世界通史，从古代到现代。近现代国际关系史、历史文献学（史学史）、历史资料学（原始材料）、历史语言学、国家法权史、哲学史、俄国文学史、苏联文学史。另外还有一些非常专门的课程。

研究题目各室不同。如研究俄国史、工人运动、农民运动等。近代史研究方〖面〗，□□研究国际关系，苏联外交政策，资本主义国家的工人运动史，十月革命对各国阶级斗争的影响，各资本主义国家的共产主义运动。最近研究出的论文有《十九世纪美国对太平洋各国侵略史》，中世纪资料，《十六世纪伊丽莎白女王时英国史》。艺术史方面研究文艺复兴时代的西欧艺术，人民民主国家的艺术等。在希腊罗马史方面研究古代商品生产情况。考古方面的人每年都参加考古队去进行发掘。

斯大林著作发表后，研究生产关系必须适合生产力的各个历史时期的表现。第一次第二次世界大战产生的原因和它的性质。世界市场的瓦解和两个平行市场的形成的问题。斯大林在十九次党代会发言给历史研究提出的问题是研究世界共产主义运动史，工人运动史。

Сонина，经济系主任：斯大林经济学著作是科学研究改组的基础，修改了学生课程作业和许多研究题目。这以前主要研究各部门经济的实际问题，现在着重研究理论和一般问题。

法律系有 764 人，学习期为四年。

今天与列大社会科学各系座谈，叶菲莫夫主持。

4 月 1 日　星期三

上午参观斯大林窝轮工作。[①] 十二点半至图书馆访副馆长 Рафиков。下午五点出发参观芬兰湾 1917 年 8—9 月列宁隐蔽处。晚上看芭蕾舞：《青铜骑士》。

以上记于列宁格勒 Астория 旅馆 103 号房间。

列宁的隐蔽处在芬兰湾海滨的森林里，是用木棍搭的小窝棚，仅能容一二人起卧。窝棚的地点在十月革命十周年时改建了一座花岗石的山［三］角形的纪念碑。按原棚的样子在附近架设一座草棚。据讲解人说：卫国战争列城被围时士兵们来这里宣誓保卫祖国。地点离海只一□百米，很潮湿。《革命与国家》[②] 等文件就在这里坐在树根上写的。

芬兰〖湾〗有很多小港，附近都是森林。战争时隔河就是芬兰军队。列宁【在】住处离城三十五公里，车行一小时。沿途风景极佳，有许多别墅。

芬兰湾尚未解冻。有小孩子在上面滑冰。这就是我第一次看到的西方的海。

晚上看芭蕾舞休息。康公告诉西子给我拿两个橘子，西子拒绝。

---

① 日记手稿原文如此。——编者注

② 应为《国家与革命》。——编者注

4 月 2 日　星期四

上午别人都去参观彼得堡，资料组人〖员〗在家开会。

下午看 Смольлин 宫，是十月革命起义时的指挥部。

C 宫是【在】很高大的建筑。十月革命〖时〗是市议会所在地，布尔什维克党的组织、斯大林在这里办公。当时似乎是克伦斯基政府没有力量管辖它，或者两种政权〖对〗立着（？）。C 宫地在冬宫东边三五华里。现在是省和列市苏共党委办公处，平常一般人不能参观。《列宁在十月》电影中摄制的就是这个宫的内部。

宫内有一处大厅是列宁讲演苏〖维〗埃第二次代表大会的开会处。另一端有 1917.8—1918. [①] 月列宁秘书住的地方。房子是里外两间。外间类似走廊，里间再有半截木墙隔为两部分，靠外有小圆桌一张，三个沙发，是列宁当年用的原物，现在套有旧白布套。我揭开沙发的白布看了看。房角有一个小柜。短墙里间并排放着两张极窄的铁床。一张是列宁本人的，另一张是列宁夫人睡的。据他的夫人回忆录中说，当时她在市的另一个区工作，很少来此。

这个房屋使我感到特别亲切，依依不忍离去。张在参观簿上留字，我也在上面签了名。华罗庚等也纷纷签名，认为这是极大的光荣。紧挨我们签名的是印共中委高百兰。他写了一段话，大意是说：能参观这个房子是极大的幸运。这是十月革命的指挥所，十月革命对人类有极大的意义。作为列、斯的学生，愿为其事业终身奋斗。

晚上十一点启程回莫斯科。列城科学院许多老院士来饯行，一再举杯致祝词。上车时有“别矣，列宁格勒”的感觉，不知是否有机会再来。列城的确是一个美丽的城市。

范元维送来《收获》二本，托带给曹靖华。

上午托沈其买儿童玩具数件，也算是纪念品。

---

① 此处月份缺漏。——编者注

4月3日　星期五

白天十二点二十分车由列城抵莫斯科。

下〖午〗一点在国家旅馆（Националь）321号房间开会讨论语言所参观问题。这时正是北京下午六点钟以后。去年今天这时同北京人同游北海，情景如在目前。但事过一年变化很多。在一年以前是难预计的。一年以来北京人在我的心目中占有的地位极大，给了自己很多苦恼。总是不断地想实现杜诗中的一个情景："正是江南好风景，落荒［花］时节又逢君。"但是枉然。只有到了近来思想上才有了不同的想法。

晚上开支委会。夜十点去张处，楼梯上碰见西子。她告诉我睡的房间，走了很远我回头望她时，她也正在回头望我。

去年的今天好像也是星期五。

十二点火车到站时，科学院又有许多人到站迎接，其中有吉谢列夫，每次见面，总要以很热情的表情大喝一声："刘大年！"

4月4日　星期六

亚历山大讲方法论，地点在苏联科学院礼堂。

首由托布契也夫秘书长致辞，欢迎我们从列城回来。说明今天的题目是讲方法论问题。

亚历山大讲：怎样掌握马克思主义是一个非常复杂和巨大的问题，这里只介绍苏联知识分子在这方面的主要经验。苏联知识分子是具有科学世界观的。这个世界观在苏联占统治地位。其表现是共产党在苏联占指导地位，共产党的世界观就是马列主义的世界观。马列主义世界观表现的结果就是苏联人民道德与精神的统一，是知识分子与工人的结合。苏联学者就属于这〖个〗知识分子群。马列主义的世界观在苏联知识分子中占有的统治地位，就保证他们不犯错误地【来讲】来建设共产主义社会，不拖延地发展社会文化。马列主义使每一个学者迅速成长。

我们为什么要宣传马克思主义世界观？为什么要深刻研究、掌握这门学说？我们的目的不仅是为科学的发展开辟广阔的园地，并使科学作用于社会生活。

马列主义世界观发展的前途也就是全世界社会主义发展的前途。由于世界资本主义的道路日益狭窄，资本主义思想也日益狭窄。由于社会主义前途的强大宽广，马列主义思〖想〗也越强大。

在我国科学中马列主义的统治地位，对科学的益处，首先马列主义是我们党的全部政策策略的基础。结果使我们党的政策是唯一的正确的政策。不管经过任何事件也不致迷失方向。第二是以社会主义经济发展为基础的。第三是马克思主义的统治使一切文化发展是建立在科学共产主义基础上的，其目的是为社会主义向共产主义过渡准备条件。第四，马列主义世界观的统治是使一切科学部门在辩证唯物主义的哲学基础上加以深刻的改造。第五，马列主义世界观的统治使一切落后、妨害进步的东西、资产阶级思想的表现，都受到苏联学者的坚决反击，并加以克服。因此，我们说苏联科学是建筑在唯一正确的马列主义基础上的，使我们能解决一切最复杂的问题。这就要求学者深刻掌握马列主义，掌〖握〗马恩列斯著作。

在这方面可从苏联科学发展的经验中举出事实，怎样解决资产阶级学者所不能解决的问题。在革命前俄国的物理学家和现在的资产阶级物理学家是以唯心论为基础，碰到了危机，他们否认物质认识的可能，随着数学的发展，物质会消灭，只剩下方程式。他们认为物质运动的观察决定主体。这说明他们的无力，必然陷入绝境。资本主义学家认为物质的微小的世界是不能认识观察的。苏联物理学家斩断了这种羁绊。这表现在苏联的物理学除了把原子能应用于和平事业，并在共产主义建设方面解决了许多技术问题，制造了许多机器。这都〖是〗资本主义国家做不到的。这就是由于苏联物理学是建筑在马列主义世界观基础上的。

另外一个例子。旧俄与现在资产阶级学者关于宇宙起源学说，认为在时间、空间都有终止完结，这就使他们陷入绝境。而苏联学者则解决了这些复杂问题，创造了与以前完全不同的宇宙形成理论。这就是因为苏联宇宙学者早就用唯一科学的哲学基础，即用辩证唯物主义来改造自己的工作。

另外资产阶级的生物学陷入许多无法解决的矛盾中，他们用许多神秘的力量来解释有机体。苏联生物学家巴甫洛夫、米丘林、李森科院士等在他们的著作里解决了许多复杂的问题，结果很有力地帮助了苏联的农业的发展，改造自然。这种情况之所以能在苏联生物科学中发生，就是因为他们深刻掌握了马列主义，并在正确的哲学基础上改造整个生物学。

在这些例子方面应注意，马克思主义在这些科学中应用所得到的成就，必须经过很复杂的过程，深刻研究本门科学的过程。必须着重指出，在苏维埃政〖权〗成立后不久，在苏联知识分子中有人简化了掌握马列主义与把马列主义应用于本门科学的过程。他们讲到耕田的、做鞋的、外科手术里的辩证唯物主义。当然用这种方式来运用马列主义于各科学，只会有害处的。我们说要深刻掌握马列主义，决不是指的这些东西。我们应该注意辩证唯物主义决不是这么一个钥匙，碰到任何问题都可以简单地解决。马列主义教给我们以学者应遵循的原则，告诉我们为了取得成就所需要的行动的方法。它给我们一种理论，用了这种理论就可以正确地解释物质过程和精神过程。

我们知道辩证唯物主义教导我们一切事物之间都有相互联系，在不同的物质运动形式中，这种相互联系有它不同的特点。因此为了要辩证地研究各种不同形［现］象，首先就要研究这种不同的联系。辩证唯物主义告诉我们整个世界——物质的和精神的都处在不断的变化、运动和发展过程中，但在不同的自然部门中，物质运动发展的方式是各有不同的。因此，辩证唯物主义不是一种万应灵药，首先必须深刻研究本部门科学，只有这样才有可能掌握唯物主义在本门科学中的应用。对以现代科学为基础的马列著作必须特别研究。

马列主义能给科学【科学可能】带来的东西，是可以给他们以建立任何科学部门的指导原则，可以给学者解决科学上的可靠的方法，给学者以唯一的理论。根据这种理论可以解释各种物质和精神的过程。这就是说马列主义以无条件相信深入认识的可能性，教育科学家，告诉我们一切都是可能并且应当认识的，认识的结果还要利用这种知识服务于人民。

刚才是说马克思主义世界〖观〗能给学者带来什么。另一方面，科学还能以材料供应辩证唯物主义。马列主义因为是建筑在科学基础上的，所以〖是〗不能推翻、代替的。随着科学的发展，马列主义世界观日益巩固。

根据苏联学者经验，用什么途径掌握马列主义？很显然这里并没有什么专门的学校、没有什么内容丰富的演讲一下解决问题。主要是我们的愿望、能力和大量的劳动来研究马恩列斯遗留给我们的经典著作。研究苏联学者遗留给我们的遗产。中国人民伟大导师毛泽东的卓越作品，对这方面也起了重要作用。

苏联学者很多年来研究马列主义的作用，并根据一种思想来运用于自己的具体活动。这些作品有《共产党宣言》《资本论》《反杜林论》《自然辩证法》《唯物论与经验批判论》《国家与革命》《无政府主义还是社会主义》《马克思主义与民族问题》《联共党史简明教程》《马克思主义与语言学问题》《苏联社会主义经济问题》。苏联学者还研究和成功地运用了毛主席作品中的思想，特别是《实践论》。这就是掌握马列主义文献和世界观的基本方法和形式。

此外，在所有科学研究机构中，设有史学讨论组，帮助大家研究马克思主义，并帮助他们运用在自己的范围中。例如帮助物理所的同志掌握哲学，哲学所就派一级研究员去领导这个哲学研究组。许多著名物理学家都参加了这个组。这个组的工作是物理学家和马列主义哲学家在一起，听取现代物质构造理论的报告，并进行批判研究。然后从〖这〗个理论中挑出那些是会〖出〗现的唯物主义物质构造理论。对唯心主义理论进行争论，找出最正确的观点。

帮助苏联学者掌握马列主义的另一种形式是马列主义夜大学。这种大学是学者志愿参加的一种组织，目的是听取一系列的最熟练的专家对马列主义世界观的基本问题所做的讲演。时间是二年。这个学习是要全面地熟悉马列主义。

一［也］许有人认为在我国只有唯一的统一的马列主义世界观，就没有什么争论，就会妨害科学事业思想的推进，这是很大的错误。对以马列主义为基础的苏联科学的看法，没有比这更错误的了。这下面的事实可以看出来。在我国批评与自我批评是发展科学的最大动力。这方面苏联学者是以斯大林的原则为依据的。他说没〖有〗争论自由，没有批评，任何科学都不能发展。不久以前，关于生理学的争论和争论的解决。在这个会议的争论中揭发了许多苏联生物学者的错误，他们站在唯心主义的生理学立场上。苏联生理学奠基者巴甫洛夫运用的是客观的方法。错误者却拥护主观主义的方法。用主观方法研究有机体是完全站不住脚的。

又例如不久前讨论的苏联某些作曲家的错误。他们忘记了俄国现实主义的伟大传统——如柴可夫斯基。他们的作品激发鼓舞俄国人民的创造，使广大人民能够理解。但我们有些作曲家如《伟大的友谊》的作者等，破坏了古典的俄国现实主义传统，采用打鼓、噪音及一些形式主义的方法，使人们离开这些音乐。苏联政府批评了这些音乐家。过了一些时候，同是这几位音乐家创作了人民喜欢的作品，其中并有一人得到斯大林奖金。

从这几个例子就可以看出在苏联科学、文学、艺术，每个精神生活领域中，批评与自我批评是强大的手段，它帮助我们消除妨害前进的东西，为苏联科学发展扫清道路。从这些例子可以看出，批评不是像有些错误设想的那样，是一种处罚。批评使科学得到胜利，犯错误的人本身也得到好处。这是苏联推动科学发展的手段，是发展规律。

科学中批评与自我批评的最高形式，是以得到广阔发展的科学讨论会。最近几年内，我们开过的会有，例如文艺问题，对我们自己的西欧哲学史，对音乐、政治经济学、生物学、宇宙形成论及其〖他〗科学部门都作了讨论。

如关于语言学的讨论，两年多以前苏联党的机关报展开了语言学的争论。当时在苏联语言学中马尔院士的非马列主义的唯心主义的观点站在统治地位。马尔理论上是把语言学归为社会的上层建筑，认为语言有阶级性。从此出发就宣传语言的革命，从一个社会到另一个社会的过〖渡〗语言也要消灭。消灭语言就是文化方面的最大的败仗。此外，马尔把思维和语言隔离了，认为思维过程是非物质的过程，从此走向唯心主义。但是历史经验、语言发展的经验都证明没有所谓语言革命。同时没有语言也不可能有思维。中国郭沫若写得很对：中国历史上语言已有四千多年，但从未有所谓革命的爆发。在这个讨论中，就粉碎了马尔理论。这个理论对文化有很大的危害。斯大林马克思主义与语言学问题在这方面起了非常大的作用。这种讨论的结果给文化发展开辟了道路。斯大林用自己的著作推进了一切科学部门，社会科学前进了一步。

苏联的敌人把苏联人形容为好斗这么一种人，其实实在不是如此。他们是不愿意回到旧的道路上去，他们要建立新的生活，扫除前进道路上的障碍。

问题不仅【与】使学者研究马列主义，而是要使所有的苏联人民都成为有马列主义世界观的人。

现在马林科夫同志领导下正在紧张进行工作，完成列宁斯大林理论的大纲，并帮助学者完成自己在人民面前的任务。

解答问题：

怎样准备科学讨论。提出讨论的都是这门科学发展的根本问题。不解决这个问题，这门科学就不能发展。在准备中最根本的是要弄清楚对这个问题各种不同的观点。因此要预先讨论，并找出初步的解决争论的途径。然后才把问题提出大家讨论。苏联讨论的经验，常常是作者出版一本〖书〗，提出他的主要观点，大家来讨论。例如在党中央领导下关于□□□的西欧哲学史的讨论，及对于政治经济学的讨论。也可以由一两人做报告然后讨论。关于李森科在生物学上的讨论就是如此。

为什么这几年来科学讨论特别多？这是由于近来科学发展特别快，成就很多，因此也就提出了很多问题。这与马列主义方法论有关的。发展越快，成就越多，也就要提出更多的问题来讨论，因此就解决了更多的问题。

马列主义大学怎么办？大学是由各个党组织领导的，因为内容是传播马列主义世界观。各团体可参与帮助。

李森科院士解答生物科学会议讨论的问题。

大的科学讨论是在时机成熟后才开始的。所谓成熟了的问题，就是要使大家本门科学家都非常清楚现在争论的是一个什么问题。这时人们如果站在这个观点上就出现一种结果，站在另一种观点就会得出另一种结果。这时问题就成熟了。

遗传学上的争论由来已久。十九世纪拉马赫与魏斯曼的争论就是。当时的进步学者赞成拉马赫主义，但没有材料证明。

唯物主义哲学的发展，尤其是列斯在这方面的发展，给了生物学者以重要武器，使生物学者可以运用这个武器来研究生物现象。并且我们得到了大量的事实是魏斯曼不能否认的。

具体说。第一，所有人都知道有机体（活体）有遗传性，但对遗传性的解释，是由魏斯曼在［不］正确学说统治着。按照魏说，平常生物的生体无遗传性，遗传是独立于身体以外的物质。他们把能看到的认为是身体。遗传性是一种特别的东西，这就不是唯质［物］了（因为看到的都是身体的部分）。植物的和动物的身体都依赖身体，都依赖营养，是由实物建造起来的。魏斯曼把遗传性看成是宿命的，人类无力改变的。因为它不依赖生活环境。人只有力量选择自然环境中有用的东西，不能创造任何东西。这个结论过去和现在的学者都很清楚地知道它是错误的。不但不能武装人们，还解除了人们的武装。

有反驳魏说，证明有机体依靠自然环境，过去的学者没有材料，只有米丘林生物学者能做到。这不是出现了天才的生物学家所可以解释的。应该这样解释：苏联科学家有一切条件掌握马克思主义和科学发展的一切成就。从一方面说，我们对生物现象的观点是辩证的，理解是唯物主义的。另一方面，我们依靠古典生物学家如拉马赫、达尔文等对生物现象唯物主义的解释，并去掉其解释中不正确的成分。并且在苏联有可能进行的大规模的实验工作，又可能与必要与大规模农业生产相结合。

首先米丘林生物学证明，除了我们看见的有机体，没有第二个部分。有机体由器官组成。任何活体，和活体的任何小部分，都带有遗传性。遗传性是活体的特性。遗传性活体对食料、营养的要求，用实验很容易证明。用嫁接的方法可以改变遗传，这就是杂交的方法。也许有人说几千年有嫁接，未听说遗传由一种植物传至另一种植物，为什么现在有了？原因就是要更深刻地懂得有机体，即懂得在什么时候嫁接，不是植物的任何阶段嫁接都可以改变遗传性。

任何生物学家和农业学家都知道，改变了植物的土壤、气候等条件，都能改变植物的遗传性。如果适当地改变了条件可以使冬麦变为荞麦，不耐寒的变为耐寒，就是改变了条件就能改变品种。掌握了辩证的唯物主义的生物学者，不但相信在某些时〖候〗，生物是由非生物发生的，就是现在无生物也能建设活体。我的结论就是变活了的死体。变成生物后的活体，一秒钟也不能脱离它所起源的无生物。

关于科学讨论，有两种意见相持不下，大规模的讨论就可以进行了。在实验米丘林科学帮助下农民提高了收获量和畜产量。党历来就支持科学中进步的方向。当时我写了报告，交中央，斯大林看过后做了指示，并未批准。只有自己根据指示作了修改，在科学工作会议上报告，经过广泛讨论，得到会议决［绝］对大多数的同意，党中央才批准了这个报告。我在最后闭幕词中说到了这一点。外国资产阶级反动学者说苏联的科学是被政治家所决定的。这是污蔑。其实，中央只有在科学家、实践家、广大人民都同意这个报告后才批准的。这说明党对科学是如何爱护与谨慎的态度。

报告会下午四点半结束。

今天亚历山大诺夫和李森科的报告都很好。亚氏讲的内容可以全部在文章中介绍。他们两位都是大师。李为人极朴素。的确有无产阶级学者的风度，木讷寡言，但讲话时内容极为丰富。亚在讲话休息时，特别来与张、我攀谈，问到列城观感。

4月5日　星期日

今天是星期天，是全团唯一的没有对外活动的一天。上午十一点出席团委会汇报社会科学组的工作。从十二点一直到晚上都是修改总报告。

这个报告返工多少次了。从国内出来时，乔木提出只需讲具体材料，不用说空话。临走时他看了认为满意。后来在火车上及到莫斯科后又有修改，并经钱俊瑞阅改一次。最近李富春同志提出这报告是超阶级的观点写的，对过去的科学工作与现在的工作一视同仁的叙述。

支委会决定由我负责修改。这件事是一个很重要的教训。

4月6日　星期一

十点五十分从国家旅馆出发赴基辅车站，与西子同乘一辆汽车。莫斯科的基辅车站似在市的西南区。从西伯利亚来与到列宁格勒去都是一个车站。基辅站内有很长的拱形玻璃顶的建筑物。十二点整列车开动。今天天阴，车上起先没有烧暖气，很冷，大家都是穿的夹大衣。我从回到莫斯科后因室内温度太高，开始感冒。现又突然变冷，咳嗽加剧。晚上晚［睡］得很坏。

沿途景物与莫市以东无异。森林仍很多。傍晚时看到有些草顶房屋。大概这一带进入了农业区，森林减〖少〗，德军的破坏也可能还没有恢复。

在列车开动前，临时调到团里当翻译的研究生顾方舟告诉我，钱信忠问我好，并希望来看我。经过打听钱在莫斯科学医学行政。他是抗战时一二九师和前方总部的卫生部长，对我的病很有过帮助，医术极精。来学习时是西南军委卫生部长。

晚上十点后又在车上讨论总报告，提谁不提，又讨论了两个钟头，结果减去一个胡先骕。

4月7日　星期二

八点起床。从车上瞭外［望］，草色已经发青，完全是春天的样子。与莫斯科不同，车上气候也冷一些。远望都是平原，也还有大片的白桦林子，有时车完全在大树林中行驶，风景很美。

早十点四十五分，车抵基辅市。市在第聂伯河南（？）岸，是一坵林［丘陵］起伏地带，远远望去有一些金顶的教堂，高大的楼房错综地在山坡上耸立着。车到站时，乌克兰共和国科学院院长及须眉皆白的老科学家共数十人到车站欢迎。电影摄制机早摆在那里等着摄影，许多照相记者忙着寻找镜头。老院长致欢迎辞后照例钱致答词。今天的准备工作做得还好，大概有了经验，没有像以往许多场合讲的那么词不达意。

上汽车赴旅馆时许多路人都围着观看。大概是中国人到这里来的较少的缘故。

旅馆在谢甫琴科街，名 Налacc，是一座八层的大楼，过去大概曾被战争破坏，现正在修建。（皇宫）

下午四时科学院举行招待会，各所所长、院士等数十人参加，共和国科学院比我们中国科学院要庞大得多。

晚上全团人员看电影。资料组改、抄总报告。下午即开始头痛，十点加重，不能支持。张找人送来治感冒药，服后有起色。晚间睡眠尚好。咳嗽未止。

4月8日　星期三

访问乌克兰共和国科学院社会科学部。

社会科学部部长 Белодед 报告部的组织机构，有哲学、历史、文学、语言、考古、艺术人文学（各民族风俗）研究、经济研究所、谢甫琴科博物馆、社会科学所与国家法权研究组。

部有委员会，领导各所工作。博士、硕士论文要在委员会组织答辩（一般硕士在所，博士在部答辩），部里除委员会，有局，为行政执行机构（Перо）。委员会每月开会一次，局【次】每月开会两次，部可以做出决定，要制综合研究题目，局就根据这个决议具体拟定题目。

研究所有所长，管科学研究的副所长各一人。科学秘书一人。下分各组，有组长一人。组内有一级二级研究员若干人。不管在主席团、部、局所做何种行政工作，一定要在所里做研究工作。如共和国科学院长，他就在化学所做所长。Семининго 副院长又是地质所的研究员。

谢甫琴科文学所所长讲：研究所的工作，首先是文学理论方面，其次是乌克兰文学史，第三是出版校正乌克兰文学经典著作。所内还附有手抄本部，收集著名作家的手稿。现已出版乌克兰文学史初稿，已收集很多意见，组织专门委员会审查过。文学所内分若干组。第一封建时期乌克兰文学组，组长Гуди 院士。十月革命前乌克兰文学组，苏维埃时〖期〗文学组，谢甫琴科专门组，俄罗斯、斯拉夫及外国文学组，研究俄、外〖文〗学的联系。

由各组组长组成所的学术委员会，主持日常工作，听取硕士论文答辩，其中一级研究员多是硕士。

每年年初要编制研究【题】计划，每个题目确定负责人和执行人，规定年度任务。按照具体情况，规定每人一年内要写出的页数。【还有】年度计划还有出版、答辩、科学讨论会及出外调查的计划。每所还出版有通报。每年要作出工作总结。本所同党、其他研究机关取得密切联系。所外的著名作家多所［为］本所学术委员会的委员。本年度研究的题目有：论苏维埃民族形成与社会主义内容、苏联各族人民的友谊及文学形式之表现、乌克兰文学和俄罗斯文学的联系问题、关于苏维埃的讽刺、苏联戏剧的理论与实践、研究乌克兰著名文学家的生活与创作。

历史研究所所长讲：历史研究所的任务，研究苏联史，首先着重研究乌克兰历史，但是作为苏联史的一个部分，分为 Свет 时期、资本主义时期、党建时期。历史组，斯拉夫民族人民民主国家如波兰、罗马尼亚、捷克、保加利亚等。另有世界史、档案、史学史组。所现有三个博士，有三个博士生。目前所的中心任务是编写乌克兰史教科书，现正出版两本初稿史，定稿今年即付印。此外还研究 1654 年乌克兰俄罗斯统一的经过，明年为三百周年纪念。现在研究这个题目。另外还研究斯大林两部新著作中所提出的新的历史问题。苏维埃时期历史组正准备【讲】编乌克兰史第二卷。资本主义组还研究十九世纪俄国民主革命运动。封建组还研究 1648—1654 时期乌克兰反对波兰贵族侵略的民族解放运动。这方面我们出版专著介绍乌克兰人民的儿子××[①] 的传记。斯拉夫组着重研究苏联解放这些国家所起的作用。世界史组目前研究美英在十月革命以及国内战争时期对苏联的武装干涉及目前美国的侵略政策。史学史组研究十九世纪至二十世纪史学的发展特别是研究苏联时期史学的发展。档案组正编辑出版某些历史档案。

在学术讨论上：1. 关于民族的形成——对乌克兰与俄国民族形成的讨论，受到极大注意。2. 专门讨论马克思主义语言学问题对历史科学的意义，对苏联社会主义经济问题也是如此。

对乌俄民族的形成的讨论。基辅俄罗斯是乌俄各民族的共同摇篮。乌克兰民族形成过程大致在十四五世纪。在资本主义时期（他们把民〖族〗分成两种，一种是人民的前资本主义的叫做 [②]，一种是资本主义时期的认为是更高的，名叫 [③]，代表这是拘泥于理论引起的混乱！）研究乌克兰民族形成的有一个主要思想，就是只有俄罗斯联合才能发展。

语言所副所长讲：语言所的工作，很重要的工作之一是研究乌克兰语言的历史。

社会科学部离旅馆很近，来往皆步行。今天天气较好，回旅社时是下〖午〗两点，见成群的小孩子在街道中的公园里游戏——在街道的中间拦以铁制栏杆，植物种花，设置座位，供市民游憩，使这座街道起伏曲折的城市变得更加美丽。从社会科学部回来时，至街心公园散步，东端有黑红两种颜色雕塑的大尊列宁像，镌〖刻〗的乌克兰文。

下午再改总报告。

旅舍主〖人〗给每位代表的房间的窗台上放有一篮鲜花。我房里这篮鲜花由水红、粉红、白色三种颜色组成。不知花的名称，开得正好，清香扑鼻。在精致的写字台上面对着鲜花写日记，有一种很愉快的感觉。恰好今天乌克兰《真理报》上登载的代表团照片中有西子其人，不禁把鲜花和她联想到一

---

① 日记手稿原文如此，可能是没有记下人名。——编者注

② 日记手稿此处空格，可能是没有记下名称。——编者注

③ 同上。——编者注

起了。

1953.4.8.10 时于基辅市〖旅馆〗422 号房间。咳嗽未愈。

4 月 9 日　星期四

上午十点赴经济、哲学两所座谈，首由经济所长报告。

研究社会主义经济学、农业经济、水利经济、乌克兰经济发展史、生产统计、分配。

本所 52 人，4 个院士，21〖个〗一级研究员，22〖个〗二级研究员。分为政治经济组、工业组、农业组、统计组、水利〖组〗、经济史组。

本所领导机构为学术委员会，由 18 个著名学者组成，其中有七个博士，11 个硕士。从 1948—1952 年出的书不少。本所许多人对中国学者很熟悉，喜欢他们深入研究理论，抓住问题本质的能力。

干部培养。念博士论文不在本所进行，而是送到莫斯科经济所去学习，并考授学位。

Першин 院士谈南乌克兰农业经济计划、发展途径与前途。先找一个地区作典型实验，对某一个农庄应增加多少果园面积，修多少间羊、牛、马圈，种何种作物，如何分配，对土地的利用作各种具体的经济分析后，对某几个农庄作几十年发展的经济计划。这个计划用各种图表和数字表现出来。说明各种生产品谷、麦、棉、草、牛、马、羊、鸡、货币收入各增加多少。这个计划的基础是事先的详细调查研究。在这个试验的基础上做出南部乌克兰的经济发展计划。最后说明这个计划与斯大林社会主义经济规律的联系，即提高到理论上。（这个问题对中国经济工作怎样做提出了一个方案）不是研究过去的问题，而是研究现在的问题。

工业经济组组长 Оемроверх 讲：经济研究的方向，在农业方面，Першин 已经讲过，即在有灌溉的条件下，研究农业发展的前途。在工业发展方面的任务，第一，研究建筑材料工业的发展。第二，动力发展平衡表。第三，本区化学工业发展的主要方向——有监〖督〗的区域基础上。第四，研究轻工业、棉纺、丝制、皮革、食品、制鞋等的发展前途。第五，运输经济体系——如铁路、汽车等运输手段如何结合。

今年在这方面有三十八个问题。农业、谷物农庄与植棉农庄公有经济的发展，集体农庄的劳动组织问题，水利资源经济，Снекоки 地区农业经济的配合问题，集体农庄的土地利用与改善的问题。

这个委员会组织了莫斯科、列城等地的经济学家参加工作，编制发电厂、运河的设计工作。

工作方法上在研究与调查过程中，常吸收实际工作部门的代表参加。由于我们的研究，使某些原来的实际设计有了改变。与实际部门合作，理论与实际的联系是科学研究获得成功的保证。

有计划地总结工作，开科〖研〗工作会议——如工业成本核算会议、顿巴斯矿巡［循］环图表会议等。

统计组组长：统计工作主要是作劳动统计工作，研究工业中劳动力怎样组织，我们的统计人员直接到工厂去，研究其劳动统计的作法，发现其缺点，改正缺点。统计工作做得越好，就可以发掘更多的生产潜力。对于国民需要的日益增长的统计是很重要的。

生产分布组组长：为实现斯大林提出的向共产主义过渡的条件，需要研究生产力分布的情况，以便有计划地发展。现在【的事】发展最迅速的，是过去落后的地区。十九次党代会决议要把乌克兰与白俄罗斯的沼泽地带加以干燥。我们正同白俄罗斯国家水利局合作，在本年内作出本区目前生产概况及干燥后经济发展的远景，差不多要调查一百个行政区。

柯绥明科哲学所长讲：哲学所有四组，辩证唯物论组、历史唯物论组、乌克兰哲学史与社会思想史组、自然科学史组。辩证唯物论组研究的问题是唯物论法则，列斯关于辩证唯物论学说。历史唯物论组是总结社会主义建设的经验、斯大林关于历史唯物论的论点。第三组是研究有用［关］自然哲学的各项问题，第四组研究的问题有谢甫琴科的世界观，其他乌克兰有名的活动家的思想。

Нойков 博士讲乌克兰哲学史的研究经验。如谢甫琴科谈到太平天国起义的消息，认为清朝的官吏都应该流放到地狱里去。研究古代哲学史要把近代联系起来，即研究古代思想在近代得到发展的东西。

所长解答问题。关于干部培养，哲学方面收的研究生要是大学哲学系毕业的，同时也招收非哲学系的如历史、物理、数学等方面的学〖生〗进研究生科。进研究生院考试科目有辩证唯物论、历史唯物论、逻辑、外文。此外还有专门研究的题目如乌克兰社会思想史、自然科学哲学等。进行硕士考试时间有一年半，其余一年半的时间来做硕士论文。论文题目尽可能在进院的第一年就指定。共和国哲学所没有博士生科，但研究题目可在所内做，并作为所内计划的一部分。特别〖是〗自然科学哲学组的研究生必懂一门自然科学，医学的也可以。

关于哲学是理论科学如何与实际联系，首先所内的第一、二级研究员必须参加社会活动，如宣传活动，所内人员在这方面写了如［许］多小册子，如批评与自我批评是社会发展的讨论，论无产阶级国际主义与资产阶级世界主义，斯大林关于基础与上层建筑的学说发展了历史唯物主义，列宁反对近代物理学中唯心论的斗争，苏联各民族的团结是社会发展的动力，宗教的起源与消灭的方法。写这些东西就是与实际结合的一种方法。另外，如对斯大林消灭城乡本质差异、消灭体力劳动与智体［力］劳动的本质差异问题，要加〖入〗工厂、农村的实际生活，总结这些材料。这就保证了与实际联系。最近就要发表的《量子力学中的唯心论问题》这部大著，及空间与时间，这些研究的目的就是贯彻唯物论思想。论“时间与空间”这样的题目看来很抽象，但它的目的是服务于和平斗争，即联系实际。

关于自然科学反唯心论斗争的问题，上面已经讲过。

关于近来研究的题目，主要的有：《论马列主义的认识论在斯大林著作中的发展》（以上辩证论组）、《斯大林论苏联城乡之间本质差异的消灭》、《智体劳动本质差异的消灭》、《苏维埃爱国主义是社会发展的动力》（以上历史论组）、《辩证唯物论在自然科学中的创造作用》、《从十八世纪至二十世纪乌克兰哲学思想史简编》。

关于哲学研究工作如何帮助别的科学工作。这在本所是一个非常重要的问题。最近曾与生物、物理都有联系，准备讨论其中的争论问题。生物学上写了米丘林理论遗产的哲学价值，目的是保卫米丘林学说，作者因此得到斯大林奖金。总之关于自然科学的方法论，哲学所应成为这方面的组织者。

关于民族问题的研究。乌克兰社会主义民族的形成与历史所合作进行。《列宁斯大林的民族思想及其在乌克兰的胜利》，说明乌克兰民族与其他——如俄罗斯民族的友谊，来培养民族团结友谊的观念。在研究苏联爱国主义时着重说明对自己民族的爱与对别的民族的尊重是分不开的，不尊重别的民族，也就不能真正爱自己的民族。

我们的研究是建筑在自我批评的基础上的。

散会时哲学所工作人员又找出一本《美国侵华简史》要题字。晚上看《怕老婆》的歌剧。

4 月 10 日　星期五

上午参观谢甫琴科博物馆。谢甫琴科（1814—1861）被尊为俄国，特别是乌克兰的艺术家、革命家和诗人。他是奴隶出身。看他二十岁所作的画实在是有惊人的天才。他一共只活了四十七岁。二十四岁（？）以前是奴隶，过了七年（？）的流放生活，其他的时间是在沙皇政府的监视下生活。但其诗画创作如此丰富，在群众中留下了这样深远的影响，显然是由他的艰苦努力得来的。应在最困难的条件，利用一切时间做最大量的工作。这是我在谢甫琴科博物馆所得到的启示。

下午四点半游基辅市。从谢甫琴科街旅馆出发往南到山峰高处的古教堂，地点的形式如同北京北海白塔，在上面可以看到半个基辅市，是纪元八百年某大公修建的。北望第聂伯河有许多港湾，远处更是一片汪洋。听说是下游水电站提高水位的结果。往南至索菲里教堂附近的 Богдан 铜像前照相，然后到谢甫琴科公园。往东至 Свет 公园，那里有瓦窦丁将军铜像。他的墓就在像下。瓦是苏德战争中出色的红军青年将领，指挥斯大林格勒围歼战及解放基辅等战役，后在战场上战死，年仅四十余岁。紧靠 Свет 公园的是乌克兰共和国最高 Свет。不远的大街上是部长会议大厦，都是 1939 年建筑的，由花岗石做墙角的很美丽的建筑物，似乎破坏不大。再往东至苏军英雄墓，地在基辅河（即第〖聂〗伯河）。风景极优美，可以清楚地看到河中行驶的汽船。然后经过火车站抵基辅时的铁桥附近绕回。

整个基辅市比莫斯科与列宁格勒更美。特点是市内地形变化很多，山峦起伏，市外河港环绕。战争中遭受重大破坏。现在除了很少的地方，已难看出战争创伤。而且战后新的建筑物都比原来的更好。目前还正在大力修建中。

夜十二点，422 号房间。

这里室外草色发青，绿柳才黄，正是北京三月下旬的景色，市内丁香、蔷薇正开。四月四号以前在列宁格勒时，八点半天黑，商店已上灯。基辅不到八点就要上灯了。

4月11日　星期六

参观基辅大学。谢甫琴科大学校长哥里克讲：

本校成立很快满一百二十周年，现有六千学生，都是集体农庄员，Свет知识分子的子弟。

本校共有十一系：哲学、法律、生物土壤、历史、物理、力学数学、地质、化学、经济、地理、语文等系。现有83个系所，378个研究生。校内还有天文台、植物园、动物和人的生理研究所，禁猎区。此外有提高社会科学熟练程度的教〘学〙研究所。这里改成短期训练班的性质，通过这种训练班培养专家。

历史系有国际关系史、近代现代史、党史、古代史、档案、考古、苏联史、中世纪史等七［八］个教研室。研究题目有中苏关系史、保加利亚史、法国史、二次世界大战后美国的外交政策、中世纪史主要是研究斯拉夫民族、十六十七世纪波兰的农民情况及其与俄国的关系、欧洲的乌托邦思想、中世纪南部斯拉夫国家的内部关系、古代世界经济史，特别是经济思想史，古代黑海沿岸的殖民地问题——殖民者与本地居民的来源等。

（从访问到的情况来看，苏联史学的研究特点，1. 有自己的历史传统，珍爱自己的传统，如研究拜占庭史，俄国文化有许多是拜占庭来的。2. 党史是大家都研究的，不是居［望］而生畏，不是少数人做。这是培养干部的好办法，其他如考古这样的专业也是到处都有的。3. 注重世界史的研究，特别是东方〘史〙。4. 重视档案工作，有文献学一门，到处都有。5. 非常关心中国是否教苏联史。）

马列教研室主要研究党史，党的思想基础，战略、策略等都在研究之列。近代史专业必须学世界某一个国家的历史。

大学里所有的课程、制度、论文考试等全苏一样。

社会科学熟练程度高的研究所，在莫斯科、列城、基辅各有一处。目的是短期培养社会科学教员。其中分政经、哲学、马列主义基础共三个教研室。

每年收生两次，共保持90人名额。学生条件是在大学工作，但未得到硕士学位的。在这里学一年，学写马列主义、政经、哲学的论文。选择研究题目要有现实意义，如哲学要求从哲学来总结党的活动。对最近论文的要求要反映出斯大林新著与党十九次大会文件的精神。

学生来此后，即指定其指导员或科学讲师，来帮助他们做论文。论文每做完一章，即在小组讨论，全部做完后由两个审查员审查，通过后提至所的学术会议上答辩。先由所的学术会议讨论后，送大学学委会通过，交全国评审会批准。基辅研究所负责培养乌克兰、白俄罗斯、罗斯多夫州、阿里米亚各地的学生。

招生时学生必须交一篇文〖章〗，送高教部审查批准后才能把学生送来。学生的特点是大学虽毕业而无学位，一年学习得学位后即回大学教书。来时都已是教学人员，不能是行政人员。毕业后还回原机关。学习期间供给由原机关照发薪金，而且只限于大学里。学习期间只有自己做论文，不上课。

社会科学专修班。1. 马列主义，2. 政经，3. 哲学。目的是为乌克兰地区培养教学干部。学生年龄要在三十岁以下，或是高等学校毕业的学生，或是中学教员。时间为一年。听课与进行课堂讨论。毕业后推荐到大学去工作。一个月可得800Руб薪水。有一定成绩后回到前面说的研究所来写论文。这个机构是临时性的，已办三年，再办一年即结束。按正式培养研究生计划进行。这些人党中央保持有工作，七月一号毕业。最好的是讲课，一般是助教。这是因为干部缺乏的临时办法。毕业时可以得到一个做论文的题目，到工作岗位去做。

从历史〖所〗出来时，又有人拿一本《美国侵华简史》要题字。老汉学家对我讲：这是外国人的习惯，没法子的事。我在上面写了“刘大年，一九五三年四月十一日，在谢甫琴科大学”。出门时我要老汉学家在前面走，我说他的年纪很大了（六十四岁），他说：年龄大不行，你是教授，很大名，我不能在你前面走。学位在他老人家看来是一个问题。听说他现在还在准备博士论文哩！

早饭后，曾对张汇报团内工作与思想情况，后提四点建议。1. 团的主要负责人要看总报告记录和分组报告。2. 支委会决定的机构、干部、计划等三组分头开会。3. 回莫斯科后，各组总结并布置在莫参观计划。4. 准备与苏联科学院商谈的具体问题及其解决方案。此外请抓全面情况，特别注意自然科学。

СССР.

Украинская СССР

2. Киев, ул. Артема 10, кв3.

Волковинскому Василию ивановичу

晚八点，上午在谢甫琴科大学约好的沃尔科夫来访。他是历史系研究生，硕士论文题目为中苏关系史。希望告诉他关于1927—1929年中苏关系中的一些情况。并且他声明将把谈话的材料作为中国史学家的意见而引用。对他除了介绍一些一般情况而外，答应给他找一点中国有关的材料。上面的俄文是他开列的通讯地址。谈话完了时，他拿出一本《美国侵华简史》译本要我在上面题字。我写上了“沃尔科夫同志，把我的名字写在下面，作为我们见面的纪念。刘大年 1953.4.11”几个字。他很高兴，把我和翻译郑揆一起拥抱起来。

沃尔科夫刚走，又有一位女客来访。她是和沃一起来的。因为我们谈话她在外面等着。她没有任何目的，就是认为我很好，想见面谈谈。她说：我喜欢你，就是语言不通，不能表达自己的感情。又说，你们代表团都是好人。她是对外贸易部副部长侄女，在基辅当教员。并希望我到莫斯科后去见她伯父。苏联同志热情于此可见。

4月12日　星期日

团内大多数人去市外八十公里处参观某动物实验站，我、华等人留下来未去。

华罗庚最近肠胃大坏。我问他病的起源，他说与高级神经活动有关。我说是情绪不佳，他说是情绪特佳的结果。意思是苏联科学院要给斯大林奖金。斯大林逝世时，他写悼念文章请我提意见，我说应带有感情，把自己几次来苏的观感与斯大林联系起来，他当时说【来】联系不到一起。今天告诉我，他的看法错了，是确实可以联系起来的。

下午两点，与华、梁思成至书店买书。下午看生物组的汇报及补写在列宁格勒参观历史分所的报告。

4 月 13 日　Понедельник

团内各组分两组访问。我在旅舍看材料，改写《中苏关系的历史》一文。武衡等早起乘飞机去斯大林格勒。

下午分看准备在《自然》上发表的几篇文章，总报告和这几篇文章要争取在《科学通报》上发表。

晚上看乌克兰舞，是国家舞蹈团表演的。节目很多，有一个是果戈里的，说圣诞节前夕，一个不老实的女人找了一大群男朋友，有牧师、商人、村长等，后来的比前面的强一点，就把先来的关在箱子里或藏在桌子底下。最后男人回来了……休息时演员们都带着舞台服饰来休息室招待。男女演员都是青年，难怪跳舞时表现得活泼有力。紧张、活泼，有时显得很轻松，是乌克兰舞的特色。

4 月 14 日　Вторник

今天的日程游德尼泊尔河（即第聂伯河）。早十点吃饭，十点从旅馆乘车至河岸。昨天是很好的天气，今天下雨，华罗庚走到门口又回去了。因为有人设想两天在游船上的风味是不佳的。

载我们去游览的船只是“斯大林号”。听说斯氏曾乘过这只船。船很大，可容四百人左右，舱房也分三等，但都不坏。儿童舱内更有适合小儿的一些设备，这也是社会主义国家的特色。

快十一点开船，往上游行驶，到达离基辅有约一百华里处，从另一河道折返。再停船往下游到往莫斯科的铁桥附〖近〗返航至出发处，费时五小时。陪同我们游览的有乌克兰科学院副院长、格鲁森科及翻译、摄影记者等十余人。

船上的招待异常殷勤周到。我在船长送的意见簿上用团的名义写下了下面的话：

> 我们有机会乘坐伟大的“斯大林号”，游览德尼泊尔河，是一件很光荣的事。
>
> 斯大林的名字是中苏两国人民牢不可破的团结的旗帜！斯大林的名字是全世界无产者向共产主义社会胜利航行的方向！
>
> 对于船上的一切招待我们非常满意。谨祝“斯大林号”全体同志获得更高的成就！

后来餐厅里主人又要我写。因为张稼夫向他们介绍说我是“作家”，这一下可麻烦了，一定要多写一些。 据他们说船是交通部系统，船上的餐厅则属于贸易部系统，这一点我们搞不清楚。我写了一些对他们工作满意、表示敬意的话。他们很高兴。有一位餐厅的主人和另一位从旅馆去的【小】端饭的〖小〗同志，对我们讲了许多国际主义的道理，把我和张都讲住了。这位端饭的同志是烹调专科毕业，还实习了两年。在我们国内简直是不能想象。

碰到任何一人都能对你讲很多道理。这一点实在令人心服。

在船上问施是何处人，她用开玩笑的方式拒绝。沈其告诉她是杭州人。若将西湖比西子，浓妆淡抹总相宜。

从今天的游览和每次集体出去时，起码有十五辆小汽车，科学院所费不赀了。

咳嗽未愈。晚上又看谢甫琴科电影。

晚上收到四月十日参观谢甫琴科博物馆时照的相片，不好。

4 月 15 日　Среда

今天没有出去。整天写参观基辅的广播稿。至晚十一点，得一千八百字。对象是对苏联国内外广播。原定由我讲，晚十点后，张告我说：钱对他讲苏共中央希望他也广播讲演。免得另外写，把我的稿子交给钱讲。

4月16日　Четверт

在基辅的访问日程完毕。今晚十时将启程返莫斯科。

题字现在成了很经常的工作。每参观博物馆及其他场所总要题字，火车、饭堂均所不免。今天下〖午〗四点出发去赴科学院饯别诞［筵］会前，康又来找我，要给基辅对外文化协会、旅馆题辞，另有团内送乌克兰的纪念册也要写一段话。以往张对这些题辞要参加意见，现在他也懒得看了。

科学院的送行酒会专门下有请柬，席设部长会议〖大厦〗斜对面山头上的一座高大的建筑物里。我团全体参加。对方参加的有院长、巴洛亭副院长、学术秘书长、各所所长、院士、博士、谢甫琴科大学校长、谢甫琴科博物馆女主任（演说家）、基辅对外文化协会主任等五十余人。此外还有特请的乌克兰人民演员、女歌唱家（到过中国的）、芭蕾舞名演员等多人，是百人以上的盛大宴会。席间有乐队奏乐。宾主双方屡〖次〗起〖立致〗辞，异常热烈。最后，欢呼声、歌声、掌声不绝于耳。五点起至九点始散。散会时科学院送我们图书七百册及其他礼物多种。对每人个人送乌克兰衬衫、风景照片、糖数事。团长、秘书长礼品特丰。

席间社会科学部主任伊万诺维奇（1945年在东北时曾为旅顺司令）再三致意。他正在做博士论文，希望对他介绍毛泽东思想的材料。

快十点时开车赴莫斯科。许多人都送到车站只等车开。在车上武衡交我六百 Руб，说是广播稿费。

我在席间的发言大意如下：①

4月17日　Пятница

昨晚在车上睡得很坏，咳嗽发展到最高峰。

车抵 Блянск 时下车散步。快八点时至一车站，见有一个女人（据宋应讲她还带有英雄母亲奖章）提着筐子要钱。另有四个孩子穿得很破蓝［烂］，

① 日记原稿到此为止，未有下文。——编者注

要向下车散步的人要钱。有一个小女孩大约六七岁，样子很天真活泼，只穿一件破单衣，赤足蓬首，如刘潞差不多大，怪可怜。这种现象很奇怪。

晚九点三十分车到莫斯科，回到原来住的旅馆，时正十点。房间仍旧是321号，一切未变。

4月18日　Суббота

上午开资料组会。开支委会提出布置工作意见，做好群众思想工作，张的工作重点等三项意见。

下午开学科小组会，我自己要去了解的机构有出版局、名词工作委员会、图书馆、历史所、东方学所、物质文化（吉谢列夫）所、苏联中央社会科学院等六处。

与图书馆商谈的题目为下：

1. 两馆建立经常联系制度；
2. 第一批书籍的交换；
3. 过期期刊及其他珍本书的复制（照相）；
4. 要列宁图书馆的图书分类编目法。

与出版委员会和出版局谈的有：

1. 出版委员会工作范围、组织、领导关系、工作制度；
2. 出版局的工作范围、组织、工作制度和出版委员会的关系；
3. 科学出版物的审查制度；
4. 科学出版物的发行问题；
5. 就双方书籍的互译和出版交换意见；
6. 出版工作中的一些具体问题。

今天收到刘潞照片及编译局来信。团内又发津贴500Руб，只［这］是最后一次，连前共合800Руб。决定给范元维寄五百元去。

今天支委会上决定回到长春，停两星期作总结，再有50天可以回到北京。

4 月 19 日　Воскресение

今天全团没有对外活动日程，上午参加团委会，提出学科小组在莫斯科的访问计划。

大部分时间写对国内广播稿——访问基辅感想。

张对中苏关系提了两点意见，很好。晚上送团交大使馆审查。

4 月 20 日　星期一

上午九点五十分从旅馆出发，步行去参观克里姆林宫，从【与】救门对面的（西北方向）小门进城内。

先到教堂广场。东、南、北三面有四个教堂，其北面一个较小的叫莫斯科教堂，这才是八百年前莫斯科奠基处。南面教堂的伊万钟楼，在有新建筑前，是莫市最高的建筑物。穿过教堂广场，看〖口径〗89 厘米、长五公尺、重四十吨的大炮之王。是 16 世纪保卫莫斯科用的，这表示当时的制铜技术很高。再折向西看钟大王，这个是 18 世纪末年在克宫内一个名伊万的钟匠铸的。上面掉下块即重十二吨，总重量是二百吨。

西折往北至大克里姆林宫，一百年以前建筑的，为沙皇行宫。宫内堂皇无比，其中往南的一个小殿是彼得一世战胜瑞典的庆功处。墙上满布壁画。这个殿女人不许进。专有小窗子供贵妇瞭望殿内。折回上楼至 17 世纪建筑的皇家教堂，是在楼上，很矮，被认为很有价值。再上楼至另一个小宫殿。是沙皇住处，先是饭堂，再会客室，再办公室，再卧室，成一直线长条，最后转弯为洗□室，房子小矮、黑暗。下楼至格奥诺尔格厅，四周有螺形柱装饰，上有女神像，最高苏维埃会议开会在此休息，其实地点很大。从大厅穿过即至 Свет 会议大厅。我们进大厅时近上午十一点。这里就是十九次党代表〖会〗上斯大林、马林科夫作报告的地方。斯大林在这个讲台上作最后一次演说。我们进去时有两位专家正在画讲台的情形。依违不忍去。礼堂为长方形，讲台也不像照片上那样高高在上，是在大克里姆林宫的一层楼上。比怀仁堂长，没有那么宽。下楼后至宫内的住人住墙[①]、房顶、沙发用具等全饰金边。有的房子四周全是淡青色带花的缎子镶起来的。

出克宫至克宫博物馆。里面保存许多历史遗物。四把王的椅子中，一〖把〗是象牙做的，三〖把〗是金子宝石镶起来的，有一把椅子用了十三公斤金子。另二个王座有两个座位，因为同时两个王是孩子，帘后还有一个人指导时站的地方。陈列的几十件马具都是金子宝石做的，还有女人用的马具，像把小椅子是偏着坐的。十六七世纪的马车还保存在这里。

陈列贵妇服装，后面拖在地下的长达八尺——一丈。彼得女儿穿的是银灰色银丝做的。军士穿的盔甲是铜丝结成的小连环做成的重八—十二公斤。将军的穿戴有蓝宝石金子做的。另有一种从头到脚是整片的铜做的，重四五十公斤。

日用器具中有四公斤重的金茶盘。有一件17世纪的衣服，上面有十六公斤重的珍珠镶起来的。17世纪的手写本《圣经》，大的本子长两华尺，都是配以金子宝石封面。有一件女衣上有十二万粒珍珠。（以上在克宫内记）

正午一午［点］离开博物馆，由原道出克里姆林〖宫〗围墙返旅舍。

今天留下了一个纪念。在大克里姆林宫脱下衣服上楼以前，讲解员说明宫的历史，这时我把钢笔掉在地上了，拾起来看时，笔尖碰歪了，但还勉强能写。出克宫博物馆时我还用这支笔在纪念簿上写下了几行大字：博物馆所陈列的许多珍贵历史遗物是最雄辩地说明了苏维埃政府和苏联人民对自己民族的历史，对人类文化遗产的珍视。一切爱好科学、爱好文化、爱好和平的人都能够在这里受到深刻的教育。下署名中国科学院代表团。这支笔和写的几行字都可以是我参观克里姆林宫的纪念。这支笔是我将出发来苏联的前一天在北京东安市场买的，一直到现在全是用它写东西，往后也要作为历史陈列起来了。

下午四点至七点看革命历史博物馆，地点在高尔基大街往北。博物馆的内容包括三个历史时期。1905、二月革命、十月革命，很大的部分是历史画，有一些照片和实物，实际上是一个党史教育馆。有很多中学生在那里听讲，就等于上历史课。

最后照例是由我写了一段参观感想，现在成了例行公事了，走到哪里也

① 日记原文如此。——编者注

不可免。

4 月 21 日　星期二

Орокин 副院长〖讲〗：

今天是讨论如何把苏联的科学研究成果【如何】与群众见面，也就是苏科学书籍、杂志的出版问题。

下面我要说明苏联科学院出版工作的组织。苏联的科学出版物从十八世纪就开始了，那时的著作今天还有价值。十月革命后有很大发展。它的数量比革命前增加了五倍，战后比战前增加两倍。1952 年一万四千五百六十个印刷页，五百一十本书，三百三十二期杂志，还有其他小的出版物，完成计划的百分之一百点七。1952 年的发行与 1951 年相比，是百分之一百零五点七。一九五三年的发行准备更加扩大。

这许多出版工作，由科学院出版局负责，在莫斯科、列城都有印刷厂。

科学出版的领导机构是科学院编辑出版委员会，由院士大会选出，编委会组织一个局（□□□部的局），领导日常工作。编委会为了从事各科学出版，组成名称为：物理数学组、化学组、地质地理组、生物组、技术科学组、社会科学组。各门科学的出版计划先在组内讨论，然后在编委会的局内讨论作最后决定。

出的著作，反映科学院研究机构成绩的著作，小的介绍某门科学的文章就由各科杂志发表。现在杂志近 40 种。

科学院的研究工作可以分为两类：一是集体的，一是个人的（我们只有集体，没有个人）。要发表著作先在本单位讨论——组成其他相当的机构，由有关的专家参加，然后在学术委员会上讨论，然后提交科学院出版委员会作最后决定，是否出版或是否以专著或其他形式出版。

为了使作者著作未和读者见面前先经过最严格的审查，先要由所内作同志式的批评，在出版上负责的主要是所务委员会，它对出版的著作要对主席团负责，所内人发表的文章，所委员会要对杂志编辑部负责。

科学院的出版工作中，还出版各种文经［献］，古代的或现代的；科学方面的经典著作；古代科学发明的重要文献；也还出科学普及性的书籍，目的不止是向群［广］大群众介绍科学情况，更重要的是把科学工作中的新的成果介绍给群众，这对建设有重要意义，为此目的，专出一套科学普及丛书。

这里举出一些例子：社会科学方面1952年内大集子有对斯大林马克〖思〗主义与语言学问题研究的结果，反对语言学中马克思主义庸俗化，在【马】斯大林语言学著作指导下马〖克思〗语〖言〗学理论与关于语言学著作中辩证唯物论与历史唯物论论点，社会科学各部门讨论语言学著作的材料；多卷集［本］莫斯科史（1953年要出十本的世界史）；各大学者的文集有罗蒙洛索夫、门德列耶夫、巴甫洛夫、贝可夫、费斯曼等人的文集。

出版工作的重要性就是把科学研究的结果从科学院范围内拿出到广大群众中去。出版工作的重要性就是它是整个科学院工作中的重要的一环。使科学研究为建设事业服务。

杉木其诺夫，编委〖会〗学术秘书。

编委会的局不是行政机构，是编委会选出的常务机构——由科学院全体大会选出编委会，有院士、通讯院士及其他的人，这个委员会没有报酬，以他原来的身分担任此职，全体大会成员是50人，局内委员为18人。局即担负实际工作。每组是十五——二十人，不限于局的或委员会的成员，总起来的人数很多。这个委员会的行政机构就是办公室，他们是实际工作者，是领薪金的。

编委会和局完全不担负编辑的具体工作，它只监督各所做，编辑一本书和杂志的人由局批准。编委会的工作两个：一、决定出版方针，审查各所出版计划；二、监督各所出版计划，保证质量。

以前编委会是审查所有的手稿付应［印］，现只审查以下几方面：1.科学大师文集；2.普及著书［作］；3.古典〖文〗献。

此外由各所自己审查、讨论由研究所的学委会批准即交科学院印厂付印——这就是编辑工作，也由各所负担。【供】各所的杂志，如《历史问题》编委会即属所，有的属于部，总之编委会不直接编刊物。《科学通报》自己有编委会。每个刊物的编委会不属总编委会，但要由总编委会批准，不称职时总编委会可以改组刊物编委会。

总的出版计划由总编委会制定，先由各所提出，各组审查，可以修正，甚至可以不接受，在这个基础上总编委会制定总出版计划。

去年科学院成立了科学报导处，目的是了解科学研究进行情况。为此目的出一种文摘杂志，今年出版的报导杂志有三杂［种］，即天文、物理、化学，明年有生物、地质。报导处定购各种杂志做文摘工作，现订杂志6000种，不包括苏联的在内。这些杂志由文摘员阅读摘出，文摘员是各所的本行专家。

这个工作非常重要，性质很复杂，现在正试办，已出版的名叫“试版”。

苏联科学家对中国的科学很关心，希望中国帮助，特别是中国科学名词。

Прусдинловский，出版社副主任：苏联科学院出版〖社〗是一个很大的机构，是出〖版〗的联合公司性质，有印厂，有出售的机关，有一个编辑部，把编委会和所批准的手稿在各所专家编辑的基础上继续编辑工作。在未交出版社以前，先由专家审查的手稿交出版社后，交本门科学负责编辑审阅，这个负责编辑是在各所工作，由总编委会批准。

出版社的编辑部对文字、杂图等负责。

手稿经编辑部后即交生产部，生产部负责技术方面的问题，如装订、插图、版本、形式等。

生产部手续完毕后交印刷厂，印厂设备最完善，有世界上所有文字的字型，高度的机器化，在一定的时间印出校样交编辑部。

编辑部经常与作家联系，通过两三遍技术校对编辑校对后付印。生产部有保证供给大量纸张。

生产部根据本书性质、编委指示及所的意见决定本书印数，交印厂印出后交科学院书店发行。科学院的书店通过全国各书店把书交到读者手中。

出版杂志的组织机构与出书籍机构不同。杂志出版的期限从十日刊——三月刊，是由总编委会决定的。出版社有2000职工。

科学院出版社是由总编委会和它的局领导的。出版社的主任是总编委会局的成员，是科学院主席任命的，财政上对主席团负责。

下午上街买书。

4月22日　星期三

访问历史所，所长西特洛夫讲：

这里是历史研究机关，但不是唯〖一〗的机关，东方史在东方学所，斯拉夫史在斯拉夫所进行。本所是研究包括从古到今的苏联史和从古到今的世界史，特别是欧非州［美洲］的。

现在所内有十一组。苏联史四组：1. 古代封建俄国组，2. 资本主义俄国组，3. 苏联史组，4. 教材编纂组（苏联的）；世界史〖六组〗：1. 古代世界史，希〖腊〗、罗〖马〗，2. 封建时期，3. 近代史，4. 欧洲各国现代史，5. 美洲各国现代史，6. 世界史资料编纂组。从这里可以看出各组是以社会经济形态为基础的，如近代是资本主义，近［现］代是帝国主义时期。此外还有苏联史资料出版组，代替此前的档案委员会。另外有研究生处、编辑出版组。

所内有一个大学委员会，还有苏联史、界世［世界］史两个分学委会。

这里的研究生包括廿九个民族。培养博士只在所内进行，高等学校不做。

科学工作人员或者［在］档案处，或在图书馆，或在家里工作。

在所内正付［副］所长来得较多，组长一星期来二三次，组员一星期只来开会一次。好处是使大家有较多的时间工作，坏处是不能经常检查。

所内刊物有《历史问题》（月刊），《历史问题论文汇编》（季刊），《古代史资料汇编》（季刊）。此外各组还出不定期的资料汇编。这些杂志是由编委会编辑，属所内领导，但它比较独立，能批评所的工作。编委会的成员有所内和所外的人，这就保证了所内外的联系。

研究所的另一个经常任务是帮助各地区史工作人员，在一定程度上历史研究所指导了全国的历史研究工作。在革命前苏联许多〖地区〗无史，现在吉尔吉斯、塔吉克、哈沙［萨］克斯坦、乔治亚等都写出了历史。这个工作很困难，要了解其文字、语言等。现在各共和国大学都讲本民族史，有的共和国中学能讲本民族史 。（这个观点很重要，要宣传。）

今年三月开历史讨论会，讨论波罗的海沿岸各国的历史，有五个共和国代表参加，作了二十多个报告。今年五月要派人到吉尔吉斯、哈沙［萨］克开一系列的会，讨论材料。五月到拉脱维亚，开会讨论《拉脱维亚史》第二卷。这样不但对共和国的历史工作有很大帮助，对本所工作也要帮助，知道这些民族与俄罗斯的历史关系。进行的方式是指派某些〖人〗作专门研究，或者组成小组集体研究某些问题，如高等学校用的苏联史（包括革命前）、世界史教程。从联共中央发布编制教材决定后，历史所经常做这样的工作。编制教材是很重要的工作，要集中很多人来做。教材大学用的是十〖万〗——廿万份，中学上百万份。

目前编世界史和苏联史是很大的任务。世界史分十大卷。茹可夫是世界史的主编者。

世界史是要把东方西方的有机过程表现出来，1954〖年〗要出《俄国封建史纲要》九卷。这些就要集体做，但很显然的科学工作必须要有人单独地专门地研究。

所内的工作共分两部分，一部分集体研究，另一部分个人专著，如《英国政府在武装希特勒德国中所起的作用》《美国的国家机构从属于垄断资本的利益》《1921—1933 年的美苏关系》，在计划中这样的专著有几十个，潘克拉多娃在编《苏联工人阶级史》，有三卷。我们的计划是比较多少合乎斯大林在《〖苏联〗社会主义经济问题》中提出的任务的。如研究十八世纪农业生产力的分布，十七世纪西伯利亚生产力的开发等。现在扩大了关于英、美近代现代史的工作，如美国革命派与反动派趋势的发展、奥匈帝国在第一次世界大战中的崩溃。

青年〖题目〗。《1937—1939 时期内日本侵略中国中美国所起的积极作用》《西班牙人民阵线》。我们有 270 人，不能一一列举其研究题目。

我们最近对计划作了一些修改，精神是：一、多研究近代、现代问题。二、多研究以前的经济形态问题。

个人专著在某种程度上也是集体的，因为他要在组内、所内等一些［系］列的讨论，没有学委会的通过，著作不能出版。

为了完成这些工作必须展开积极的批评、创造性的讨论、发挥科学思想，这是发展苏联科学的重要条件。

在研究题目中还特别提出斯大林著作中如商品生产的问题，作为封建制度基础的农业问题，这是经济学家的事，但我们也要研究。最近我〖们〗要郑重讨论，资本主义及苏维埃时期生产关系必须适合生产力的问题。今年秋天开大会讨论。对社会主义民族形式也要作历史的研究，五月举行美英帝国主义对历史的伪造的讨论会。如第二次世界大战时期美英的伪造，美帝国主义在太平洋的政策，美英帝国主义对苏联史的伪造。

我们的任务是增加我们的著作帮助党和政府对人民[①]。

茹可夫讲世界史的编纂工作。美英史学家写了许多历史，主要是讲欧美历史，对俄国、苏联及东方各国讲得很少。本书就是要用马克思主义的方法论，研究世界各国的历史，批判资〖产阶〗级的错误、片面观点。本书想把研究东西〖方历〗史的史学家集中起来写，对中国辟有专章，共有四百个印刷页（一个印刷页包括40000字母，即相当于普通杂志16页），第一二，古代史；三四，中世纪史；五六七，近代史（资本主〖义〗史）；八九十是现代史即十月革命后的历史，现全部初稿已完成，正进行大规模的讨论、校对、编辑，并分别出版。将分两期在三年内出齐。

在编辑过程中还有许多提法不明确不肯定，必须讨论。本书是通俗性质的，要广大读者都读，如何叙述。

封建史组。本组工作是编俄国封建时期史教程。第二是完成莫斯科史的出版工作。第三是编封建时期的历史资料，九大册。其他单位和共和国历史学家也参加。斯大林著作出版后要求我们对许多论点加以修改。本组还有些专题，如农民问题，手工工厂的历史。研究工厂手工艺是很重要的，从这个研究中可以研究出资本主义发展的因素。斯大林指出上层建筑的作用，我们也有人研究十八世纪的社会思想。也有人研究北高加索的历史。

费利博夫付［副］所长讲近代现代的研究，是研究十月革命后的历史问题，十月革命是世界现代史的起点，从此出现一些新的历史现象。本组重点是资本主义总危机时期社会发展的历史。小题目有，资本主义时期资本主义矛盾的尖锐化，阶级斗争的尖锐化，民族解放运动的高涨（？）围绕着资本主义体系的总危机加深这一个根本环节。

斯大林新著中提出的第二次世界大战的原因和性质，二次世界大战后资本主义总危机发展的新阶段，世界统一市场的崩溃与影响。社会民主党道义上精神上的崩溃，世界和平民主运动的增加。本组负责编世界史后三卷。

此外我们最近进行硕士论文答辩的同志正准备把硕士论文加工、出版。

---

① 日记手稿原文如此。——编者注

如美国在远东的侵略，美帝国主义在承认政策的破产。慕尼黑时期法国对外侵略政策。第二次世界大战产生的原因，大战前夕情况，美国与德国的关系，西班牙内战。

西特洛夫：

历史所工作人员的情况，如研究封建时期的历史这是专业，但不能关门只做〖这〗个工作，还必须研究历史理论、世界历史等，把专业划得很狭，是有好处的，但每人在研究世界史时，除了某一专题外还必须研究一国的历史。

我们分为一级、二级、没有学位的二级研究员等三类。一级研究员中有院士、博士，也可能有硕士，他们的差别是在报酬上的差别，工作都是一样的，二级员一般是硕士。一、二级研究员是全国统一的称号，由苏科主席团提出，文化部授予。为了避免所长个人好恶，是通过公开应征的方式，如在报上公布某所要十个一级员，大家可以拿论文去应征，这就使社会公众承认。

关于如何分工又做集体又做专题。有许多人对集体不感兴趣，理论不能提高。长期让一个人做集体工作是不妥的，他们也合法合理地对所的领导提出抗议。这个矛盾始终是存在的。最近个人的专题增加了，有些所很严格地处理这个问题，把个人研究推到后一年去了。假如不发展个人研究，科学就不能发展，等于取消研究所。

当然有这种偏向，有些人长时期搞集体工作，有些人长时间搞专题，管理部就是要很好地调剂。

潘克拉多娃补充：我们要使集体研究作为总结个人研究的结果。

一、二级研究员的工作有些完全相同，二级也可以进行专题研究，作主编等。没有学位的二级〖研究〗员主要做辅助工作，如整理资料。科学院士还有个人的科学助手，编制属科学院。

希望中国历史家对世界史所提意义［见］。

晚上看芭蕾舞，为乌兰诺娃演出《红罂粟花》，描写上海一个名叫桃花的女艺人同情苏联同情革命。乌兰诺娃去年到过中〖国〗，在怀仁堂演出，技艺确比别人熟练出群，人已四十左右，并不美，但跳得好，最后谢幕八次，大家——特别青年妇女都顾［故］意看她。全剧以第二场场面最大，舞得最热闹。近［进］大剧院门即购得冬宫画册一集，费 50Руб，别处买不到。这可能是我们此行看芭蕾的最后一次。

所长西特洛夫，付［副］所长费利博夫均是三十多岁人，西高大，费较矮小。

4月23日　星期四

Горовой　Федов　Семенович

Ф.Чебасвекий

访问历史研究所，作报告。

博士生已做过研究有一定的经验，来前做了百分之六十的工作，原来做过一些题目，到这里只是完成其工作。只需有辅导员帮助其解决最困难的问题，并不需要经常见面。

关于集体工作，一级研究员都领导研究生，要领导别人必须自己研究。现在大家正分组做世界史的工作。

研究生归谁领导是看他的题目与谁接近，就归谁领导。对研究生除了在题目内容上帮助外还要对研究生的方法具体帮助。

中苏关系【系】，哪些是值得研究的。

除了普通研究生还有函授研究生。函授生是不脱离生产的——这样可以保证扩大科学研究网。这些人多半是当教员的，因此，学习时间要长一些。每年至少与辅导员会面一次，与辅导员在一起工作一两个月，本人和学校都愿意。

乌拉尔地区的农奴制度的废除与资本主义的产生。①做硕士论文时（1946年）就是这个题目，自己很注意的经济的研究。去年十二月在学委会上讨论了他们的提纲，有很多批评意见，作了修改后②。博士生一年要作两个报告。第一个是第一章的报〖告〗，第二个是全书的。长一般为800—1000〖页〗，有300页的，有2000〖页〗的。答辩时是报告其主要内容，特别是所得的结果。

---

① 从日记手稿行文逻辑看，这个题目的研究者，可能是Горовой Федов Семенович。——编者注

② 日记手稿原文如此。——编者注

另题：斯大林1918—1920年是与白军斗争的胜利的组织者与鼓舞者。① 在到这里来以前已发表与此有关的文章。可能中国同志对毛主席的活动也要作专题研究。他所做的题目主要目的是要阐明斯大林在内战中军事上所起的作用。斯大林是军事、政治国家的领袖，如果写他的一切方面写不出来，所以要把问题限制得窄一点。

工作过程：首先是看《斯大林集》第四卷，看公布了的材料，看当时的期刊报告。然后在档案库里工作——这些都是没有公布的——如马列学院档案库，红军档案库等。论文共六章，现已完成三章。做教员25年，10年党的工作。

今天是我在历史所讲中国历史科学概况，是昨天约好的。

一进门就发现场面很严重，楼梯口贴有大字广告：某月、日、时，请中国某某学者讲演，全所参加。实际参加会的是历史、东方两所的全体。一个会议室坐不下，由麦克风接线至另一个房间收听。副院长 Орокин 主持会义［议］致欢迎词，所有老院士都参加。讲一小时半，解〖答〗问题一小时半，包括：（一）关于中国的历史分期。1. 有无奴隶制度，何时起止；2. 封建社会何时起止；3. 资本主义生产何时开始。（二）中国封建社会为什么长期停滞。（三）中国土改的后果。1. 地主是否劳动；2. 有无富农。（四）少数民族历史研究情况。（五）对苏联史的教学与研究情况。

讲时大家情绪热烈，由涅契克娜教授（十二月党专家——曾得斯大林奖金）致谢辞，并献花篮。回来后许多人说我是“得彩”了！

下午找翻译上街买了一些药，并在邮电部往东的大街上路北的录音照相馆照了一个相。录音成为一种营业在中国很难设想。

4月24日　星期五

今天访问东方研究所，本所是由前亚细亚博物馆改组成的。

研究东方学，可以帮助我们巩固与东方——特别是与中国的联系。

东方学所分莫斯科、列城两部分，列宁格勒主要是档案文献。波斯、西

① 从日记手稿行文逻辑看，这个题目的研究者，可能是 Ф.Чебасвекий。——编者注

夏（通古斯）等文写出的资料。有几十万〖册〗书的图书馆。主要部分在莫斯科，下分三个部为：远东、印度东南亚、中东近东，另有苏联东方组、古代东方组。

远东部最大，分为：东方人民国家历史经济、东方各国语言文学组、日本组。东方人民国家组最大，研究中国情况，其他每部都分两组，一为历史经济，一为语言文字。这样的组织形式可以使历史语言、经济结合起来。

除此还有三个辅助性质的机构：一、研究生部，培养研究生和博士生；二、编辑出版部，规模不大，准备把手稿付印；三、参考资料部，帮助科学工作者准备资料，最近将组成。

古巴洛夫博士（东南亚史专家）谈东方所工作计划，本所研究的问题复杂，计划多是五年为期。每一个大问题中都包括许多的小问题。大题目中有专著，有集体工作，也可能有通俗作品。根据五年计划编制每年的年度计划。

在五三年计划中包括六十个大小题目，这些工作中有多卷的历史著作，其中有四卷的《中国史》，从古到今的，有三卷的《日本史》，另有伊朗、土耳其、蒙古人民共和国史。另外的大著作是研究殖民地危机，有七个大问题，其中分小题有：在【人】殖民地运动中争取工人阶级领导权的斗争。这个工作各部都有人参加。这个著作的目的是要说明工人阶级怎样进行争取领导权的斗争。这个问题中包括美国在中国侵略的破产、美英在朝鲜侵略的破产。通俗册子有《美帝国是中国人民的死敌》等。

另一个大问题是东方近代现代史，也包括专著和集体著作。其中有总合性的《东方近代史纲要》——这是集体工作。这个大问题中有越南、土耳其史等。

第三个大问题是东方各国的经济，其中有东方各国的土地问题。中国革命中的土地问题。蒙古经济发展纲要、新中国经济制度、战后日本经济。

第四，中世纪东方古代史本年有两个问题：一是《古埃及军事史》第二卷；二是中世纪初期的近东各国的城市。

对文学语言，我们也给予很大的注意。如中国的词汇学、语言学、北方官话在统一语言中的作用、中国现有的文字、东甘族的文法概要、古蒙古的书面语文法、阿富汗文法、土耳其语教程。此外还有字典的工作。

关于文学的研究有苏联的东方及外国东方文学，其中有中国现代文学史略，现代土耳其文学史略，现代日本民主文学史等，阿塞拜疆的史诗。

除了上述科学研究工作，我们还出版资料，包括外国各时期的著作，和革命前俄国作家的著作——如比丘林翻译的中国《通鉴纲目》。另外出版现在保存的东方各国及国内稀有文献的索引。

一个研究员每年要交出七—八个印刷页，二级交四个印刷页。（一个印刷页为四万字母，普通杂志 16 页。）我们不断地检查个人的工作，这样才能保证按年度和五年计划完成工作，出版著作。

除了计划上述工作，计划中还包括科学讨论。每年有三—四次重要问题的讨论。例如关于工人阶级争取领导权的问题就开会讨论。讨论的好处不只是作者参加，要广泛约请所外专家讨论，意见集中。关〖于〗东方各国土地问题今年也要讨论。

除了讨论性的会，还有揭论［发］性的讨论会，如东方各国社会民主党为帝国主义的利益服务。

今年另一个讨论题是现代资本主义经济法则以及对殖民地的掠夺。事前把讨论题列出，请大家准备意见，然后才能讨论得好。

总之今年在历史 30 题，经济 6〖题〗，语言 9〖题〗，文学 9〖题〗，揭穿反动思想的 4 题。出版手稿手册 6〖种〗，这就是我们工作的情况。

郭质生 Колоколов。

马斯尼科夫经济博士对中国历史研究的意见。本所是研究中国问题的中心。本年有十三个专家集中起来研究中国问题 。本所共 180 人，其中科学人员 128 人。有十二个研究生写好了或正在写有关中国的论文。主席团还正计划新扩充研究中国的专家和研究生的名额。主席团把有关研究中国的专家集中在本所。

1952 年本所出版了一百个印刷页的《华俄字典》……　本所许多同志在杂志上发表了许多有关中国经济、历史、语言的文章，去年还有些工作最近就要出版，其中有《美国在华经济侵略的破产》。还有《中华人民共和国的经济制度》，这个著作中准备根据毛泽东和斯大林的著作说明中国经济成就。本年还要出版：一、有关中国的语言的论文集。二、有关中国的经济和历史的论文集。

本所中国专家另一重要工作就是翻译毛主席的著作。

中国专家也将参上述三大汇编的工作。

1952 年本所决定编中国通史，1953 年着手进行。（整个中国通史纲要由杜曼领导）本书不但叙述中国政治而且要讲经济文化。

Коварaов：中国共产党土地政策的几个阶段的工作也在进行，其他还有关于中长路的历史纲要，日本同中国历史上的经济关系。

这许多工作都要求有很高的质量。有高度的理论水平，适应斯大林同志的新著作。

作品的高度理论水平决定于三个因素：一、本人的修养；二、批评与自我批评的展开；三、日常的科学教育，如讲演会、报告等，使所的各部工作都要活跃起来。在中华人民共和国成立一、二周年及中苏条约一周年，纪念鲁迅等讨论会时，曾专门举行大的讨论会讨论了上述有关问题。今年五月将举行伟大的中俄文化交流奠基者比丘林逝世一百周年的讨论会（五月廿五日）。六月十五将举行讨论会纪念屈原。许多讨论有中国同志积极参加。

进行关于中国问题论文答辩的人数每年增加。1953 年有关于新中国财政问题，新疆的土地改革等要在今年答辩。

语言学方面。东方所的学生对中国语言已有基础，本所与各大学的语言所都在联系，对《人民日报》发表的中国文法的讲演已讨论过。中国语文的课本和课程主要在大学里讨论。

杜曼讲对中国历史方面的意见：中国史学家们的著作中包含很丰富的材料，丰富了我们的知识，我们所利用的有郭沫若、侯外庐、翦伯赞、吴□的著作，这些都有很高的马克思主义的水平。其中牵涉很答［多］复杂的问题，如古代历史分期，这些都不能一时答复。在这个问题上中苏学者都有意见分歧。但这是当然的，因为资料并不充分。

毛主席的指示对我们很重要，在《新建设》上范、郭的讨论也很重要。现在应该按毛主席的指示研究一些资料。

现在我们正编中国史，对甲骨文、金文注释我们也是大量利用的，帮助我们解决问题的有利武器是马克思主义的著作。《毛泽东选集》俄文版出版对我们有重要帮助。

《美国侵华史》提出了尖锐的政治结论，苏联史学家正在大量的利用，广大读者也正在阅读！

Колоколов 讲语言学：（中国话讲得最好的）前代有名的俄国汉〖学家〗

华西列夫，对分析汉字有很大的帮助。研究中国文法过去意见分歧，现有了参考材料。斯大林关于语言学著作很重要，主要是词汇问题。

对中国语言过去我们以为中国语是属于西藏、印度支那系的语言，但没有把握，现在我们希望从少数民族语言入手。

最后是关于中国国语问题。我本人曾犯错误，认为方言不统一，没有统一的国语，这个错误已经纠正了。

三点辞别，约再谈一次。

下午访科学名词工作委员会。

技术名词委员会是整理科学中用的各种名词。首先是找出技术名词的缺点：（一）是一个名词有许〖多〗读音。（二）不同的许多〖名〗词表示的同一个概念。如小□与桌子同一字。（三）名词不能反映概念本身，如□合金又叫□子又叫超合金，都不能表示出□合金的意思。（四）有的名词用的外国字，其实可以用简单的俄国文字表示出来——如矿坑里柱子。矿井下的木板的，都是毫无理由的用外来语。有些人名加在名词上，如 рютыти 强度，因为 рю 是发明者；有的是某工厂创造的名词，这些就增加了麻烦，使人很难了解。（五）有的名词很长，不好念，有的又缩写得无人懂得等，这就是名词中的缺点。

我们要求名词，简单准确，以俄文作基础。

名词委员会过去已做了一些工作，它的任务除了直接□科学名词，还在方法上帮助别的机关在方法上做名词工作，同时也为名词工作的理论创立基础。

名委会下设各种委员会，有本门科学的权威学者领导（如弹性力学、物理力学等），先把本门科学用语收集起来编成词汇，然后加以分类。第二步是给概念下出准确的定义，然后根据定义决定名词。把名词概念定义确定后，印成通报（400 份）发给本行专家提意义［见］，并且也给生产部门请提意见。第三步把大家的意见收集起来，在学术委员会讨论，再修改原稿，最后定案发出，成为国家标准名词，研究与生产单位一律通用。

第二个任务对院外大学名词工作方法上的指导，曾发出较简短的名词工作指南。

名委会的组成，主要是科学院的，人数 400。

在苏联，外国名词原来是很多的，整顿时尽量用俄国字代替，如“矿井”

就很多国家通用，可以用原字不代替。另外有一种工作就是〖比〗较各种同类词，加以分析，确定可用的，有些深入俄国的外国字就不换了。

谈到最后，结果 80 岁的老院士（海军中将）答应：（一）给我们他们工作的所有材料；（二）替我们开出书名、书店买书。

今天上午在东方学所谈得还不错。他们：（一）对中国问题重视，集中了所有中国语言、历史、经济的专家在此。（二）珍视中国古典遗产，今年出版比丘林《通鉴纲目》。明年开始翻译司马迁的《史记》。（三）态度也很客观。Авдив 所长为《东方古代史》作者，得斯大林奖金（很瘦，文弱书生，五十来岁人）。在他的书里说，中国的封建社会是从汉代开始的。杜曼（青年，不过三十岁，硕士）是《中国史》主编者，研究中国古代社会的，今天讲到中国古代史分期都认为材料不多，不能作肯定回答。这种态度并不为我们过去所想的那样执拗。

Никфолов 为人诚朴、寡言，我和胡绳的书都是他编辑的， 有长序，青年（不过三十岁，硕士），约再见面谈《美国侵华史》第二版翻译中的一些具体问题。

今天上午交五百 Руб 给大使馆留学生管理处，转范元维，由该处牟志修经手。另写一信给元维。

西子在我的房间里代写给范的信封。微笑时的两个“酒窝”动人。

连续了廿多天的感冒已有好转，但中午和晚上入睡前，仍必须咳嗽一阵，对睡眠影响甚大，中午往往因此不能睡着。

4 月 25 日　星期六

今天又是星期六。

其他人继续分组访问。因为与东方所未约定，没有出门。上、下午两次上街买书。上午在邮电部往东街上路北的一家书店里买得《列宁全集》两套。

在买书后等翻译吴均燮上街叫汽车时，连续有两个不三不四的人靠近我坐下，书店女职员问他，他佯佯不睬。后来书店老板见势不妥，另外要我坐在一个偏僻的地方。并且告诉我人太多，要注意。小何前两天在书店里已碰得扒钢笔的扒手。这样的人似乎还不少——大概所谓不做工作不得食的一流人。

下午在高尔基街百货公司买得 170беда 表一只，费 350Руб。

屈原与中苏关系两稿都收回来了。在家里写文章已不容易，现在才发现在国外写文章还要难得多。

4 月 26 日　星期日

今天上〖午〗去 Горки 村参观列宁故居。村离莫斯科市 30 公里。这一带是岗峦地带，Горки 就是小山的意思。列宁故居是在离村约一华里的山岗上，周围是茂密的树林，岗下有两个池塘可以垂钓。列宁住的是一层楼的房屋，下面的一层有电话室、图书馆、“冬天的花园”等，楼上即为列宁起居饮食的地方，餐厅有一长方桌，周围有五把椅子是列宁同其夫人、姐姐等用饭处，器具朴素，是当年旧物。书房较宽大，书桌上的陈设也很讲究。靠南墙用屏风隔起来，摆有单人床和大沙发，是其夫人卧处。过书房门往西的一个单间是列宁卧室，靠南墙用屏风隔起来的地方摆一张单人床，室内有椅子、圆桌、书柜等物。列宁是 1924 年 1 月 27 日在这个房子里去世的。出卧室北门就是列宁停灵处。

列宁是 1918 年第一次到这里，那时被右派社会党女刺客刺伤，正是国内被四面包围时。斯大林则正在指挥察里津（斯大林格勒）保卫战。在此以后，在列宁提议下斯大林被选为党的总书记。

房子周围是简单的花园的设置。靠西栏杆的椅子正是列宁经常坐的地方。电影、画片上有列宁、斯大林合坐在一张长椅子上，就在这里。

另外还有几处房子陈列的有列宁用的车辆等物，都比较简单。

参观室外时，正逢下雨，大家都淋湿了。

这里在革命前是一个纺织资本家的别墅，列宁住时维持原状，书籍、用具都是原封未动，列宁的作风，革命者的作风，如此可见。

4月27日　星期一

上午十一点出发访问苏共中央社会科学院。

院长拉尔多切夫 Нарточеев 讲社会科学院的任务组织、工作制度。社会科学院是1926年根据　[1]设立的。任务是培养党的理论工作人员。给党中央、各加盟共和国、各边区、各省培养理论工作人员，给各高等学校培养理论教员，给各报纸杂志培〖养〗理论工作、宣传教育工作人员。此外，科学院还有责任研究理论上的急迫问题。由此可知本院是培养党的干部的高级形式。

1918年列宁就提出建立社会科学院来培养马列主义理论干部，研究社会科学中的重要问题。斯大林实现了列宁这个理想。

社会科学院由党中央宣传鼓动部领导。所有的工作是根据党中央关于社会科学院的专门条例来进行的。1946、1948年对本院都有决定。

本院的基本环节是教研【究】室，现有十四个教研【究】室，是科学人员处合[2]。现有苏共党史教研〖室〗，Кастмалов领导。苏联史教研【究】室，Гелеков院士领导。世界史教研【究】室，Гордин〖领导〗。国际关系室，Восдов〖领导〗。政治经济教研【究】室，列昂节夫通讯院士领导。外国政治与经济，茹可夫通讯院士〖领导〗。辩证唯物主义与历史唯物主义，由斯吉巴娘领导。哲学教研室，亚历山大诺夫〖领导〗。逻辑与心理，Чевлов〖领导〗。国家法权。国际法，Комеников〖领导〗。文学语言，Масников〖领导〗。艺术史与艺术理论，Педлов〖领导〗。外国教研【究】室。在各室负责人中，我们是把有经验的人员和年轻的工作人员结合起来。有院士、通讯院士、博士、讲师各级人员，这样可以把老学者的经验与青年的热情、毅力结合起来，现已收到很好的效果。

我们培养的理论工作人员是科学硕士，教研室中除了科学工作人员外，还有专修班学生，是短期训练，用一年的时间写硕士论文。

院长、付［副］院长的工作依靠教研【究】室。共有三个付［副］院长。一管教务，一科学，一行政事务。院的最高科学机关是学术委员会。其中包

① 日记手稿在这里有空格。——编者注

② 日记原文如此。——编者注

括院士、教授、讲师、各研究室正付［副］主任，院的领导人、党的负责人都参加学委会。学委会提出、审查、授予硕士学位。也有权力组织博士论文答辩。此外学委会讨论教学与科学工作者研究计划，听取学术报告。学委会的领导人是正付［副］主任委员，另加一学术秘书。

教学方面的经常组织领导工作由教务部负责，有正付［副］主任三人。院内另有一出版部，出版科学著作，另外还有行政部，下设若干辅助性的单位。

此外有必须的社会团体，其中在院内起领导作用的是党的委员会，有脱产的书记一人，是由各室各部的基层组成的。院行政方面应与党取得密切联系，共同解决工作中的任务，教研室的工作也是如此。

另外还有青年团、工会等组织。工会一是管学生的，一是管工作人员的。其他还有体育会，支援陆海军的分支机构等。

本院所收学生要有五年以上的党龄，有高等文化程度，有一定的工作经验。这就是本院的工作，是建筑在高等教育基础上的。四十岁以下的男女有志科学工作都可以广招。他们的科学工作能力是通过入学考试和入学后的科学论文来检查的。

招生时由苏联中央与本院共组招〖生〗委员会，由各州组织推荐学生，各得本院批准，他们可以有一月假期，准备应试。考试科目有专业、马列主义基础、外国文。

入院学生有助学金，外来学生有宿舍，修业三年，在此期间有专人帮助他，名为科学指导员。

研究生学习的方式是在科学指导员领导下进行自学。研究生在三年内念完必修科，读完指定的参考书，参加国家规定的考试，并做出论文进行答辩。做出硕士论文是研究生的基本职［任］务。

本院目前的教学计划——是由党中央批准的。研究生在头一年半要学完毕［必］修课，参加考试，后一年半专做硕士论文。硕士必修的课程首先是专业课，如学党史其专业课就是党史。还有第二专业课即学党史的还要学苏联史。各室研究生有一共同的基本课程即辩证唯物主义与历史唯物主义。另有一门或两门外国语。专学世界通史或世界政治经济的须有两种以上的外国语。

研究生的学习方法是自己独立研究文件。有些关系多数人的就讲大课。

主要是讲某门课程中的基本问题。不是从头讲到尾，如党史中就讲马克思主义政党的思想基础、理论基础、组织基础等。如研究中国史就讲斯大林关于中国革命的基本学说，中国革命后的建设等根本问题。

我们的研究生与学者对中国革命、中国历史、文化与科学都有极大兴趣。很多人都选择中国革命等作硕士的题目。除了大课我们还作课堂讨论，也和讲大课一样选择基本问题进行。

研究生入院第一年即选定硕士论文题目，最后以做成硕士论文结束。第二学年结束时最好要写成论文的第一章。对论文的各章也组织课堂讨论，以便进行批评，集中大家的意见。

在论文写好后进行论文答辩时还必须有写得完整的论文提纲，在学委会答辩前交正式主持答辩的人。研究生的工作由党按需要分配。

除了研究生还有专写论文的短期训练班，目的是帮助党的工作人员完成他的论文。这些人从其他机关调来在一年之内完成其论文，进行答辩后回到原处。

现在我们研究的题目是非常多样化的，总起来可分为四类：第一类，对马列主义经典著作所进行的科学研究。最近有许多论文题目都是有关斯大林《〖苏联〗社会主义经济问题》的。第二类是有关苏联社会主义与共产主义建设的问题。许多都与十九次党代会的决议有关，这就说明我们科学研究的现实性。第三类是关于各人民民主主义国家特别是对中国的研究。他们是根据马列主义理论，各种实际材料，各国领袖的言论来研究的。第四类是研究反对帝国主义，争取世界和平民主的斗争，如世界通史、国际关系、世界政治经济等教研室都研究这类问题。这就可以看出我们社会科学院所研究的是现实意义的题目。此外我们对历史上的重要问题也进行研究。

我们还进行科学讨论。如195 ①年讨论了斯大林语言学著作、题目，斯大林的著作是共产党争取共产主义胜利的强有力的武器，斯大林论上层建筑的作用，斯大林的著作对 ②，斯大林与历史科学，斯大林论社会主义民族的形成和发展，斯大林论对马列主义国家学说的发展，从斯大林见地看国际法问题，斯大林著作对发展苏联美学的意义，斯大林著作对发展苏联语言

① 日记手稿此处有空格。——编者注

② 同上。——编者注

学的意义。讨论结果出版论文集。

去年十二月举行科学讨论斯大林《〖苏联〗社会主义经济问题》、苏共党十九次大会文件及斯大林演说。讨论题目有：苏共一［十］九次大会是建设苏联的大会，斯大林《〖苏联〗社会主义经济问题》是苏共建设共产主义的纲领（斯吉巴娘）。斯大林社〖会主义经济问〗题是政治经济学发展的新阶段，斯大林在联共十九次大会的演说及其国际意义，斯大林社〖会主义经济问〗题是创造性的马克思主义的典范，苏联共产党是苏联在社会主义建设中的领导与指导力量（党书记）。论封建社会的商品生产以及资本主义在俄国的产生（潘克拉多娃）。在苏联农业中资本主义生产关系的消灭以及共产主义生产关系的建立，社会主义阵营各国的牢不可破的友谊，斯大林在社〖会主义经济问〗题里对现代国际关系的分析，殖民地制度的衰落，斯大林论社会主义发〖展〗法则的客观性质，以及在建设共〖产主〗义的斗争中联共党对此法则的运动［用］，斯大林社〖会主义经济问〗题对历史唯物论的发展，斯大林社〖会主义经济问〗题对辩证唯物主义论的发展，社会主义的基本经济法则以及资本主义经济法则，斯大林论过渡到共产主义的先决条件，斯大林社〖会主义经济问〗题中所谈的国家与法权理论。

这就可以说明我们一般的科学讨论题目。

本院用很大的力量出科学著作——特别是本院科学人员的著作。我们认为问题不仅在于研究科学，而是要把研究成果拿来武装我们党和国家的工作人员，这就是出版。出版东西有：1. 科学讨论会汇编，2. 论文选集（包括各级人员的好的著作，每期大体有一个中心），3. 出版个人专著——这主要是由政治书籍出版局出版的。这些著作中有的是得斯大林奖金的，包括答辩的论文。

专题研究有 Никфо 诺夫……　专题研究，得斯大林奖金。我们出版的书有高度思想性，能得到社会很高的评价。

本院科学人员还在本地党的、非党的报纸杂志上发表论文，此外还出版教材。

我们在完成自己的工作中经常同党的和其他的科学研究机构、高等教育机关等取得密切联系，我们的工作人员许多是在苏联科学院工作，科学院也有许多人在我们这里工作。

我们还帮助莫斯科市党组织进行许多工作，我们经常愿意把自己的经验介绍给外国的朋友。

解答问题：如何自学马列主义。我们国家的工作人员，特别是党员，都必须经常学习马〖列〗主义，其工作的成就，首先取决于马列主义的修养。

马列主义教育的基础就是马列主义的经典著作，还有国际工人运动杰出领袖的著作，如毛泽东的著作。我们党所关心的第一点是要我们这些工作人员把马列经典著作拿到手上。我们在党员与国家工作人员中经常组织马列主义的理论研究。没有马列主义不能成为Свет知识分子。

我们的方法：一、马列夜大学，二、通过传播技术科学知识讲大课。组织小组研究党史或马列主义某一专题。

最主要的形式是对马列主义的独立的创造性的研究。苏联学者在这方面是以列宁、斯大林作为典范的，他们自学马列主义的方法就是独立的创造性的研究。毛泽东也是一样。首先他们非常勤劳，有很高的求知欲，希望了解社会发展的各个方面。因此他们付出大量的劳动。用大量的劳动掌握本门科学的深处，掌握社会发展的规律，这是一个学者的基本条件。

其次就是要有系统：研究文件，作笔记，作摘录，涉及与自己有关的方面广泛地同别人交换意见。

其三就是要求创造性地研究，具体地、历史地研究社会生活。

关于马列主义如何指导自然科学——本院也研究自然科学，但是从哲学方面来研究的，如教务副部长的批判物理学中的唯能论。

今天的会上我解答了苏联科学家所提出的关于中国历史研究，党史、法律研究等问题。

五点后去看陆定一，他在这里养病，已近痊愈。

晚上托华罗庚往北京带两封信，他有事先走，明天起飞。在华处又碰见西子，今天约她与沈其等人在□□河船上合照照片一张。

4月28日　星期二

上午观画廊，钱、张等都未去，我领队。画廊内容的确丰富，包括十一世纪到Свет时期的俄国名画，最后一部是现代作品。共52厅，画几千幅。大部分是〖距〗今一百年以前一个俄商人收集的，可见外国人的事业心。

下午睡了一个钟头，是出国以来午睡时间最长的一次。

晚上又在大戏院看歌剧 Аиба，剧情是埃及与古阿比西尼战中的一个恋爱悲剧。埃在战中俘虏了阿国王的女儿，但不知道她的身分使之为奴，埃及青年元帅爱上了她，但埃及国王的女儿则爱上了元帅。第二次战争中埃元帅又俘虏了阿国王，阿王父女见面后阿王强使其女儿往埃元帅那里知道了新的军事计划，元帅不愿意对埃女儿表示爱而换得释放，被活埋处死，阿国王女儿则投身入墓殉死。这样的剧要在中国上演得被指为没有“目的”。布景气魄异常伟［宏］大。十一点从剧院回旅馆时见红场附近有各色队伍在表演游行。

4 月 29 日　星期三

上午同张稼夫、武衡一起与苏联科学院党委书记佐林谈话，主要讲如何团结党外科学家，从十一点谈到下〖午〗三点三刻。另作记录 6 页。

晚上参加科学家之家举行的五一庆祝会。昨晚看戏回来后已十二点，张告诉我要准备今晚招待会钱的“讲演”。今天布置由康等三人专去大使馆一趟准备了一个稿子，确实不好，张大不满意，同时也有些无意义的挑剔，如“一个胜利接一个胜利”“风起云涌”等，认为都不行。结果到了会场我又临时增改，幸亏今晚只由亚历山大诺夫讲演，托布契也夫简单地代表科学院主席团的学者祝贺节日，没有要钱讲话。所谓“资料工作”确实难做。

在科学家之家看红旗歌舞团演出，有些节目确实很精彩，其中有些演员是在北京怀仁堂表演过的。

4 月 30 日　星期四

上午同张等上街去了一遭。

下午与主席谈话，由钱、张、武、汪等人参加。

西沙江……生产力学术秘书讲：托布契也夫托我谈主席团的工作，主席团下面的机构，其任务是：（一）准备问题请主席团讨论；（二）组织和监督各所工作执行；（三）根据主席团的决议指示同科学院各所及其他研究机关保持密切联系。属于科学院全体大会的还有若干机构，如：1. 编辑出版委员会，2. 科学院分院委员会，3. 苏联各加盟共和国科学院工作协调委员会，4. 生产力调查委员会。其中协调委员会虽属科学院大会，但具体工作还归各加〖盟〗共和国科学院领导。

此外，主席团还有一些机构，但地位是特殊的，不算主席团工作机构，支援水电站运河、灌溉体系委员会，文物保存的科学方法委员会，巴甫洛夫生理学说问题科学委员会，图书馆委员会。科学院出版部下有科学报导处。

1. 办公厅，其任务是给科学院全体大会以及主席团会议准备问题，也给科学讨论会准备问题，是从组织、技术上来准备，不是在科学上准备。规定科学院内公文程序、格式等，为某些科学家拟定决议交办公厅，办公厅考虑其形式是否对，与法令有无冲突等。

2. 行政事务，管理科学家和各研究所的医疗、财经等事务。管理房屋的修缮看守，管理汽车队，借给科学家乘用，还管理休养所、医疗部、幼稚园、科学家之家等，其地位与办公厅平行。因此我们的学者不仅有休息权利，还有物质保证。

3. 财务处，给主席团的编制预算委员会准备意见和资料，负责监督各所执行预算的情况，解决其困难。

4. 总会计室。

5. 基本建设处，施工和完成计划。自己有熟练工人和技师，保证完成建设任务。

6. 科学院设计局，管房屋的设计和图案。

7. 科学院供应处，统计供应科学院各种材料。科学院的工作在很大程度上要看供应如何，所以由第一付［副］院长巴尔金监督。

8. 干部处，选拔、分派科学干部，经常进行干部的调查统计，统计对干部的需要量，对院内分配青年干部，保证满足科学院对干部的需要，对各所干部工作进行监督。

9. 研究生处，给科学研究机构培养青年干部硕士，帮助各所招研究生或博士生。对培养研究生工作给予方法上的帮助。此外还组织在职的人员作科学研究做论文，各所的哲学与外文教育都由研究生处负责。其责任很重大，因为科学的发展决定下一代干部。专业教育则由各所负责。

10. 对外联络处。

11. 决议执行检查处，帮助主席团和学术秘书处检查工作，不仅是单纯了解情况而且要采取措施完成任务。

12. 编辑出版委员会，计划科学院的出版工作，组织各学者科学研究结果的出版，经常保证出版物在思想上的提高。

13. 科学院分院委员会，即对这些分院工作领导监督。

14. 各共和国工学工作协调委员会，现有十二个共和国科学院，本委员会是要使他们的工作与苏科协调。本委由院长直接领导，由学术秘书长，各共和国院长苏科付［副］院长均参加本委。

15. 生产力调查委员会。

16. 共产主义建设支援委员会。

17. 文物保管的科学方法委员会。调查登记保管文物。同时监督考古发掘工作的正确进行。现在苏联境内不得本委同意任何【中】人不能发掘。

18. 科学院出版社，负责出版各学者研究成果，科学报导处也归出版社领导。出版社下面还有科学流通处。

19. 图书馆委员会。对科学图书□进行方法上的领导。

以上机构都是主席团的工作机构，由主席团团员分别负责领导。院长直接领导，编辑委会、编制处、财务部、总会计处、科学协调委员会等。付［副］院长 Партин 直接领导分院委员会、供应处、基本建设处、设计局等，进行总的领导。Вортин 付［副］院长领导文物保存、图书委员会、图书馆。学术秘书领导干部处、研究生处、办公厅、执行检查处、对外联络处。

科学院的其他任务：

组织科学考察团，具体执行由各所负责，总的由主席团负责。

关于奖金，〖科〗学〖院〗有 42 种以某学者命名的奖金，每年支出几十万 Руб，另有六个金奖章。每种奖金有一个委员会，设在各部，通过公开应征送来作品审查，最后以秘密投票决定奖金授予谁。委员会是由著名院士、通讯院士组成的。委员会非最后决定，还要经主席团批准。在每年二月二号的科学院年会上授奖。奖金数字从 1 至 50000Руб。名誉院士有斯大林、Илинский（染料化学奠基者）、Говалея，现有莫洛托夫。

卡布列也夫办公厅主任，谈公文程序：

科学院接到外来公文即进行登记，以人为单位，登记在卡片上，有日期、事由等。这种制度的优点是容易调阅原件。

主席团开会是严格规定日期的，也不许晚开十分钟，谈某方面的问题，就由某方面的院士参加。主席团会议记录要当天整理签字。

以一年为单位，所有文件号码不重复。这就很便于寻找资料。一份决议通过后，第二天就要发给相关的单位和〖个〗人。

以上所讲的那些单位互相没有领导关系，直属主席团，学术秘书处代表主席团指导他们的工作。

学术秘书不只是单管学术，而是一切与科学发展有关的重大行政经费等事都要过问。

研究生处的工作。研究生主要是从大学里来，最近部长会议授权科学院可以在大学挑选最好的学生到科学院来。

研究所不搞劳动竞赛，政府决定的，但有公约。

院内研究生处的任务是监督整个研究生〖院〗的计划、组织等工作，包括各级分院的工作。各所研究生处是负责干部的付〖副〗所长的助手，直受所长领导。在研究生处下有两个教研室，哲学之外，研究生都在这里上这两门课，聘请最好的教员。

晚八点才回来，科学院工作人员早已下班。

座谈空隙见 Кеселев 给我一个纸条子，后来新城给我翻译，是历史所决定在下期《历史问题》上发表我的讲演，在下星期二要给我二千 Руб 稿费，教我可以打算买东西。

晚上街上确实像个“未婚妻”（充满欣〖兴〗奋幻想……）。从房间看见近在咫尺（不过三四公尺）的部长会议〖大厦〗对面的莫斯科旅馆的大楼墙上，装着电灯画成 Здаравствует 1 Мая 几个大字，下面是列宁、斯大林在一起的画像。再下为马林科夫等九位苏联党政领袖，有马林科夫、贝利亚、莫洛托夫、伏洛希洛夫、赫鲁晓夫、布尔加宁、米高扬、卡冈诺维齐等。马在中间，画像是一般。但各处的挂法不一样，原来部长会议〖大厦〗对面也是把马挂在最左边，后改为中间，有的马在最左，有的又在最右。似乎并无统一规定。

因为下午严重感冒，连声不止地咳嗽，并吐痰，不能出门在街上走。从〖窗〗口伸头往北看，一片灯光。汽车比平时增加一倍，都开着红灯，往北是上坡，很好看。部长会议〖大厦〗附〖近〗高尔基大街上人群拥挤。的确热闹，可惜斯大林不在世了，在人们的感情中应该是会觉得少了一件什么东西。

伸首可以看见街上的一切——这是莫斯科 1953 年五一节前夕呵！

写完上面一段已经十点二十七分，北京已经是下〖半夜〗三点多钟了。

5 月 1 日　星期五

因为要往红场观礼，提前至早八点吃饭。下楼梯时碰到钱三强，他说郭老今早四点到此，他与张曾往机场迎接，现住 315 号，与我的房间很近。返回来到郭处寒暄数语，一同下楼吃饭。与郭同来的还有茅盾，鼎鼎大名的茅盾这是第一次见面。

八点三刻从旅馆出发往红场，穿过一个小磨坊就到。事先每人的入场券与护照均已备妥带在身边，郭、沈同行。到红场入口处分道，郭、沈从列宁博物馆两侧入场，我们代表团从东侧入。

这一带早起就断绝交通。我们从列宁博物馆东侧入红场，沿红场东边绕至南口再至观礼台第七台，中间经过了三道检查，第一、二道检查很严格仔细，把入场券的人名和护照上的人名照片都对照了一遍。

我们进到观礼台时已九点多一点。第七号台是在列宁、斯大林墓右侧，我所站的地点离列、斯〖墓〗大约五十米远。列宁墓正对面的墙上是一幅大标语，两边为大幅列宁、斯大林像，再往两侧为十六面国旗。标语的正上方为苏联国徽。与列、斯的地位相等，往两侧伸展是十六个加盟共和国的国徽，形状大同小异。对面的房顶上往北的莫斯科旅馆的楼上都有摄像机在那里摄影。这时看红场的景象是中为列宁墓，右侧是克里姆林〖宫〗的钟楼和古教堂，左侧是古式建筑的列宁博物馆，对面也是一种很别致的旧建筑物——高墙、玻璃顶，据说〖是〗旧的厂房，看来很调衬。

克里姆林〖宫〗的钟敲十点，仪式开始。在这以前的一两分钟，苏联党政领袖们走上列宁、斯大林墓。过去向来斯大林是站在最右边的，今年站在最右的是一个穿将军服的人。其他的人多是穿的浅色春大衣、戴礼帽，我们是在右后侧，只能看见这些人的背面和侧面，所以也根本没有看清楚谁是马林科夫。

仪式开始时奏国歌，一位乘车从西从南往北，另一人从北往南，在主席台前会见。后者向前者作报告，估计第一个是布尔加宁，另一个是红军总参谋长。然后两人站在汽车上一前一后在红场久以［已］整齐待阅的部队行列中绕行一周。绕行完后他们回到主席台。这时鸣礼炮奏乐，部队开始从列宁墓前经过。先是陆军、步兵，每一队最前面是一个穿绿制服的将军，在他后面并排两排两个将军，再往后才是队伍。将军都是拿的指挥刀，动作和一般熟见的军队操练动作一样。差不多每一兵种或每一大队最前面的一个将军都是走过主席台后，即留在主席台右侧四号看台观礼，其他的人继续前进。这些将军的胸前全是竖一排、横一排地戴满了勋章，每人总是十个以上。勋章都是金质的，一个总有二两重。其他在红场周围维持秩序的人也都带有三五个勋章，今天简直是勋章大集合，我和站在一起的同志说笑话，苏联的黄金恐怕都制了勋章了。

地面部队中陆军中有装甲兵【装兵】，有一种武器从未见过，远看像斗笠一样戴在汽车上。后面是海军和其他各色兵种。与地〖面〗部队同时进行的是空军，先是轰炸机，后面是喷气飞机。

军队走完后是群众队伍。起头领队的是穿便衣挂红花标记的人，看样子是各单位领导人物。随后是男女运动员队，再后是一般机构代表，及其他群众，最后又是运动员队。他们执着鲜花（纸花，莫斯科鲜花很少），打着各种旗子，台［抬］着各种领袖像，热情洋溢地从红场走过，十二点四十五分结束。估计总人数也在三十万以上。

今年红场五一〖游行〗的特点是：（一）游行时间短，往年都是七八个钟头，今年是三个钟头。据说莫斯科市委提议，让大家在公园里玩、休息，开放所有公园，缩短游行时间，各机关居民只派代表参加。（二）喊的口号中喊列宁、斯大林的不多，重复次数最多的是苏联共产党万岁。中国人民胜利万岁，也喊过好几次。不是所有的群众喊，是主席台上有人对扩声器，每句口号后面加一个 Ypo（不是“乌拉”）。

总起来说，一切方法程序和在北京天安门所见的差不多，但似没有那样热烈——特别是群众的情绪。这是斯大林去世的原因。过两年大概就好了。

我们站的看台上许多是外国人。梁思成、吕叔湘站在一起，摄影记者问他们是 Ябония? 因为他们两个身材都不高，确实不能代表中国人。与我们站在一起的波兰、捷克的代表都争着〖与〗我们交换徽章。波兰的代表每人拿一面小旗，一直向游行队伍摇晃了一上午。我们有些人无动于衷，苏联人有很多是中途离场了，最后散会之时看台上很冷落。听说去年十月革命节时，看台上只剩下中国代表。当时少奇同志在场，当时有人劝他走，他说斯大林还能坚持，我也能坚持，结果中国〖代表〗也就未走。

三点吃午饭，餐厅有四桌，一桌全是妇女，每桌都在举杯庆祝，把三种不同的语言翻成俄文。的确有“万国衣冠拜冕旒”的感觉。要是斯大林活着还要热闹得多。

郭、沈与我们同桌，托布契也夫来作陪，无数次干杯，有的闹得酩酊大醉。

五月三日补记

5 月 2 日　星期六

晚上白天都发烧——原来已经感冒了，在红场中午天气变冷，又加深了感冒。请来了医生，看样子很有经验，但没有听出肺病来，说除了感冒没有任何病。整躺了一天未起。老汉学家一天来三次，的确给他找下麻烦了。

团里的人白天去看疗养所，晚上在大使馆与大学生联欢。

三日补记

5 月 3 日　星期日

发烧已减【已】，咳嗽未愈。

十点钟有北方大学工学院的四个学生杜一先、李献璐等来看我。他们是昨晚参加大使馆联欢时知道我病了，故来此。其中杜、李记得最清楚，李入学是一个十五六岁的女娃娃，现在看来也还年青，但已经有两三岁的孩子了。光景过得真快。

他们现在钢铁学院学习，原来只识俄文字母，现在可以听课。北大工学院还出这么几个留学生，也叫人满意。

张勃川来此大发牢骚，说昨晚在大使馆没有给他时间讲话，说张武断、主观、作风不好，张却认为相反。

昨晚十点和今晚十点在窗口看见大街上穿［川］流不息的人群往红场去。都是三三两两，完全改变平时行人不走街中心的规矩，全是从街中心自由行走，真是“金吾不禁夜”。

5月4日　星期一

上午，Ловогорский同我去真理报总会计去［处］领稿费。因为《历史问题》是由真理报出版的。原来我以为给我2000Руб是特别多给的，经过打听，这就是他们稿费的一般规定。不过真理报出的刊物因为质量要求高，所以此处的稿酬标准也高一点。

下午去外文出版局座谈，它们的任务是出版最新的书。翻译的范围有英、法、中等二十七种文字。有物理、化学、地质、生物、哲学、历史、语文、经济、法律、文艺等十三个编辑部。

每一学科都要求中国推荐书籍。哲学编辑部拿出侯外庐《中国思想史》、吕振羽《中国政治思想史》和冯友兰的《中国哲学史》（法文本）要求给予评价，是否能翻译。我对前两书提议请他们通过一定手续正式征求中国文教宣传负责方面的意见，对后书肯定其不宜翻译，并分别对作者作了简明介绍。

历史部编辑主任Сенекина О.К.对《美国侵华史》提出三个问题：（一）是否第二版要对苏联读者写意见；（二）第二章标题为1905〖年〗到第一次世界大战，内容事实上是到十月革命，为什么？（三）书中提1925—1927年的中国大革命，现在有人认为是1924，不是1925，是否要改？对这些问题一一作答，准备直接寄给她中文再版本。

陈伯达三年前曾来此，吃了柠檬的籽已在花盆里长成三尺高的柠檬树，他们称为陈伯达柠檬树，认为是很大的光荣。

晚饭时黄有兰转给我莫斯科广播电台交来的300多Руб的广播费，连团里发的津贴一共约3700Руб，这笔钱是意外的收入，买一些书籍、文具等去送人也有意义。

晚上开支委会，钱参加。我提出四项有关总结的建议：[①]

一、提出一个给中央的报告，并分报科学院、文委和政务院。在回京后的一定时期内与各方酝酿接洽提出一个改革中国科学研究的方案。

二、草拟一个综合的在报纸上发表的有宣传作用的报告。

三、作成各门科学的综合资料，在原有日常汇报的基础上加以综合归纳。这是最基本的资料，连同几个总报告一起可以整理为一个资料汇编。

四、各人写成一个传达草稿。其他就是每个人可以根据不同情况分别写些文章。

车中无事，吉谢列夫按照列车上的行车表计算一下我们在苏联旅行的路程如下：

奥德波尔——莫斯科	6714 公里	
莫 斯 科——列宁格勒	651 公里	
——基辅	856 公里	
——塔什干	3369 公里	
塔 什 干——奥德波尔	6042 公里	以上两项共 9411〖公里〗

5 月 7 日　星期四

昨晚睡得还好，房内只有我和吉谢列夫两人，空气也较好，未咳嗽，但连日大口吐黄痰，是长时间感冒的余波。

目前车往东南行，还未出俄罗斯境，沿途村庄多是草房，外面看去很破旧。所有苏境的乡村房屋都有一个特点，即没有庭院、场面设置，孤立的类似单间的小房，户外便是泥泞的田野。而且村庄也并不大。

① 日记在这里缺少 5 月 6 日日记。颇怀疑本日日记就是 5 月 6 日。此日从晚上记起。下文所记，已在列车上，可见，白天活动未来得及记上。这天是离开莫斯科，乘车去中亚地区塔什干。——编者注

下午五点车抵 Губишев 城，这完全是一个新建的工业城市，无数的工人住宅和高压电线，显示出一种社会主义城市的气象。这里的工人们及其眷属们看来确实是很娱［愉］快。今天天气很好，许多妇女领着小孩子在经营户外的小块土地。吉谢列夫一下车就给他太太发了一个电报。这表示出苏联人的习惯。吉为人活泼，虽也四十七岁并有了孙子，但时常手舞足蹈高声歌唱，我们万万不及。

晚饭后听边特可夫斯基报告他的硕士学位论文提要，这是上午他再三要讲的，说已有几位苏联博士评论，因研究的是中国问题，故一定要请中国博士评论。他的题目是：《国民党反动的工会法与美帝国主义被赶走以前中国工人阶级的状况》。从十点半谈到十二点，我和张稼夫提过口头意见之后，他一定要问是否可以取得硕士学位，并要求写成书面意见，加以评价。我告他到塔什干再写，我打算写的话如下：

我们很有兴趣地听边特可夫斯基同志讲述了他的学位论文的要点，认为由于这个论文而取得苏联和我们中国科学工作们［者］都觉得是一种荣誉的硕士学位是适当的。这首先是我们认为论文的题〖目〗虽然是属于历史的范畴，但在今天仍有其现实的意义，目前在中国还很少有对这一类题目认真研究过。同时，论文中收集了相当丰富的材料，并且对这些材料也作了必要的分析，这是进行科学研究的基本要求。对论文其他方面因为我们不是经济□□学专家，同时也没有阅读全文，所以不能提出什么积极意见。不过我们也认为假使能够在论文的适当地位来概括地阐明一下当时中国半封建半殖民地经济的基本情况，和蒋介石反革命政权的阶级性质，以及在整个论文中贯穿当时革命政权与反革命政权尖锐对立所产生的一切政治与经济因素这一线索，将可以更加增强论文的科学价值。这些意见是否有［妥］当，仅供参考。

5月8日　星期五

早八点起床，我们的旅程已经在昨天晚上进入哈萨克斯坦，从地图上看是比西面白俄罗斯、东面乌兹别克都要大得多的地区。

铁路所经过的是平地，远望有时有山。本地已经很少有农业，大部为畜牧，村庄极少，偶尔见有一群牛或羊——不上一百头，一个牧人骑在马上牧放，也有不骑马的。除了车站，有很少的近代建筑物，一般是很矮小的土房。除了少数人工植树外，没有森〖林〗，草也不长，但据说便于放牧。逐渐有风沙。据吉谢列夫讲，现在这个哈沙［萨］克就是汉代与中国打过交道的月氏（大越智［月氏］），原音为Масеягеты。这一带的几个共和〖国〗都与中国有过交道。离乌兹别克都城350里的Самарканд，为蒙古侵略者铁木尔的都城。苏联史学家在这方〖面〗有较多的研究。

现在每到一站都有许多青年和老年妇女拿着鸡蛋或牛奶还有酸黄瓜、熟鸡来出售，鸡蛋70Кпи一个，比莫斯科便宜20Кпи。

下午两点抵Актюбиск, 是哈沙［萨］克的近代化大城市之一。市中心有许多新建的西式房屋，一般房屋很像河北平原的平顶土房，粉饰讲究。离铁路不远处有机场停机数十架，飞机就停在草地里，周围无任何栅栏之类。在这个带有一些沙漠气味的草地上有这么一个城市，很难得。

中亚细亚有五个共和国，即乌兹别克、吉尔吉斯、塔吉克、哈沙［萨］克、土库曼。

5月9日　星期六

早四点就醒了，约五点时车在一个站上停下来，吉谢列夫穿着睡衣下车，去买本地驼毛线与驼毛织品，有小孩用的手套、袜等物，一双小毛袜要5Руб。出卖东西的全是妇女，服饰与西方已完全不同，没有穿大衣的，全是上身为短褂、袄或背心，下为花布长裙。颜色大红大紫，是文化生活低的表现。警察在这里似乎很有权威。当她们一群人靠近车厢兜售货时，见警察在远处走来便纷纷离去作怯步反顾状。警察走后才又聚集起来，有的盘膝坐在沙地上。这自然也是一种落后的表现。莫斯科的警察似乎是毫无尊严，可以随便抽抽烟同人聊聊天，不像中国警察装腔作势。

七点车抵咸海城，在这一带车从海的远处经过，可以看见岸边停泊的木船和远处的轮船。出卖的农物主要是咸鱼，这时正在早餐，有人买来送给一条鲫鱼，味平常，最多的是大边［鳊］鱼。

十二点至 Казалинская，是个较大的车站，下车散步，有公园，中立列宁像，绿树成荫，榆钱盛开，真是沙漠中的绿洲。吉谢列夫在站上买得一枚普式庚的纪念章送我。他今天上午和我们讲了很长时间的考古工作。

五九是苏联胜利节。

四点半以后至 Жусаль 车站，这里有些绿树，很引人注意，人的面孔、服装各种各样，是东西交错的，碰见两个本地朝鲜人，用俄语自我介绍，因为他们看我们是中国人。此站有老机场，这一带是有浅草的沙漠，即沙上长有一小堆一小堆的不到一直［尺］高的草，别无植物。和他们说笑，这种沙漠的两大好处：1. 飞机随地可以降落。2. 修铁路汽车路选线容易。

八点半至 Кзылорд，中译为红城，Казак 原来首都，现都 Ормда，中译即阿拉木图。

5月10日　星期日

车继续往东南行驶，早四点半起床，Кесечев 一面穿衣一面对我比手划脚讲了一套：今天就要到塔什干了，应该刮胡子，收拾得漂亮一些。乌兹别克的姑娘很漂亮，见了刘大年教授，她们就会请你到她们的大学里去讲演或是教书……　这一带的土地已经变得好一些了，沙少土多，遍地有野的红缨花。越往南越好，这时已经看见天上［山］，满山都是积雪。

上午十一点以后进入乌兹别克境，这里到塔什干已只有二三十华里。铁路两侧都是果园和农庄，绿树遍地，绕以流水，完全是中国江南风光。“正是江南好风景，落花时节又逢君。”

十二点五分车抵塔什干站，当地科学院长、副院长、塔市市长、乌兹别克的苏联人民演员哈立玛及其他等数十人在车站迎接，照例是献花、致欢迎词。所献花束是复瓣芍药杂以蔷薇等，特别鲜美。

住的地点别开生面，不是城里的旅馆，是离市七八公里的乡村里的科学院休养所，在一个大院墙内有大小四座西方式的建〖筑〗，其中一座是楼房，除了卫〖生〗设备较差，其他都十分精致。我与张分在楼房的一号。院内遍植花树，其中有中国南方最多见的黄杨木、玫瑰等物，真是多年不见了。这个幽雅的环境，人人赞美。

三点多钟午餐，同时也是欢迎会。本地人讲话的特点是强调俄罗斯人对他们的帮助，并专门举杯为俄罗〚斯〛人祝贺。历史所所长杜尔苏诺夫〚说〛，我们的经验〚是〛向俄罗斯学习来的，我们愿意转告你们。这种情形是我们过去不了解的。由此也可以理会为什么《为正确地阐明中亚细亚的历史而斗争》一文及与此相关的讨论一定要批判，把某种抵抗俄罗斯的运动描写为进步运动的观点了。这个问题一直提到苏共十九次代表大会，正是由于这个原因。宣传苏联境内各民族的团结（中国未强调），宣传列宁、斯大林的民族政策，今后须要继续强调。

据塔市总建筑师谈：考古学证明，纪元前两千年就有人在此居住（原来这里民族情况复杂，不断内部冲突，英国占领印度后即企图侵入中亚，这对俄国不利，沙皇在十九世纪中叶出兵占领这一带，成为俄国的殖民地，并入俄国，有进步的意义，但仍受两重统治，十月革命才改变这种地位）。现在全乌兹别克一万人中有七十三人受高等教育。与资本主义国家相比是情形如下：瑞典 23 人，埃及 9 人，土尔［耳］其 12 人，伊朗 3 人，法国 36 人。现有 36 所高等学校，有自己的科学院，研究很发展。目前塔市正计划修建 15—20 所 29 层高的建筑房屋。塔市是个花园城，绿化的程度占世界第一位。1939 年有 530000 人口，现近 800000 人口。

5 月 11 日　星期一

乌兹别克科学院座谈。乌兹别克犬路索夫付〚副〛院长。

院长讲乌兹别克和高等教育的发展。□的成就应归功于列宁、斯大林的民族政策和伟大的俄罗斯人民的大公无私的帮助。今天乌兹别克是有工业化和集体农庄的国家。由于共产党的关怀和俄罗斯大哥的帮助，乌兹别克已经是一个没有文盲的国家，有很大的教育网，高、初等教育都得到发展。

十月革命前乌兹别克是个落后的边区，由殖民地与封建的奴隶制度统治着。当时本地只有百分之二的人认字，而且其中没有一个是妇女，这是文化落后的特殊指标。当时在经济上只是沙俄农业原料的附属地，在沙皇制度下植棉事业是在残酷的奴隶制度下进行的，工具原始落后。现代的垦荒是不存在的。在反动的文教思想影响下，十月革命前，先进的科［俄］国【俄】科学很难深［渗］透到乌兹别克。当时的科学只能用几个科学机关和学〖科〗组作为代表。有莫斯科自然科学分会及本地考古组等。十九世纪俄国著名科学家才开始研究本地丰富的物质资源。二十世纪初流放来此的俄国革命家传播了马克思主义的种子。随着十月革命，本地经济文化都发生了根本变化。乌兹别克人民在社会主义经济体系中发展了自己的创造能力，发现了丰富的天然资源，全面地发展了生产力，使之为创立共产主义的物质基础服务。乌兹别克的文化落后早就消除了。

1920〖年〗9月7日是对乌兹别克与整个中亚人民值得纪念的日子，根据列宁的提议在这里建立了第一所大学——国立土耳其斯坦大学。这一天列宁在这个决议案上签字。其中包括物理数学系，下分物理数学科、生物科、地质科、化学科，农业系，力学系，东方系，工程灌溉系，社会科学系。1923年本校改为国立中亚细亚大学。在1920年根据列、斯指示为了保证此大学所需的科学干部，从莫、列两城派来了许多熟练的科学干部，在他们领导下开始培养第一批哈沙［萨］克、吉尔吉斯、塔吉克、乌兹别克（无土库曼）的干部。从莫、列城派来的专家现有许多在座，同时这时还从中心运来图书设备，大学所培养出的学生已有许多成为著名苏联学者（列举名单）。在此以前，中亚细亚大学共培养干部6000人。近年来【已】有些系已改组为独立的高等学院，如农学、医学、工业、财政经济、法律等学院。因此列、斯主张创立的中亚大学就成为中亚文化发展的中心。

1933〖年〗在Самархан组织了乌兹别克大学，在那里有3000学生学习，已培养出25000受过高等教育的专家。其中包括数理、工、农医、灌溉、史、语等部门。现有96〖所〗中等学校，36418人，得学位的人增加。有180个本地硕士，4个博士，其中还有妇女。

乌兹别克的高等学校很早以来就进〖行〗了科学研究。以前【对】有许多人认为乌兹别克没有矿藏，我们的［在］科学工作中推翻这个说法，发现了许多矿藏。我们的土壤、植物学家，对植物资源等进行了研究，得到了很大的成就。在Свет政权成立的头十年内，即组织一专门的科学研究机关。1925年组织灌溉科学研究所，有很多的研究工作是修建运河，利用水力。1929年在塔什干成立全苏植棉科学研究所，在培育新种和植棉技术上做了很多工作。为领导日益增长的科学研究，在1932年成立了领导本地研究所的科学委员会。8年之后即1940年在科委会基础上成立了乌兹别克苏〖联〗科

〖学院〗分院。莫、列等地的俄罗斯学者在巩固发展分院工作中给了巨大的帮助。在伟大的卫国战争的年份里，1943 年 9 月 27 日，斯大林签署了组织乌共[①]科学院的决定，这是我们共和国生活中的大事。乌兹别克人民社会文化发展的全部过程，斯大林、党对我们的经常关怀，都是为科学院的建立做了准备。随着乌共科学院的成立，乌共科学研究步入新的发展阶段。

随着科学院的成立，科学研究加强了，在植棉灌溉方面我们的研究所已处主导地位。本院成立之初有 11〖位〗院士，19〖位〗通讯院士，3〖位〗名誉院士（均指乌共的）。现有 20〖位〗院士，26〖位〗通讯院士。根据我们的章程，乌共最高科学机关是院士大会，由院士、通讯院士组成。全体大会的执行机关是主席团。现有廿四个研究机构，主席团通过，物理数学部（主任 [②]）、技术科学与地质化学科学部（主任 Овнаев 教授）、生物科学与药科学部（主任 [③]）、社会科学部（主任 Нагиев），领导各所。此外在主席团下有生产力研究委员会、植棉研究调协委员会、研究生部。

在物理数学部中有：数学力学研究所，研究：数理统计、数学分析、弹性理论、气候学理论实际等问题。物理技术研究所：塔什干天文观察台，设有纬度站。生物农业部中包括：农业研究所，研究提高棉花及其他作物产量、水土改良。植物所，研究植物分布，丰富牧草问题。动生［物］寄生虫研究所，研究本国动物界同寄生虫及农业害虫作斗争的方法。土壤研究所，植物园在药农〖作〗物部下设有大自然博物馆。地质化学技术科学部其下有地质所，化学所，有机化学所，电机研究所，研究水利工程建筑力学；动力研究所，研究全面发展乌兹别克生产动力问题。社会科学部，下有历史考古研究所，正编写三卷的乌共历史；语言文学所，经济研究所，研究综合性的国民经济问题，社会主义工业与农业企业经济，社会主义政治经济学，乌兹别克经济史等问题。东方学研究所，研究东方外［各］国的现代史，民族解放运动，揭穿大伊〖斯〗兰主义与其他反动派别的实质，对东方的手稿、文献等进行科学加工。Kapanak[④] 共和国经济与文化研究所，研究 Ka 国的文学

---

① 日记手稿乌共科学院，是乌兹别克共和国科学院的简称，乌共即乌兹别克共和国，下同。——编者注

② 日记手稿此处有空格。——编者注

③ 同上。——编者注

④Kapanak，这个词书写有误。俄文中无 n 字母。——编者注

与【究】历史、经济。在社会科学部下还有历史博物馆、生产力研究委员会、植棉事业调协委员会。

乌共科学院首要任务之一是培养熟练的科学干部，在这方面达到了重要的成就。1943 年年底共有 479〖位〗工作人员，其中有 216〖位〗研究人员，有 29〖位〗博士教授，57〖位〗科学硕士。现在的乌共科学院有 1466 人，有 647〖位〗研究人员，其中有 50〖位〗博士，250〖位〗硕士。乌兹别克的科学工作人员数量大增，科学院成立时只 2〖位〗博士，27〖位〗硕士，现有 19〖位〗博士，77〖位〗硕士。由于熟练的科学工作者大量增长，学者成分各所学委会质量均大为改善，可以使我们在院内组〖织〗学位论文答辩。目前几乎所有研究所接受硕士论文答辩，有三个所可以接受博士论文答辩。

乌共科学家在总结科学发展时，都对伟大的俄国人民抱着很大的敬意，因为他们在短时期内给我们送来了许多学者。现在有许多男女青年在莫斯科或其他处学习，乌兹别克学者也在莫斯科各所提高其授［熟］练程度。俄罗斯人民非常好地把他们的知识传授给吉尔吉斯、哈沙［萨］克、达［塔］吉克、乌沙［兹］别克（未提土库曼）人。

我们科学院许多学者都获得斯大林奖金的光荣称号。

斯大林新著与十九次党代会的决议为科学研究开辟了广大的前途。第五个五年计划给苏联学者——包括乌兹别克学者提出了重大的任务。党代会决议要把棉田的年产量提高到百分之六十五，每俄亩提高到 26—27 公担，这个指示是针对乌共的，这是主要产棉基地。因之乌共学者最重要的问题是提高我们的植棉事业。因此在我所的研究计划中就规定要新开辟土地种棉。我们准备发展 Омрда 河下游的种棉，我们过去对此进行了很多研究工作。我们曾在此组织详细的土壤调查与研究。

乌共学者还继续研究发展 Перкан 谷地的生产力的问题，这方面根据十九次大会的指示对别尔钢地区的开发进行帮助。别尔钢山谷的天然资源中包括肥沃的〖土〗地、水利、各种矿产等。这就成为苏联最重要的经济区之一，棉花蚕丝可占苏联首位。这方面我们非常注意灌溉问题，开凿芒↓[1]荡，利用地下水。

此处就是综合发展 Онглин 的采矿工业，科学院要研究这个地区天然资

① 日记手稿原文如此。——编者注

源的发展前途。科学院的许多研究机关都参加这方面的研究。

农业方面关于植棉、化学肥料等的研究。

动物方面除了一般研究还把重点集〖中〗在如何防止棉花及其他农作物的害虫等方面。另外土壤、地质经济研究所也研究许多发展与植棉有关的问题。

社会科学部各所的研究题目是要解〖决〗乌共文化方面的最急迫的问题。

语言文学所正根据斯大林著作研究现代的乌兹别克语，研究其历史□方学，Свет 乌兹别克文学史、乌俄字典，研究当地口语创始及俄语对乌语发展的有利影响。1953 年将编文［出］俄乌字典的最后一卷。

历史考古所目前主要注意研〖究〗乌兹别克斯坦的历史，第一、二卷正准备再版，第三卷在准备编写，为此组织了大的编委会。

经济所除国民经济史一般问题，还研究当前经济生活中的具体问题。

地质技术各所研究……

乌共这个计划完全［成］后将对苏联科学工作有很大供〖贡〗献，对本地的文化物质生活的提高将有很大的帮助。乌共人民在列、斯、党的领导下，在俄罗斯人的帮助下，在 Свет 制度中取得了伟大的成就。

下午六时半出发游塔〖什〗干市，城为新旧两部分，运河以东为新城，城［河］西为旧城。新城中心为一大广场，实际是一大花园，没有什么“场”，都是绿树花草。四面有五条大街向外伸展。无论机关〖住〗宅和整个街道都给人一种花园的感觉。真是美丽的城市，花园的城市。中心广场立有斯大林相［像］。我们到达时，准备拍电影的记者们早已有所准备。在那里照了许多相。市中有一个“共青湖”（共产主义青年团员挖的），令人想起北京的北海。我们每到一处立即有许多人来围着观看。真是“招摇过市，观者如堵”。

晚看芭蕾舞。剧院〖是〗卫国战争期间新建的全苏一所有名的建筑。

5 月 12 日　星期二

访问东方学所与历史考古所。拿比也夫社会科学部主席，介绍历史考古、东方所的工作。

在十月革命前，在这里只有封建制度的历史学、历史著作，不介绍人民的历史，只介绍帝王统治者的历史，只有十月革命后才研究劳动人民的历史。十月革命后我们的历史，本世纪 20—30【的三十】年代，我们的历史发展非常快。1934 年人民委员会下了一个指示，一定要在学校里教人民的历史。这时也开始研究考古学中的问题和人种学问题。但那时还没有单独的历史研究所。1940 年代成立乌共分院时，就组织了语文历史所（一个所）。本所工作分为历［几］个方向。一方面研究文献和中亚乌兹别克历史方面的问题，如研究乌兹别克人民社会活动的历史，也研究社会经济史一类问题，中亚人的起源也进行过研究。在工作中莫、列等地的史学家给了我们很大的帮助，如 Струве 院士等。

考古方面派出了一个调查队，长期工作的结果，解决了中亚历史中的迫切问题。在调查中获得本地人民灌溉、农业等材料，解决了中亚奴隶制度的问题。在 40 年后，开始研究布哈拉地区。结果解决了中亚农业制度中的一些重要问题，对于介绍文化历史有重大作用。我们现在知道在阿拉伯侵入中亚细亚以前，此地已有很高的文化，而且从这个文化中我们可以看出邻国——印度与中国的影响。公元前 138 年，张骞至西域，即建立了这种联系。我们两国人民不只一次地要求联合起来反对外来的侵略者。公元后 718 年，沙莫尔汉［撒马尔罕］城国王派人至中国请求援助，反对阿拉伯侵略者。我们两国人民的友谊有很深的历史根源。

30 年代后在 Тярмес 地区进行考古工作，已写成综合性作品。1943 年在卫国战争中，按照斯大林的指示，组织了乌共科学院，从此有考古历史所，现已十年。准备出版三卷中亚细〖亚〗史，第一、二两卷已写成，从最古至社会主义革命。后一卷将包括我们历史上最光辉的时代。斯大林的语言与社会主义经济问题著作，使我们的历史理论更丰富，给我们新的力量。

历史考古所下有各种部门，古代和中世纪部（古里诺夫领导）、近代历史部、苏维埃史部、考古学部、人种学部、国家和法律历史部。

历史所有4〖个〗博士，17〖个〗硕士，5个实验员，一个一级工作人员，30个研究生，派赴莫、列的7人，俄罗斯友人在培养干部〖上〗给我们很大的帮助。历史考古所有权力辩护硕士论文，这个制度是不久前建立的，已有本地人辩护硕士。

东方所是1950年组成，基础为东方文献研究所，未改组前，主要研究古代文献，改组后研究国外东方问题，有:（一）国外东方各国历史部;（二）东方文献部。第一部研究暴露英美帝国主义在东方各国的阴谋，为揭穿大伊斯兰、大土耳其主义的阴谋，目前的题目有：英美帝国主义对巴基斯坦的经济压迫，英帝怎样在阿富汗制造民族纠纷，别尔基斯坦是英美侵略中东的根据地；伊〖斯〗兰进步力量为自由和平而奋斗，大伊斯兰、大土耳其主义的反动内容及英美怎样利用它实现其英［阴］谋，新疆1911—1913年在中国革命过程中的作用（波列诺夫）。第二部的工作是为所有古代文献编目，其中最古是公元10世纪的文件，其中有许多孤本，准备整理出版目录，第一卷已出，第二、三将要出。除此以外本部工作人员还要翻译一些外国作品，第16—19世纪的文件已翻成俄文，有一些主要作品也翻成乌兹别克文。

我们目前正[①]

Шескин教授专〖门〗研究中亚细各国与中国历史的关系，曾在布哈拉地区调查，找到小的古钱，是开元的年号，在背面有符号，表示钱不是在中国做的，而是在布哈拉做的，这表示布哈拉接受了中国的货币的影〖响〗（布哈拉在新疆）。中亚瓷器和书上的图画都是中国的艺术。同时中国的文化艺术也受中亚影响，如葡萄、有色玻璃是中亚去的。

涅波明（历史所付［副］所长）：研究民族历史时，首先要研究俄罗斯与中亚民族的关系，俄对中亚的影响，19世纪下半叶俄国革命运动对中亚有重要作用。把这点要告诉人民，同时也要告诉人民，中亚与俄罗斯结合有进步的意义。但我们这里也有资〖产阶〗级民族主义，他们说中亚封建时代是黄金时代，我们要批判这个观点。中亚细亚在十月革命前的革命运动是俄罗斯工人运动的影响，因此民族主义思想在广大群众中是不大的，因为群众〖对〗布尔什维克很信仰。

---

① 日记手稿原文如此。——编者注

法律博士补充：1924年以前，现在的乌共有三个单位，一为土耳其斯坦的Свет自治共和国，属俄罗斯联邦；二、布哈拉人民Свет共和国，与俄罗斯订立互助条约；三、Холезм人民Свет共和国（都是单独的）。土耳其斯坦是无产阶级社会主义共和国，无产阶级领导的，与俄罗斯相同，后两个是农民的国家，他们百分之九十是农业的人口，差不多没有无产阶级。但1920年在那里也发生了革命，那一年列宁说过，Свет的道理很简单，容易了解，不只在先进的资本主义制度下能成功，在农业国也可以成功。列宁说农业人口不一定要经过资本主义也可以进到社会主义，那就是俄罗斯工人阶级的帮助这个条件，后两个共和国的胜利，就〖完〗全证明了列宁的论点的正确。当时把后两个小国变成社会主义共和国是俄罗斯工人阶级的经验。

在布哈拉因为工人少，主要是农民，资产阶级民族主义思想发展较大，他们当时是人民秘密的敌人，有时参加当地政府，从中曲解我们的政策。在实行新经济政策时，他们把钱的百分之七十五交给富人，百分之二交给农民。斯大林曾说，这种情形是不可忍受的，指出新经济政策并不是对富人让步，而是对农民让步，因此必须改变政权领导成分，把工农成分的干部加进去，1920年做到了这一点。把列、斯最好的学生派来，这个政变是在伏龙芝领导下进行的。以后又把古比雪夫调来，成为这里最有权力的代表者。为了改变这里发生的错误，又派奥尔卓尼启则、加里宁。由此可知这个地区虽然不大，只有二百万人口，但有国际【的】主义，对伊朗、土耳其、阿富汗、中国等可以告诉他们我们到底怎样，实行的是怎样的民族政策。

1924年这三个小国成为统一的共和国，是解决民族问题的典型的例子。过去这三个小共和国是多民族的国家，把乌兹别克、土库曼、塔吉克等民族的人口加以集中，成立乌兹别克、土库曼、达［塔］吉克等共和国，这就用说服解决了民族问题。

人种学有很现实的政治意义，苏联人种学者的任务是研究人们现在的生活。乌共人种学者研究现在集体农庄的生活，把这种生活与以往人们的生活作比较。研究用多大的速度来发展人民的物质生活条件。现在这组研究人员在集体农庄工作，研究他们怎样爱劳动，爱自己的领袖，同时也研究历史，如19世纪末20世纪初的布哈拉国的封建制度也研究。但主要的还是研究十月革命后的历史。资产阶级则只研究落后的少数民族的历史，他们企图证明私有制是永远存在的，高级与低级人种是永远有区别的，我们的研究要粉碎这种理论。

东方所现有一万五千种文件，各种各样，到20世纪为止，最古的955年，用阿拉伯文写的关于穆罕默德的传说。另有1061年写的《怎样变成幸福的知识》。第15世纪初重写的。全世界只有三个这样的〖文〗件，一个用维吾〖尔〗文写，两个用阿拉伯文写。有第14世纪初写的蒙古史，到1302年为止的蒙古史，作者是1318年死的。（保藏珍视手稿是他们的主要特点。）有16世纪写的《铁木耳胜利的书》。这许多手稿都是十月革命后收集的，1934后特别发展收集的工作，这是革命胜利的结果。现有一万五千本，有八万种作品。这些都给极好的装潢和保护。Свет政府每年都给大笔钱买这样的书，不管价值多大都买。

晚上大家去看歌剧，资料组在住所拟总结提纲。晚饭时吉谢列夫对我说“我们问为什么刘大年没有来看戏，他们答复，他爱劳动，所以在家里工作，结果你是去花园里和姑娘散步”。这时翻译赵玉龙告我，“看戏时吉谢列夫对你很夸奖了一顿，说你上午在历史所讲得好，甚至比团长的讲话还要好一些”。因为我在今天的座谈结束时讲了一段话，这是照例公事，不过吉从未听我讲过。在莫斯科历史哲学部作报〖告〗时，他也因病未听。

5月13日　星期三

参观历史博物馆。

最初是1876年组织的，1938—1939年在乌南发现原始人的遗迹，找到原始人头骨，仅次于北京猿人的时期。博物馆的组织一定按斯大林的生产方式发展的观点陈列生产工具。有纪元前两千年的铜器、戈、武器。这说明中亚细亚的文化【开】发展很早，程度较高。

最早描写中国的是纪元前2世纪的歌辞，是中国王的女儿嫁给匈奴，女思想家，词见《史记》（昭君）。

古梁诺夫教授讲封建制度，是纪元5世纪开始，许多与中国文化相像——互相影响。

有达〖塔〗吉克的木克城找出的8世纪御书，　[1] 神龙二年。在公元前9世纪的铁。阿维森纳，出了许多名　阿忍历山洛乌衣[2]。16世纪封建领主互相斗争，国力削弱。

19世纪的犁异常落后。

本博物馆是1876年组织的，当时与俄罗斯合并后，原来【是】只是仓库，十月革命后变成了真正的科学研究机关，收集了很多标本。1946年加入乌共科学院系统。史学家们进行了很多的工作来研究本民族的历史。

博物馆下分五部分，原始、奴隶、封建、土耳〖其〗斯坦在沙皇俄罗斯下、Свет社会，最主要的是Свет部分。最后一个部〖分〗是很有成就。现有十二个科学工作人员，有三个硕士。本馆有自己的仓库，保存各方面的标本。本馆有图书馆，有许多历史的书，所有的历史材料证明乌—中很早就有联系。

本馆的科学工作人〖员〗都有自己的研究题目，如乌共五年计划中人民的文化生活。先研究后展览，并且经常补充仓库中的材料。

工业生产。模型、科学书籍。

博物馆还有一个重要的工作是给群众演讲，进行历史教育，组织各地区的本地历史小组，组织军官之家到各地参观进行教育。过去Самаркан一年内只有一千二——一千四百人，现在本地是四万五千人到五万人，各地的人都来，组织参观。

土耳〖其〗斯坦（整个中亚）。（一）19世纪下半叶俄罗斯工业发展，土坦是很大的工业市场；（二）美国正进行战争，供俄棉花减少，俄国要找棉花原料；（三）英国要侵土坦，俄不允，这有进步意义。美国这时派许多人来此宣传，表示他们有很大的兴趣，想变此为殖民地。中亚人不大抵抗与俄国的结合，没有进行战争，这时中亚开始有了资本主义，加入国际贸易系统，有了先进的机器生产。本城十二门占题上没投降[3]。有了新的学校文化，植棉产量，新的棉种配料提高。但这时技术仍不高，俄国资本来后在此增加了银行的数目，但主要工业区还是手工，并且也减少。八百万人

---

① 日记手稿此处有空格。——标编者注

② 日记原文如此。——编者注

③ 同上。——编者注

口，民族资本微弱。

这时马克思主义也开始在此传播，这时开始组织各种科学学会，1880 年的图书馆已有一万册图书，青年开始学托尔斯泰、高尔基的作品，1905 年起本地工人开始罢工。1904 年塔什干城开始过五一节，1912 年塔什干工人开始起义。1916 年全土耳其斯坦发生大规模的群众暴动。1927〖年〗二月革命在土耳其并未流血。

Свет 时期。1926—1927〖年〗，反封建斗争，1925—1927〖年〗，水土改革，以后的反面纱斗争，女人不蒙面纱男人把她杀掉，还设法庭判决。斯大林提出要创立工业发展点。1931 年开工制造新式棉机与水力发电所。1935—1936 年后开始大规模的农业机器化。乌共羊毛占全苏百分之八十五，本地纺织厂一个厂比全伊朗大七倍。Фергонна 长 270 公里，三十天完成（1939 年）。

Рашидов

归纳起来：

（一）重视本民族历史的研究。

（二）用无产阶级的立场观点对本民族发展的历史进行阶级分析，批判资产阶级民族主义思想。

（三）〖用〗马克思主义解决民族问题的方法。

（四）把历史研究作为向敌进行斗争的有〖力武器〗。（历史始终是共产党人手中的有力武器，马、恩、列、斯是研究了大量的历史【才】资料才得出科学的共产主义的结论的。）

5 月 14 日　星期四

上午访问中亚细亚大学，下午参〖观〗什维尔德诺夫集体农庄。

5 月 15 日　星期五

参观斯大林联合纺织工厂，1932 年建立，生产在 1934 年开始的，所以叫联合纺织工厂，就是从棉花到布匹的各个部门都包括在这个工厂里。有棉花制造厂，纺纱厂，织布厂，染布厂，缝纫厂，有发电厂等。为培养干部有夜校训练班。有中等纺织学校，有专门学校，有大学的分校。有很大的可能使工人提高文化，通过各种形式每年有 8000 工人受到教育，另有一个社会主义城，有 70000 工人住在那里，城里有工人所需的各种设备如托儿所、文化宫、学校、医院等。

工作时间是日班八小时，夜班共两班，有一班七小时，共二十三小时工作，每班另有二十分钟的休息时间，共廿四小时。本厂工人不但在本厂休养所休息，而且到全苏别处去休息，工厂中有自己的农业花园，养猪厂，自己还有贸易系统为工人服务。工人最少要在十六岁以上的年龄。本厂对劳动保安很注意。工作房内无论冬夏保持一定的温度，车间内一点钟换气廿次。有很强的换气机，每点钟能供给几百万立方米的空气。

有一万人是先进工作者。本厂所属制机器的工厂，所制产品供全苏与国外使用。社会主义城中的纺织学校，在学人数 3 人[①]，干部 1500 人，已毕业 350 人，按计划要扩展为两千人。（本校独立不属工厂。）为全苏培养干部。

工厂共两万人，每天出七十万米布匹。

工人工资是按照产品质〖量〗和降低成本来决定其工资。花布的花样有一千多种，工厂有艺术委员会来决定采用哪些图样，一个格 po 姆的棉花拉长一百米为一支纱，最细的布为 170 支纱。

休养所可以经常收容 50 人，陈设舒适，每个工人可以经基层工会的保健部介绍来此，一个月需 800Руб 的费用，自己出 200，工厂出 600。

晚七点至下〖午〗一点在院长住的花园里举行欢送会。花园在休养〖所〗对面，规模宏大，果园、大树喷泉、花厅无不幽雅得宜。参加今晚欢送会的有塔什干文化、科学、教育各界的知名之士，著名舞蹈家、歌唱家、演员等。紧张热闹。最后对团的全体人员送乌兹别克民族服装一套，另有送毛主席、郭沫若的服装托代表团转交。晚上留给我极深的印象，将永难忘记。我的一套民族〖服装〗由社会科学部主席拿比也夫替我穿在身上。

---

① 日记手稿此处数字似有误。——编者注

5月16日　星期六

下〖午〗两点从塔什干启程归国。

十二点半在住又［处］由副院长主持举行了一个简单的欢送会，他们说客人走以前大家在一起坐一坐是他们的民族习惯。随后即乘车赴车站，院长和组织【的人】来车站送行的人和大学女生，已经在车站等候。在车站的会客室里院长乌衣多夫院士与钱分别讲话，出会客室，大学生在那里等着献花。我随钱后出来，一群女学生围上来，我接过了两个女生的花束。大家互相握手告别，社会科学部主席拿比也夫向我拥抱接吻。（在全部访〖问〗过程中我只同别〖人〗拥抱接吻两次，一次是莫斯〖科〗送行会与亚历山大诺夫，一次是同拿比也夫。）因为未到开车时间，大家又围在一〖起〗，由乌兹别克歌唱家哈丽玛领头唱《全世界人民心一条》《莫斯科—北京》等，热情洋溢。我们团里许多人流下了眼泪，我自己也不禁热泪纵横。这时电影照相师们照下了每一个场面。

5月17日　星期日

早八点起床，车抵哈沙［萨］克一个较大的城市 Дшанбул（即人名江波尔），下车散步。昨晚睡了有八个钟头，疲劳减轻。今天车沿天山脚下行走，铁路离天山脚不过三五里。我在车上问吉谢列夫，他们是否一定要送我们到 Отпор，他说是，我问是否他们到新西伯利亚即可返回，他说 Не Лидя，随着把主席团和涅斯米扬诺夫的命令拿出给我看，上面写着是要到 Одбор［Отпор］。

下〖午〗一点，吉尔吉斯加盟共和国科学院代表来 Руговая 车站迎接并欢送，除了献花致词，还送了大批酒等礼物。Руговая 是哈沙［萨］克地方，吉尔吉斯首都伏龙芝离此二百里地，这不是郊野，而且迎出二百里。这里有一条铁里［路］往东南通伏龙芝。据吉谢列夫讲，吉尔吉斯即汉代乌孙。

下〖午〗五点开支委会，准备总〖结〗，张强调总结要着重个人政治思想提高，认为这是主要的，我提出要搞出总的和各学科的完整资料，为今后一个时期的中国科学工作参考，这是我们团来苏的任务。发生争执，未作很好的解决。后面的意见要坚持。

5月18日　星期一

整天开学科小组会，读“心得”，收获不大。

下午八点过另一个咸水湖Балхаш。这一带仍属哈沙［萨］克，哈沙［萨］克土地在全苏境内仅次于俄罗斯，人口则太少，绝大部分是草原与沙漠地区，适于游牧，这是哈族习惯，也就是为什么这里土地很广的原因，其首府为Ормад（阿拉木图）。

康英早起对我讲，很欣赏我昨天晚上的着急。认为张考虑问题不高明。

5月19日　星期二

火车继续在土耳其斯坦—西伯利亚铁路上行驶，十二点至某站，购俄文《毛选》第二卷。

下午四点以后进入俄罗斯，这一带自然情况较好，已经有森林，走农业区。从五月七号进入哈沙［萨］克境后除在塔什干停留3天，到今天为止铁路全在哈沙［萨］克境内行驶。晚十点时吉谢列夫讲，这一带已不是土西铁路，是西伯利亚铁路。这一带气候很冷，树叶虽然长得很大，但许多劳动的人都还穿着棉袄。下车散步穿夹大衣很合适，与塔什干显然是两个天地。在那里时室内气温二十多度，坐在汽车里穿单衣有时还出汗，完全是夏天，现在又回到春初的气候了。今年要算过了两个冬天，回到北京再过第二个夏天。从列宁格勒起发生感冒，连续两月，经常咳嗽，到塔什干住了几天才真正好了，足见肺疾宜热不宜冷。

今天整天参加团委会听汇报，大家的收获都还不少。

5月20日　星期三

十二时半车抵新西伯利亚车站。苏联科学院西伯利亚分院付［副］院长、新西市长等至车站欢迎。在站内举行欢迎会时细雨纷飞，春寒袭人，双方在月台上致词。旋即分乘汽车至分院大楼，由学术秘书长报告分院组织及工作情况。

新市是随铁路建立的，到1953年只有54岁，这里原来是一个荒凉的小村落，到1914年即革命前只有420000居民，只有12所学校，没有高等学校。现已成为苏联东部的经济文化中心。有几十所中等学校，六所高等学校，有二十多个研究机构和实验室。木材、冶金等工厂林立。苏联科学院有十二个加盟共和国科学院，（共十六〖个〗加共国）十六个地方分院。新西分院有四所四部，三十多工作室，有五百多工作人员，其中有八十博士硕士，有十人得斯大林奖金。

听报告后即分别参观研究单位，然后离科学院参观建筑研究所。总工程师说明：本市正在施行大规模建筑计划，现有面积达三百五十平方公里，跨奥比河两岸；市中心歌舞剧院是五十年前猎人打野鸭子的出入场所。随即分乘汽车游览河的两岸，建筑的设计新式，规模宏大。

六点多钟午饭毕，七点至歌舞剧院看芭蕾舞，剧院是1943年动工建设，1945年开幕的。规模之大，设备之新，据说在欧洲无与伦比。现有工作人员700人，上演过各种名剧48种。演员多为18—23岁人，1950年毛主席在此看过戏，题字上写着“很好，谢谢你们”，周恩来写的是“人民的文艺万岁”，其他郭沫若等人都在此看过戏，有题词。我又替团长拟了几句写上面，大意是能看到他们的精彩演出很荣幸，对他们的艺术成就表示敬意并祝他们获得更大的成功。

今天我们看的芭蕾舞是雨果的名作《巴黎圣母院》，对宗教内部的黑暗与资产阶级的代表者以极大的讽刺，剧情与演技都很好。剧已改编名Эсмеральда，为女主角名。休息时我们参观了后台和女主角的化装室。

十一点戏散后，即在附近的饭店举行欢送宴会。相当热闹。我提议干杯一次，沈其连演了两幕芭蕾舞，此人确真感情□增。

今天摄电影特多。下〖午〗两点半才开车。

5月21日　星期四

十一点始起床，饭后找钱、赵九章等分别聊天，下午仍未工作，康英等在开党的小组会。

越往东气候越冷，草刚发青，有的树还看不见青色，下午接近大城市Красноярск时，小山顶上还有积雪，八点半天还不黑。车抵K城，城东为燕［叶］尼赛河，来时情景历历在目，那时冰雪满地，只有河的中心有流水。现在都是初春景色。

1897和1913年，列宁与斯大林先后流放至此，站有两铜牌说明。足见当时此地荒凉。

5月22日　星期五

上午在车上餐厅开全体会，由张稼夫同志归纳各小组意见作综合发言。提出体会七点，反不如小组谈得深刻。晚上开党的小组会。

5月23日　星期六

上午，由吉谢列夫谈他本人【谈】关于研究工作与行政工作配合的经验。关于中国民族的形成，与中亚细亚史等三个问题，都谈得很好，真是博闻强记，而强［对］马列主义的理〖论〗也很熟练。

在讲到他的学术秘书工作范围时，偶然讲起了一件很重要的事，就是他去年底曾由科学院主席团邀请苏联知名史学家组织一个社会性的人数不多的委员会，检查东方学所关于中国历〖史〗研究方面的工作。检查的结果，认为对中国古代史与近代史的分期都有不当，肯定了殷有了奴隶制度，西汉是封建制度（周末吉本人未谈到），对于近代史近期则指出应以毛著为依据。

这个检查到科学院代表团到达莫斯〖科〗不久才结束。科学院根据这次主席团作成的一个决定，通知有关的单位，并采取了一些相应的行政措施。我问吉这个决定是否已公布，他说没有公布，因此不好进一步问决定的详细内容。这件事应向上专作报告。以上所谈的详细内容见另纸。

5月24日　星期日

下午北京时间六点车抵奥特波尔。大家早就做下车的准备。午餐时，车上餐厅为我们送行。吉谢列夫很少喝酒，怕醉了。离 Отпор 还有两个钟头的路程，就有苏军上车检查，先查吉谢列夫，问他因何至边境。然后逐一收集大家的护照。在奥站停留三小时，检查情况较入境时为轻松，主要是对我们客气。吉谢列夫在车开一个多钟头就［前］就下了车，与大家告别时很〖动〗感情。只说一句话【话】Досвидания，一直在车外等着我们开车，与他同行的还有科学院外事科的哈巴林。

离奥站至满洲里车行廿分钟，停车后即有三位女检疫员上车问大家是否健康，走了一遍。然后有武装检查人员上车收验护照（在车上收走，至贵宾室发还，上签一验证图记，奥站也是如此），根本未检查行李及随带物品，奥站则把箱子打开查了一下。

晚十一时离站，至外事处招待所休息，住去苏时所住的隔壁房间。因有许多苏联专家同车来华，还有中苏友好代表团由京赴苏过此，所以显得拥挤，与〖北〗京市卫生工程局长曹言行等住一室，曹大谈其与女性生活的经验。

5月25日　星期一

下午三点，仍乘“和平”号车从满洲里出发，向北京行驶。又是晚十点过兴安岭，与来时时间相同，没有看见任何景色。只知离车站往东不远过了一个很长——大约走五分钟的山洞。在兴安岭以西是丘陵地带，无树木，只有浅草，气候也寒冷，情景与靠近满洲里一带的西伯利亚相同。

5月26日　星期二

早七时起床，这一带气候渐温，庄稼地增多，看表面与河北平原无异。九点过哈尔滨，下〖午〗一点抵长春。严济慈及长春市长田雨民、市委宣传部副部长、师范大学副校长及综合所长等二百余人到车站迎接，并打有“欢迎中国科学院访苏代表团归国”的红旗。人民日报也在两天以前派文教组长颜蒙与女记者陈柏生来随团采访。这更显得代表团的责任重大。

住长春宾馆，我的房间为340号。下午漫谈总报告提纲。与钱三强等往百货公司等处走了一转，晚八点看苏联影片《南极捕鲸队》，很好。

5月27日　星期三

上午九点开全团会，布置这一星期的工作。十一点上街买“新民”笔一支。出国时带两支笔，一在克里姆林宫碰坏，一在回国途中送吉谢列夫，现要作总结没有武器了。

下午拟出历史报告提纲，不详细。晚饭后，同康、沈、贝、冯等至斯大林路散步，这一带布置很好，很有点塔什干风味。

晚开资料组会，张对资料组以往的工作认为满意，说大家辛苦了，现在是要大家担任起草总报告。总报告提纲是由资料组起草的，共四部分，我、汪分得第二部分。

5月28日　星期四

整日草拟历史学科的总结报告，得三千字。办公地点在科学院长春综合研究所的招待所，地点在长春南岭，很幽静，适宜作研究。

晚饭后同钱、张散步至“人民公园”。

5 月 29 日　星期五

开全团会，由各学科总结，草拟人报告总结提纲。今天报告的人和项目是：朱冼——动物；冯德培——生物；沈雾春——巴甫洛夫；贝时璋——生物化学；吴徵镒——植物；马溶之——土壤。

5 月 30 日　星期六

续开全体会。今天报告的有化学、天文、地球物理、物理等门类，晚间成仿吾同张琳来访，同张勃川在张稼夫同志房间谈约一小时。张琳对她的小女儿小多说："这就是潞潞的爸爸。"

5 月 31 日　星期日

继续开全团会，下午我报告历史，只讲了一个钟头，讲苏联史学现状与特点。大家说还有内容，长春综合研究所付［副］所长夏光纬说我把大家的情绪煽动起来了。

昨天下午曾接北京来信，知道刘活民近来不学好，晚上对他写一封信加以批评。

6 月 1 日　星期一

今天休息。上午参观科学院仪器馆。十二点前后集体乘车参观伪满计划修建的"皇宫"和八大部。总起来看，长春是一个近代都市的规模，以现在市委会（原为伪市府）前广场为中心，分四条大街向四面伸展。现名斯大林大街上的许多建筑是过去的伪部、院、署等的办公处所，计划新建的行政区中心是在市西南区。靠北为“皇宫”，以立柱搭架，两侧为使馆区，正前方为南一条大街，街两翼为“国务院”与八部，建筑多样化，并不是抄袭西洋的，是日本形式与中国形式的混合体。关东军司令部，司令官邸等都有单独的建筑物。虽然气魄并不大，但日本毕竟是个资本主义国家，对都市建设还是有一些计划。

下午三点参观伪满中央银行（现人民银行）共上下两层，地上四层，地下部分是金库，有各种防止偷盗的设备，最大的门重五十吨，美国出品。〖形〗走廊中有反光镜，有一开门就响的电铃，有坚实的保险柜和每柜不同的钥匙等等。金库门上有表，拨定下次开的时间，只有在这个同时才能开，墙内是厚的钢板，行长室有电亮电铃的信号，任何人进入金库，行长在办公室就可以知道。……总之这是资本主义的心脏。另一部分是机械室，其设备完全超出银行的需要，可以发电可以抽水，是一个大的地下堡垒。

6月9日　星期二

下午在师范大学作报告，晚上在东北人民大学作报告，师大校长成仿吾，老熟人，人大校长吕振羽，史学家，未见。

6月11日

晚开党小组会作鉴定。

张稼夫同志对我提的意见如下：

对工作积极负责，有分析能力，锐敏……　缺点是：（一）考虑问题不成熟，十之八九下结论很快，考虑快是好的，下结论慢些就完备了。（二）考虑问题从道理方面——即从需要方面想得多，从事实方面想得少。时间、地点、条件考虑得少。（三）对问题的分析有时比较动荡，跟舆论走，所谓群众观念，民主，并不等于跟着群众走，如果只抓住这一条常常会出乱子，必须根据党的立场观点来分析群众意见。特别是紧急关头。（四）有时有些自由主义和个人意气。其所以产生这些缺点，缺乏在群众运动中的锻炼可能是根本的原因。这些缺点存在时，作一个参谋助手完全胜任，作为一个决策性人物时就会出毛病。总起来说与党的关系是正常的，付出的劳动是最多的，对他的帮助是最大的。

对缺点的批评很准确，应随〖时〗警惕改正。

一九五五年九至十月访问东德日记[①]

9月30日　星期五

一个多月以前，外交部转来德意志民主共和国给我驻德大使馆备忘录，邀请我国派四五人出席德国在莱比锡举行的东亚学会议。会议内容是讨论东亚学——中国、日本的语言历史文学等方面的问题。主持会议的是柏林胡包特大学、莱比锡马克思大学的东方系（负责人拉奇乃夫斯基和爱吉士），参加者中国、苏联等兄弟国家的代表，还有英、法、荷等六个资本主义国家的汉学家。会议目的是促进东西德的科学会谈、改进德意志民主共和国的汉学研究。欧洲的汉学研究一直在资产阶级的传统的影响下，没有重要的改变。

我国的代表团由吕振羽（团长）、季羡林和我三人组成。另有翻译罗元铮。在同行四人中，季在德留学十年，罗在美国苏联留学。他们的语言工具都很好。吕是第一次出国。

在会议〖期间〗我们可以作三个报告。一、中国目前的语言学研究。二、六年来中国的历史科学。三、中国近代史研究中的几个问题。德国邀请时，除了要我们参加东亚学会议，还希望能在德国作两周到四周的客籍讲学。我所准备的讲题，除了中国近代史研究中的几个问题，另有中国近代、近代史中的三次革命高涨时期。全部是在四五天的短时间内仓促准备起来的。

据现在已经知道的参加会议的资本主义国家的汉学家名单中，有很反动的人物，如法国的托派巴纳士、西德纳粹分子等人。我们的方针是团结更多的人，加强国际统一战线，斗争是不可避免的。

今早四点半从东厂胡同一号起身赴机场。四妹、师力坤等送到门口，与

---

① 根据手稿收录。——编者注

四妹一别十八年，母亲早去世，最近来北京看望。她的生活十分〖窘困〗。见我出远门，怕今后不易见面，哭了几次。

飞机六点起飞。原来德驻华使馆和科学〖院〗都说有人来送行的，结到［果］未到，只有联络处孙娴嫊来送。我是第一次座［坐］飞机，身体还能适应，情况良好。见人在飞机上写日记。起飞时，天刚发亮。七点半以后已进入沙漠。十点到乌兰巴托，在乌兰巴托机场降落。机场人全着冬装，山头有白雪，天空有微弱的太阳，飘雪花。昨天北京天气很热，要穿单衣。飞了四个钟头，天气有如此大的变化。十二点五分从蒙京起飞，见蒙在离机场以东约三十里处，在山坡下有相当大的一片茅屋。下〖午〗一点三刻飞临贝加尔湖上空，经八分钟的时间横过贝加尔湖。下〖午〗两点一刻抵伊尔库茨克。两次飞机从高空下降时，两耳发聋，刺激头部发痛，略有要呕吐的感觉。

下午睡眠一小时。改在东方〖学〗会上致祝辞稿。晚上十点将继续飞行。思想上一直想着北京。

10月1日

北京时间三点半至新西伯利亚。记得一九五三年离开此地是在五月廿号左右。那时还烧暖气。从伊尔库茨克到此飞行四小时半，距离和从北京到乌兰巴托相同。前一段飞行平稳，共睡了约有两小时。现在又换飞机。写这一段时是北京时间四点半。昨天早晨正是这个时间离开东厂胡同一号的。共廿四小时走了火车要五天走的路程。

五点三刻从新西伯利亚起飞。九点已天亮。同机的人多从昏睡中醒来。十点整到斯维尔德诺夫斯克。此时正值北京游行开始。如果不出门，正在天安门观礼。前年赴莫斯科火车抵斯城时天已昏黄，大雪纷飞，灯火满市。好像火车站附近是高低不平的。现在从飞机上得知斯城是在一个大平原上。到处是森林，风景佳丽。机场的办公招待处所，亦较前两处堂皇。这一晚飞行很平稳，大约睡了两小时。机上有暖气。从高空下降时，未再发生头痛耳聋现象。今□是旧历八月十五，月光甚明。从机下看，见有一片片白色地，可能是下雪了。至斯城时天气较暖和。

十一点一刻仍由原机继续飞往莫斯科。离斯城不久，飞机即长期在云中行。□此一带可能是乌拉尔山脉。已进行欧洲境。北京时间五点二十到莫斯科，全程是在云上飞行。下机后，机场办理客运的人告诉我们，北京打电报为我们订的往柏林的飞机是在十月四号。如果那样，我们只能赶上会议的闭幕式。据机场工作人员讲，中国有一个商务代表团去柏林，已走一部分，明天还有五人，如果要走，只能经与大使馆商量，请他们让出四个座位。打电话给大〖使〗馆交际处，交际处推给商务赞参［参赞］处。吕振羽同志同刘晓大使是熟人。吕与刘大使打电话，经他商量，得到了解决。否则走不成，甚至没有地方住。因为有了票，可以住□的房舍。此事甚悬。今天正逢国庆，大使馆忙于招待宾客，差一点接不上头。

到后正逢下雨，气候见冷，要穿呢大衣。不过小花园内花朵盛开，白杨叶发深绿色，有的树叶已发黄色。四个〖人〗吃一次饭，每人两个菜，共花80卢布。从机场乘小汽车到旅馆，最多五百公尺远，4卢布。每两卢布合一元人民币，折合仍不合理。旅馆四人共一房，陈设简单，甚冷，睡得不好。大使馆接国内电报后，为我们在城内订了莫斯科大旅馆。为避免往返，未去。到机场休息室草拟了一个我们到柏林后的欢迎答词，全文：

> 亲爱的同志们，朋友们，中国的学术工作者有机会来访问德意志民主共和国，感到非常高兴。德意志民主共和国是我们的兄弟之邦，同时，德国又是我们伟大的革命导师马克思、恩格斯的故乡，因此我们一踏上你们的疆土，便觉得十分的亲切。我们承你们的邀请来参加东亚学术会议，和德意志民主共和国及其他各国的东亚学者一起，来讨论东亚学的研究问题。我们相信，举行这样的会议，不仅我们彼此可以交流学术研究经验，而且对于两国的文化交流，对于加强两国人民的兄弟般的友谊也是很有意义的。感谢同志们朋友们给我们的欢迎。

晚上约睡五小时。

这是第二次到莫斯科。其实和没有来一样，什么也没有看见。机场离市中心汽车要走一小时。

10 月 2 日　星期日

莫斯科时间五点起床，收［梳］洗后给东方学杂志主编马斯林尼科夫写了一封信。全文：

> 敬爱的马斯林尼科夫同志：我因事路过莫斯科。因为时间很短促，未能去看您。我很感谢您约我为东方学杂志撰稿。但最近恐不能实现。如果您同意，我希望能在明年春天写一篇有关中国近代史的稿子寄来。烦您代我向潘克拉多娃院士、西特洛夫教授、费利博夫、吉谢列夫及其〖他〗各位熟悉的同志们致意。

八点十分起飞往柏林，大使馆有一个工作人员来送行。同机的除了从北京一同来的一位德国工程师外，还有商务代表团的李长之。飞机是向西南方向走，离莫斯科不远，天气较好，飞机是在白云层上行驶，很平稳。高度计上指的是两千五百公尺。昨前天都有两千二百公尺。以上一段是在机上写的。

十一点整抵立陶宛加盟共和国首都维尔纽斯。立陶宛〖共和国〗成立了十五年，是波罗的海沿岸共和国之一。从飞〖机〗上看城市很小，像个大镇，但房舍整洁，中有小河，绿树密布，风景极佳。从莫斯科至此，为一片大平原，森林密布，河港交错，土地肥沃，真乃大好江山。在机场用午餐，饭做得不错。建筑艺术精致。十二点五分离维尔纽斯西飞。天气晴朗，但不见波罗的海。此处气候较莫斯科略暖。

莫斯科时间下〖午〗一点五十分到达华沙。波兰全是平原，森林农田约各占一半的面积。农田森林规划异常整齐。汽车路纵横交错，直如绿□。此种情景是在别处所未见。华沙市占地面〖积〗很大，但房屋很分散，看来像城市，也像乡村。很远就看见一所极高的建筑物矗立市中心，与其他建筑迥异。其即苏联所赠送的斯大林科学文化宫。沿途所见民房建筑，较苏联整齐。有河一道从市中心穿过，其他所见河道【太】甚少。此处气候较莫斯科更暖。见机场有来送行的少妇三人，分别穿浅蓝、浅黄色呢大衣，一般人衣着讲究，是个富裕之邦。同行的李长之在华沙柏林都熟，为我们介绍两地情况。我们很需要知道东西柏林的情况。

两点四十分从华沙起飞赴柏林。飞高一千九百公尺，在白云层上行走。云层平者如棉絮，高者如雪山如城堡，形状不一，洵大观也。所见农田森林房舍更见整齐规划。

四点十分到达柏林。我大使馆参赞和德高教总署代表在机场欢迎。旋即赴大使馆谈情况，和我们参加会议的方针。

王雨田参赞谈，东德汉学家分成几类，传教士、商人等，老一辈最好的爱吉士、贝喜发。前者更落后，写：（一）中国共产党是由国民党俘虏组成的。（二）中国姨太太制度很好。东德对高级知识分子的团结改造步骤很慢，教授权力很大，他们可以要如何做，就如何做。那些汉学家的思想是唯心的，且很少在报纸上公开批判。

对于这个会议，我们讲话的对象不能专对德意志民主共和国，会议中可能碰到的问题：1. 他们所做的报告中的错误观点，他讲了以后如何办。2. 下一代怎么传授。我们似应提出方向问题。

问题最重的在于政府与汉学家立场不一致。

总结三点：

一、会议要我们在政治上起作用，支持它。

二、学术上不争论，可以提出我们的主张，政治问题正面解释。

三、方向问题可以另外作报告。

柏林时间（为莫斯科九点，比北京晚七小时）六点多在大使馆谈，赴政府招待所晚餐。在大使馆谈问题时，曾涌泉大使刚从国内来，身体不好，未参加。大使馆是一所临街的普通房屋，门有铜牌刻“中华人民共和国大使馆”字样。初次来到，住的时间短，印象不深。

七点从柏林乘小车往莱比锡。共一百七十余公里，合三百五十华里。十点多钟才到达。晚上又改写祝词稿，整十二点始休息。疲劳之极，在车上一路瞌睡。

柏林到莱比锡平行四条齐整的马路。据说为全世界公路之冠，是希特勒为运兵修的。沿途经易北河为盟军会师之地。所经乡村，面貌与城市无区别。从柏林出发时，汽车绕道而行，因有西柏林，不能直通。车经马恩广场，广场对面一二百米外，便是西柏林。每逢重要节日，广〖大群〗众在此集会游行。上面检阅飞机掠空而过，斗争之激烈如此可见。车出市区，足走了一小时。“大柏林”名不虚传。

10月3日　星期一

早七点起床。我们住的“花园旅馆”是在总车站对面，彻夜喧闹。再加过分疲劳，昨夜睡眠太少。吕、季、我三人都是早三点醒。可能〖与〗时间突然变化有关。

上午十点开会，到有中、苏、印、朝、捷克、西德、英、荷等十一个国家的代表五六十人。会议主持人之一马克思大学东方学院院长爱吉士首先报告“我在中国的旅行”一题。前一部分叙述他到中国什么地方，看见了些什么，如土地改革，发展重工业，胡风反革命集团活动，中国人口增加很快，每个月为一百万，等等。后面有很大一部分讲中国考古学情况。正午散会后一位马克思大学哲学院东方学女学生来招待我们。后来知道她姓 POLL（包尔——中国译保罗），中文名菠苏珊。她告诉我们下〖午〗三点开会。我们收拾礼品，洗了一下澡，已近两点。这时才知下午的会是〖三〗点举行。结果来不及吃午饭了。菠苏珊表示非〖常〗难过。我们说肚子不饿，她才安心了。是个天真、诚实的女孩子。

德方派来组织这次会议并与我们有接触的有高教总署哲学科学［长］考茨，最多三十岁，男，高鼻梁，性情较急。另外有三个女秘书，看来都不过二十余岁。有一位名霍夫曼，与我们的接触最多。所有女人看来都很年轻。组织会议就是他们这些人。德国干部奇缺，由此可见。

晚上九点高教总署哲学科长来谈东西方接触问题，认为今天是两个世界开会，但两个世界没有接触，要打开这个局面。大使馆文化参赞叶克参加谈至十二点。决两事：（一）可以同西德汉学家个别接触，方式由民主德国动员一些来找我们，重要的人如果对方不拒绝，我们也可以去他们那里。（二）我代表团请客一次。请示大使馆后决定。

莱比锡是一个古城，马克思大学在此（学生有两万人），一看便知是一个文化商业中心。建筑高大宏伟，式样多彩，街道并非笔直，加上多样的建筑物，显得城市很古老而美丽。我们住的花园旅馆在总车站对面，有古老的塑像等装饰，充满了德国民族风味，看样子总是二百年前的建筑物。街市中可以见多有废垣断墙，是第二次大战破坏的。十年了，尚未恢复。但情形比柏林好得多。柏林则随处可见。街上行人亦甚多，熙来攘往，但不如北京、莫斯科等地那样拥挤。男妇老少衣着齐整，没有着粗布衣的，看来全是呢绒。（不是毛织品，是一种树木制成的，不如毛织品发软，但甚为光泽美观。）在大餐厅中吃饭的人很多，每顿需十数至数十马克。我们在德国的留学生每人每日食用两马克即足。可见一般人民的生活程度是较高的。据说农民生活也较好。

10月4日　星期二

今天上午的会议上有四个中国的报告，其中有两个是代表成员作的。季羡林《关于中国语言学研究情况》的报告。我的《关于中国近代史研究中的几个问题》的报告。另外两个是赵瑞蕻的文学、齐声乔中国的语〖言〗学这两个报告。因时间不敷分配，都是在分组会上举行的。

对我的报告有三个人发言。德文稿念完后我讲了这样几句话："中国的学者从遥远的中国来参加这次东方学会议，目的在于同各位一起讨论学术问题，交流研究经验。我们的共同基础是科学。在这样的活动中，我们一定会结识许多朋友。孔夫子说，学而时习之，不亦悦乎，有朋自远方来，不亦乐乎（有笑声）。我们〖现〗在聚集在一起来讨论学术问题，是很快乐的事。我们认为科学的发展，决定于创造性的批评讨论。欢迎大家对我的报〖告〗批评。"

第一个发言的是海尼希教授，全德汉学最老的资格，威望很高，为全德汉学三老第一名（第二为颜复礼，西德。第三为魏勒，民主德国。魏勒，佛教专长）。他对报告本身未提出意见，说他辛亥革命时在中国（1904年到中国，抗日战争前回德国），但对中国的革命并不了解。研究汉学的人对中国文化是爱好的，对中国人民是友谊的。希望中国好。第二个发言的是西德傅吾康。他对我报告后面讲的一段话很赞扬，表示同意，认为报告提出的问题很多要长期讨论。报告稿翻译中有些问题，如"地主"翻译就不妥。第三个发言的荷兰人（在英国剑桥搞图书馆工作）万得龙，对报告提出：（一）他不知道什么是“道光”“咸丰”等划分中国近代史，似乎不是事实。（二）辛亥革命是所有的人都起来反对满清，没有什么资产阶级、小资产阶级等区别。对此不同意。我表示三点：（一）对海尼希的话感谢，并指出有和海尼希相同意见的人不止他一个，汉学家中许多是如此的。海是代表他们讲了话。（二）翻译可能有些错误，我们改正。（三）也〖有〗些不同的意见，我们不妨长期讨论。想不到第二点意见引起了问题。参加翻译的有马克思大学东方学院的一个四年级学生，是德共党员。他提“刘教授在会上指出了他的翻译有错误，是不合事实的”，这样，从现在起，他就不能参加翻译其他稿件的工作了。真令人吃惊。德方也反映此意见。经过解释，风波才告平息。

上午会议结束时，许多人热烈发言，讨论汉学有无新旧之别，材料困难如何解决等问题。最后，我说明两点：（一）从中国人看汉学无所谓新旧。当然过去和现在的语言文字是有区别的。但虽〖无〗新旧之别，却有方法上的不同。例如我们用历史唯物主义观点进行研究，是一种方法；不用唯物主义观点研究，是另一种方法。我们用前面的观点研究中国近代史，近代中国历史便是一部阶级斗争的历史。又例如万得龙先生用另外的一种方法去研究，便不承认辛亥革命是阶级斗争的表现。这两种不同，并不妨害对汉学的研究，也不妨害彼此的合作。我们的目的是追求真理。（二）关于材料的问题。欧洲学者们要及时取得新的材料，是有困难的。但材料仍是可以取得的。中国学〖者〗愿意给以帮助，同时民主德国的学者也是一个桥梁。主持会议的是贝喜发博士，两次对我的发言表示感谢。

晚上我代表团举行宴会，宴请所有参加会议的代表和工作人〖员〗。英、荷、西德等〖代表〗全体到会。事先叶克为吕准备了一个发言。宴会进行中我讲了几句话。“今天参加这个会议是汉学家和日本学家。就汉学说，它是研究六万万人口这样一个国家的历史、哲学、语言、文学等的一种科学。它是大有发展前途的。特别是今天比过去有了更好的进行学术合作、文化交流的条件。因此，像我们今天这样的聚会，决不会是最后一次，而只是刚刚开始。建议大家为了东方学研究的发展，为了今后不断地有这样的聚会，干杯。同时，我们中国有句成语：‘努力加餐’。这句话一般是用来对自己最亲密的朋友讲的。请大家干杯的同时，也要努力加餐。”

今天这个宴会是会议的转折点，气氛很和谐。中国的代表和西方学者有了直接接触，改变了昨天生硬死板的局面。

上午叶克告诉我，国内有电报来，答复大使馆对东方学会议请示的三件事：（一）反对汉学研究中的复古主义，要尊重中国文化的优良传统，反对一笔抹煞中国的传统。（二）中国历史上有奴隶制是肯定的。（三）对新中国有误解的可以正面解释，学术上和其他方避免争论。

10月5日　星期三

上午开全体会，有几个报告。一个是拉奇乃夫斯基关于东方学如何合作的问题。最后一个是吕振羽关于六年来中国历史研究的报告。在讨论拉奇乃夫斯基报告时，提到建立合作组织和交换资料出版刊物等问题。我经过同叶克、吕商量，讲了以下的话："各位先生（光讲先生是错误的，必须讲女士），刚才拉奇乃夫斯基教授作了关于各国汉学家如何合作的报告，这是个很重要的问题。应该采取哪些方法来合作，是要在座的各位来讨论决定的。中国的学者愿意在各方面给予欧洲和其他国家的学者以必要的帮助。可以采取的办法有：第一，帮助国外学者取得资料。新中国几年来出版了一些历史、语言、文学书籍，同时也正在出大量的古典书籍和其他有价值的资料。其中有一些资料是大家关心的，有兴趣的。取得的方法可以通过适当的机〖构〗，例如中国科学院的图书〖馆〗，中国人民对外文化协会及其他人民团体，也可以通过个人的关系。第二，参加欧洲和其他国家的汉学家组织的学术活动。例如参加学术会议，讨论学术问题，交流研究经验等。中国的学者这次参加会议，就是这种活动的开始。第三，向国外的学者介绍中国的历史、语言、文学等方面的研究方向情况。我们这次所作的报告，就有是属于这一类的。中国学者所研究的问题，不一定都是国外的学者有兴趣的。我们把它介绍出来，可以供大家参考。介绍的方法，可以通过学术会议，发表文章，也可以通过个人接触。总结起来是一句话，中国的学者愿意尽自己的能力，给国外的汉学家们以帮助，促进汉学研究的发展。"（讲一句评一句，讲完后掌声热烈。）

接着全体会继续进行，报告日本问题。颜复礼（叶格）同我出会场谈《史记》翻译问题。

下〖午〗一点又赶至马克思大学哲学院历史系德国近代史研究所（即教

研室）参观。地点在市政府大楼对面。东方学会议是在市政府大楼举行的。接见者为系内教授恩格尔达斯。谈了些一般的情况和参观了所内图书室，即返回。至“市政府地窖旅馆”参加与东方系学生的联欢会。吕未参加，叶克在场。我先后讲话两次。前一次除了说我们为什么联欢，并简单说明中国汉学研究的方向。用三句话概括：一是在马克思主义指导下进行的。二是与我们国家的社会主义改造和社会主义建设相联系的。三是为和平服务的。结束时讲话，勉励大家努力学习。举出马克思〖说〗科学上没有平安的道路可走，只有不怕困难的人能攀到光辉的顶点。斯大林说，青年要夺取科学的堡垒。汉学和任何其他科学一样，只要艰苦努力，就能掌握它。参加联欢的是柏林、莱比锡两大学学汉学的学生代表，共三十余人。

晚上高教总署署长哈利斯举行招待会。颜复礼代表西德汉学家讲，对民主德国、中国表示感谢，表示会议在政治上收到了效果。

今天小［下］午曾有两个钟〖头〗的时间在莱比锡游览。看了一个人种博物馆。陈列的全是各地文化落后民族的一些衣着、生产工具、绘画等。毫无目的性，是在资产阶级好奇和表现落后民族的观点下陈列的。列宁格勒过去也有此博物馆，是旧的欧洲资产阶级的那一套，教人不感兴趣。另外参观了一个尖顶无梁的俄国教堂。最后看了一八一三年德奥俄联军打败拿破仑的纪念碑。碑是个很高大的建筑物。大建筑物西面约 40 米处，有一座较小的碑，大碑是联军所在地，小碑是拿破仑军队所在地。中间为战场。此地是拿破仑打第二个败仗的地方。第一个败仗是在莫斯科。傍晚看了一座东德最大的图书馆。进门有一间房陈列的东方文物，其中有红衣乌纱的“包文肃公像”之类。

沿途见博览馆一类较为空阔、简单的建筑物。所谓博览馆就是市场。有中国北方乡下赶集的意思。到一定的时间，各国把自己的货物运来一部分展览，后收起来，另一部分在门市出售。据说此地的火车站是欧洲最〖大〗的火车站，因为过去莱比锡是欧洲大陆的商业中心之一。我们的旅馆离车站只有一箭之地，可惜挤不出一点时间去看一下。

10月6日　星期四

早八点三刻从莱比锡出发至耶拿，下午三时至魏玛。耶拿附近多土山，高有的数百公尺。上〖面〗满是齐整的树木，风景极佳。今天微雨，我和季羡林、罗元铮均乘火车同苏联代表团奥沙宁、科瓦寥夫等一起走。吕振羽和大使馆文化参赞叶克另乘小车。他们在到耶拿离停车处三百公尺处撞车，几乎丧命。叶克受伤，吕获免，真是万幸。但已很狼狈。

到耶拿后先到耶拿席勒大学参观。由校长介绍了学校简单的情况。大学历史很长，叔本华（主观唯心论、唯我论哲学家）、马克思都在此取得博士学位。校长接见我们。他是个医学教授。德国传统大学校长是教授选的，教授是由老一辈的教授推荐的。因此教授很大权威，是教授治学。耶拿大学校长向我们介绍校史时，声明他不是文学家历史家，所以介绍得不好。我代表代表团讲话：中国的客人首先同意叶格教授的意见，对校长给我们很好地介绍大学的历史表示感谢。校长先生说他是医学家，介绍得不好。据我们听，校长不但是医学家，而且也是文学家历史学家，用充满了诗意的语言向我们介绍了此地的文化和历史。这说明耶拿是一个有高度文化的城市，耶拿大学是一个有高度科学水平的大学。特别是我们的革命导师马克思是在这里毕业的。我们对这个城市的人民，对这个大学，表示十分尊［感］谢。感谢你们为我们训练青年学生，培养干部。

大学附近有一所公寓，住过很多很著名的人，有毕士马克[①]等人。墙上挂有他们名字和住的年月的字样。

10月7日　星期五

昨晚宿魏玛花园饭店。早八点半乘车往布痕瓦尔集中营参观。九点多一点到布痕瓦尔，参观了一个半钟头。此地是一个大屠场，与奥斯威辛（在波兰）齐名，是人类历史前所未有的野蛮的表现。德共领袖台尔曼被害于此。

① 毕士马克，现在通译为俾斯麦。——编者注

集中营附近是丘陵地带。从魏玛通往集中营的两侧全是茂〖密〗的森林。集中营是铁丝网围起来的面积很大的围墙。中国的法西斯蒋介石也是如此。

牢房三百间，只有一个进口，上面写着“不管正确不正确，我们的祖国，每个人都有一份”。1937年修的。当时有二十五万人。被杀的一个时期最高数目为八十万（不是全部）。另一个“兵士法”集中营有四百万人被杀。这个1938年有一万二千犹太人被杀。有一个时候送来五千三百波兰人，很快杀掉三千三百。绞架同时可以绞死六个人。拿一百五十个女犯【作□】在十七八度做实验，实验在没有氧气时如何死去。五年有五万二千女人被杀死。化尸炉并排四座，每座在一两小时内能化一人到十六人。挂尸的铁钩有四十个，每个钩能挂几个人。德共领袖台尔曼1933年〖被捕〗，1944年8月被害于此。一进站就从后面开枪打死，在炉里化掉。台尔曼死后六天，美国飞机〖轰〗炸集中营，纳粹即宣布台尔曼和国会议员被炸死。美国帮了希特勒的忙。杀人的办法有：枪杀、绞死、注射毒菌、抽掉房间氧气、苦役劳动、用大锤打死、互相帮助在铁钩上吊死等等。集中营的杀人的头子是一个女魔王，年轻貌美，却无比凶残。她的手提包是人皮做的，现在展出的有用女人头发织成的布，乱头发，人皮灯罩□用具。附近有一条铁路的终点，名为“奴隶铁路”，是集中营的奴隶筑成的。

集中营中关禁的人主要是外国的俘虏，犹太人、本国反抗希特勒的人。德国在战争的最后一个时〖刻〗动员了一千多万军队，所有服役年龄的男子都动员起来了。在后方生产的除了女子便是俘虏。最多时俘虏多至八百万人。后来秩序混乱，无人管理。但那些俘虏也没有什么大暴动，因无组织。

展览馆内陈列有抵抗者秘密制造的手枪、炸弹等武器，在盟军到来以前，自己解放了自己。

现集中营内的杀人房、化尸炉及一部分牢房还原封保留。大部分牢房已为德国人所焚毁。我们去时，适值阴天。阴风惨惨，甚为凄厉。读《吊古战场文》，不及此万一也。

集中营附近驻有苏军，前去参观集中营的人络绎不绝。

十点回到魏玛后参观歌德故居。

十点半参观歌德故居。1775〖年〗歌德到魏玛大公国来，任博物馆部长。当时这里是德国文化艺术中心。房屋当大街。大楼有“欢迎”二字。“黄厂”是中心，陈设有意大利的各种艺术品。歌德到意大利旅行一次写了一本书。

1816年魏玛大公制定了德国第一部《宪法》。1806年拿破仑占领魏玛。

歌德的房屋有一部分富丽堂皇，那是作为部长的房屋。另若干间房简单朴素，是作为科学诗人用的。因为这样才利于集中精力工作。工作室尤其简单，是【作】故意布置成为此模样的。窗上连窗帘也没有。《浮士德》第二部便是在这个房子里写的。歌德工作时集中注意力。写时他念，由秘书写。中间来了客人接待一两小时，回来照样念下去，不受影响，像念别人的书一样。1832〖年歌德〗死于工作室旁一卧室内。十二点参观完赴耶夫特。下午两点参观玛利亚教堂。教堂有塔，盘旋而上，高二百余级。同菠苏珊、吕、季等人拾级登上。我不很愿意上去。菠苏珊再三鼓励。此教堂有七百余年的历史，是一所很伟大的建筑。

下午至耶夫特城。两点午餐后参观玛利亚教堂。五点以后乘车由原途返回莱比锡。耶拿、魏玛、耶夫纳［特］三个城市不满十万人。但建筑风景均极美，尤其前两处是如此。耶拿公路两侧和南京中山陵附近相似。菠苏珊生在耶夫纳［特］，问我是否喜欢在德国。后来汽车行至耶拿时又告我：她的家乡就在耶拿附近的一个小城镇。

按：在耶夫特城时曾由罗元铮同一位陪同我们游览的会俄语的德国姑娘，去买得花籽一大包。罗回国时带回。我把这包花籽送给科学院植物研究所时，给付［副］所长吴徵镒同志写了一封信。原文如下：

徵镒同志：

送去花籽一包，共若干种。这些花籽是去年十月间我们去德国参加东方学会议游览离魏玛不远的耶夫特时所购买的。耶夫特以“花城”著名。花籽中是否有些品种为我国目前所没有，我们不得而知。但是因为这些种籽是来自人民德国的，如果经过专家们的移植栽培，在我国土地上生长开花，是一件有意义的事。

敬礼！

刘大年

三月十九日

10 月 8 日　星期六

从莱比锡到柏林。

10 月 9 日　星期日

波茨坦弗里德里希大帝故宫。十八世纪统一德国的封建君主普鲁士王，发动的战争很多，希特勒很崇拜。

出发前同霍夫曼谈话。知民主德国重工业国营的占百分之九十，轻工业占百分之七十，商业占百分之六十，轻工业私营的五十人以上的工厂很少。这是社会主义的经济基础。但知识分子不能改造，生活方式不能改变。

工资：教授基本工资两千四〖百〗马克，讲师一千五至一千八。助教七百，高级助教九百。科长级干部九百五到一千二百。做精密仪〖器〗的工人一月七百马克，和助教一样。中国的留学生每月两百马克，德国学生还高，但不满足，认为比战前低了。战前是剥削别人的。

十点从柏林出发，十一点半到波茨坦。波城离柏林三十六公里，在柏林西北。平时汽车三刻钟可到，现在要绕过西柏林，需一个半钟头——长有七十二公里。

波茨坦王宫名无忧宫，是个很大的花园。签订三头协定的房子是 1912—1916 年盖的。第一次世界大战时，各国在打仗，德皇太子盖了这个房子送给妃子。房屋不高，共止两层。群众称这个房子为烟筒院。因房上烟筒很多。前面两个烟筒满刻两个专家的徽章。现在德意志民主妇联干校在此。进门一小花园，斯、杜、丘在此照相。进房门一个不很大的大厅是签《波茨坦协定》签字处。签字的是个大圆桌，插有苏、美、英三国旗。苏旗在中间，共十五把椅子。斯大林坐东边，杜、丘坐〖西边〗。大厅右边一间是美国代表团办公室。美国基本上只有这一间房。从房子分配可以看出苏联是打败法西斯的主力。

所有房内家具、书籍都是原来德国妃子用的未变。房内用具、书籍很不统一，有英、法、德国的。表现主人的趣味不高。书籍是法律方面的著作，无文学作品。再往右为英国代表团用的房子。形式是依照无忧宫。给人的印象不舒服，光线很暗，不像个舒适的别墅。签字房往左第一间为白厅，是苏联代表团接待室。自七月十七到八月七日，斯大林在此花园内住了二十天。住在工作室的另一处所。斯大林坐过的一把椅子，被美国人斫掉了一块拿去卖钱。顶少造了五十个假的，其实只有这个是真的。椅子【的开头】很古老。斯大林办公室再往里的一个房很狭小，是模仿的船形。从船房子上楼的一间房有个琴，苏联代表团作为音乐厅，英美代表很少来参加。他们对音乐没有兴趣。英美想通过《波茨坦协定》来奴役德国人民，但没有成功。这个房子的主人去年才在西德死去，死前嫁了一个平民。死后遗产打官司，一塌糊涂。

楼下有一个简单的展览，说明1944年希特勒已掳掠外国人七百万为他作奴隶。同时从报上剪下的杜鲁门的话，说俄德【打】互相残杀，谁败美国便帮助谁，让他们尽可能杀死得更多一些。走廊侧有莫洛托夫、维辛斯基等人的办公室。

德国破坏苏四百八十五，苏联要德国赔偿十，结果是给了四。[①]

下午两点五十看无忧宫，是整个花园的建筑的主要宫殿。外面看来并不高大，里面布置精美，同在苏联所见彼得大帝宫殿差不多。彼得、拿破仑、弗里德里希是先后崛起欧洲的一世之雄，文化传统以法国为主，弗里德里希全是学法国的一套。公园花木布置成几何图案，处处整齐划一，与英国的自然主义不相同。园中红白玫瑰共开。气候与北京差不多。园的面积广大，古木参天，树多，如橡树等为中国所有。五点半才找〖到〗园的出口，乘车飞驰回柏林。出入古柏林市均须接受检查。对代表团的人很客气，汽车司机出示证件后即优先放行。

10月10日　星期一

上午九时高教总署的人把我们的关系移交给对外文协。九至十一点谈下

① 日记手稿原文如此。——编者注

一个星期的计划。十一点至高教总署。据贝喜发谈，民主德国人口估计为一千八百万。现有综合大学六所。如莱比锡大学就有学生二万人。其他还有高等工业学校。如［与］中国相比，文化教育可谓极其发达。

考茨主持谈话。这次会议是成功的。成功的原因要归功于中国代表团。这是各方面都承认的。第一天会议的空气不融洽，东西方没有接触。因为报告都很长，没有时间。第二天代表团请客后情况改变了。西德学者表示对中国有好感，愿意看见中国〖朋友〗，特别是年老的。贝喜发说与西德的新老朋友都见面。考茨说：我们再强调一遍，中国代表团来非常高兴。德国特别是西德学者对中国代表所作的报告一致认为是很好的，是中国派了很优秀的科学家来参加这次会议。贝喜发说：刘大年教授讲，中国的学者有用马列主义研究的，有不用马列主义研究的。〖与会学者〗有的并不是用马列主义研究的，但这并不妨害我们的合作。我们共同为追求真理。这个话给德国学者的影响非常好。因为我们多是不了解马克思主义的，用马列主义研究只是开始。同时没有听到什么不满的批评，没有见到太阳中有黑斑。贝、考、霍三人一致认为是如此。霍讲：西德研究日本的，过去我们是〖向〗苏联学习，近几年死了几个有名的汉学者。现在我们主要是〖向〗中国学习。民主德国掌握中国语言的太少了，所以学习上有缺点。例如傅吾康就认为对中国的历史不能用老的看法。西方历史教本中应包括中国历史在内。同时他主张教中国语言要从现代活的语言开始，不能从古文开始。傅吾康还在西德介绍了《历史研究》前六期和第三所集刊。这不一定证明其进步。但有□……

我认为此会议是成功的。它在以下三个方面有收获：（一）促进了民主德国同西德学者的联系合作。学术合作对政治上会发生有利的影响。（二）给了西方的汉学家一个同新中国学者接触的机会。他们开始对新中国的学术活动有某些了解。在过去思想落后〖的学者〗对中国的文化及现在的中国抱着错误的观点，或者是怀疑的。进步的〖学者〗也是尊敬中国旧的文化和现代的政治，对中国的学术则是不了解的。经过这次接触，他们有了一些了解。彼此之间并且建立联系，表示了感情。（三）中国学者对欧学研究的某些情况和对资本主义国家汉学家的情况有所了解。对于开始兄弟国家中的文化交流，对资本主义国家的文化活动是有利的。

有上面这些收获的原因，是高教总署所决定的方针的正确。（德国同志对此有不同的意见，是否应作决议。）

不足的是：（一）没有决议，如汉学的合作问题，下次的会议问题。（二）对汉学今后方向讨论太少。（三）中国代表团的准备是不充分的。不作决议是可以的，提出合作问题后再谈工作。

海尼希认为不能决议，如果作决议，两个荷兰人就会反对。万得龙和汉学研究所〖学〗者是两个很危险的人。他来另有目的（郭瓦寥夫不同意如此估计）。

考茨讲，拉奇乃夫斯基提出出刊物，但讲到一个题目出一本，引起西德不满，认为是我们出题目，他们作文章。甚不妥。（提出刊物的性质不明确，是民主德〖国〗出，别人投稿，还是各国汉学家共同组织的。）

缺点是报告没有书面的东西。主要的缺点是情况不清楚。

讨论没有展开，接触不深入。

另有一个福朗克，写文章污蔑中国共产党，并受西德委托到过香港。

晚上团内总结工作，齐声乔参加。他是我国派在柏林的汉语教授。他谈了几个情况：1. 东德老一辈的所谓汉学家，认为除了孔子没有汉学可以研究。2. 不能说汉语，不能读，也可以作汉学研究。3. 洪堡大学的中国文学教学有两门所谓中国语言文学引论，内容是找几个汉字，讲它的字形字义，讲几个算几个。中国哲学史就是从老子、庄子中抽出一两段讲半年（后者是傅吾康讲的）。4. 贝喜发考试中国近代史就是要学生用中文写几个人名，如孙中山、袁世凯等。贝喜发自己讲东德汉学家中没有一个人能看《人民日报》的。知识水平低，观点落后由上可见。

吕发言对会议估计成绩一大堆，把别人说的许多恭维话，什么稳重大方、和蔼谦虚等都说成是成绩。只喜欢别人捧场，有点冲昏头脑。罗元铮给他浇一瓢冷水。散会时我特别提出要向国内打电报请示：（一）德国科学院考古所成立是否国内派人来。（二）吕是否留在莫斯科参加 1905 年纪念会。吕不赞成请〖示〗。我坚持。结果他说星期三到大使馆找曾涌泉大使谈。弄得不甚愉快。此人不断表现出有个人主义，不好相处。

10 月 11 日

从柏林到德累斯顿。七点半从柏林出发。德城是在国家公路上行驶。十点半到德城。又住“花园旅馆”，与前者命名相同。

十一点以后到高工参观。付［副］校长和校长办公室主任介绍情况。全校八千五百学生，四千函授，一千五百工农学生。

五个付［副］校长分工：一管学生，二管研究生，三管科学研究，四管函授，五管社会科学马列主义，自然科学建筑、技术、飞机、电器、机械、工程、经济、林学。一般的教育文化。

教授不能搞行政脱离科学研究。

先生少，学生多，有矛盾。教授同学生应为一比十五，〖实际〗一比六十到八十。

下午两点半参观完高等工业学校的电子所等。至一展览馆参观。1945年2月13号，英美大〖轰〗炸。1711年—1733年盖的一所德累斯顿博物馆，1924年—1936年重修，认为不必要的周□现保存下来了。一所庆祝过节用的大建筑物，娱乐场所原来德累斯顿名画陈列在此。明年是建城七百三十年纪念，展馆要修□。德城俾斯麦统一前〖是〗一个公国的首府。整个这所建筑物准备在今后五年内全部恢复。

高工炸毁了百分之八十，现全部修复。

下午四点到工业学校〖与〗中国同学上海人汤卫城见面。

汤卫城谈了他们的生活学习情形。四人住一房。两个小木桌，四把椅子，并排两个高铺。外用绿布挡着，看来很整洁。

今天从柏林到德城的汽车上，季羡林谈德国过去的婚姻家庭和生活。（一）男子一般有职业后才结婚，年龄是三十到四十。女子结婚年龄二十到三十。一般相差十岁。很像中国古代的男子三十而娶，女子二十而嫁的风俗。（二）男女婚前性的关系无限制。特别是没有处女的观念。男女相交真像喝一杯水那样不在乎，也不负责任。社会上一般不以为这是不道德。女子对远方人如中国等人有兴趣，出于好奇心理。结婚后即有严格遵守贞操的责任。有人对妻子不恭，便邀请证人搏［决］斗。（三）子女结婚后即与父母分居。子女没有赡养父母的责任。父母或有职业或退休后靠退休金过活。（四）女子一般不做事（现在有女职员），男人所得工资全归女子在家庭支配。女人是男人生孩子的机器。在家庭并不受尊敬。但出外女人一定走前面，男人要给女人穿大衣脱大衣等一套虚伪做作。

晚上看音乐喜剧，是反映现代生活的。批评一个落后的旅馆女主人，赞成工程师和工匠团结，但主题很不集中，无聊的东西过多，剧本写得不好。这是第一次看德国戏。

德城现有很大一部分地区是一片片废墟，长满野草，是战争期间英美轰炸的。所见德国城市，以此处破坏为惨，但已有许多新的建筑物出现。

天气晴朗，少数妇〖女〗还着夏装。一般穿秋季薄衣，足见气候和北京差不多。

10月12日

昨晚十一点就寝。今早六点半起床，是出国来睡得较好的一次。但发生遗精，是长期未有的。

九点半至乌布利希少先宫参观。地点是原来的一个王宫。每逢假期有四五千孩子来此活动，平时有八九百人。他们的刊物写着1893年10月22日是毛泽东生日。房子是1850年盖的，是普鲁士的一个皇太子盖的，希特勒、ecc住此。1945年美国轰炸受伤［损］，后为红军修复。最初作为苏军俱乐部，后作NIT TPYC。1951年8月26日，红军交给德国政府，改为少先队之宫。宫内陈列的玩具，表示出男孩子和女孩子的性格有显著的区别。女孩子喜欢抱娃娃，男孩子一看见就走开了。中外表示一样。

台尔曼在德国的地位最高。中国应有专书介绍进行国际主义教育。

易北河穿过德城中心。少先宫居高临下，河在下面经过，风景甚好。

茨威考。上午十一点从德累斯顿出发，去茨威考城。下午一点到达，饭后参观汽车工厂。

茨威考汽车工厂是1900年成立的。1945年美军把它作为俘虏营，住德国及其他俘虏万余人。将工厂破坏，同时也遭到过轰炸。现在工厂在废墟上恢复起来，有五千二百工人，每天出汽车七十辆，运输车和小车各半。

四点三刻往柏林，途有大雾，三十米外不见人。经茨城到莱比锡七十五公里，走了两个钟头。在莱城住宿。这是第三次到莱比锡。

10月13日　星期四

七点三刻【三刻】从莱城出发赴柏林。雾未全收。汽车快速开行，三小时到达。这是三至柏林。第二次世界大战期间，经常看到希特勒在柏林指挥侵略活动的消息。那时没有想到十年之后要来到希特勒活动的心脏。世界历史变化之剧烈于此可见。

十一点至下〖午〗一点再讨论总结报告如何写法。因为昨前两天罗元铮未写出草稿。我的意见如下：

会议的缘起、会议的目的，我们的准备工作，开会以前的过程。

我们参加会议的方针，国内的请示，大使馆谈话，国内电报。总括起来三条：（一）促进民主德国同西德汉学家的联系，在政治上支持民主德国。（二）对汉学研究反对复古倾向，但不要否定我们的传统，要发展我们的优良传统。（三）学术问题上避免争论，下面说明我们的意见，对新中国有误解不要对立，要正面解释。

会议进行的过程。共有哪些方面，如语言历史等作了多少报告，中国代表、来此教书的教员共作了多少报告。

代表团的会外活动。

与高教总署、大使馆（叶克参加）、苏联代表团的联系。

对会议的估计，是成功的。有三点收获：（一）促进了民主德国同西德汉学家的合作。建立编译组，出版刊物。（二）使兄弟国家，尤其是资本主义国家的汉学家对新中国的科研有所了解。（此点参看十月十日日记。）（三）对西方汉学家有所了解（此次参加会议的60人有新有老有代表性）。政治上、学术上……

会后的反映。民主德国的、西德的，资本主义国家的。

我们的缺点：（一）情况不熟，准备不足，会议目的不明。对人的情况不熟，报告准备太仓促，没有讨论，没有译文。（二）另一个目的，介绍中国科学，没有作更多的活动。

10月14日 星期五

参观洪堡大学，校长纳耶接见。

学生提出奴隶制与封建制分期，汉民族的形成。中国有不有奴隶社会，中国两院制一院问题，字典，政治协商会议的任务，关于中国汉语语法的讨论很多，结果如何?

参观中国研究所（又名中国书院），学生不超过四十人，其中有学日文和朝鲜文的。图书杂志不满一个房间，分在两处陈列。有一套图书集成，很不全，过去要贝喜发带回的书，也没摆在这里。这就是西方汉学研究的一般。

下午至大使馆理发，晚上写代表团工作报告。

昨晚今天下午两次在街上单独行走，人地不熟，离西柏林只有一箭之地，是极为冒险的举动，应引以为戒。

10月15日 星期六

早起赶写工作报告。下午三时完成。共十小时得四千字。为近些年所未有的速度。

下午三时至五时半到斯大林大街购买零星用品。两星期内德方和我方补助的个人费用共三百马克。一马克折合人民币九角，但实际购买力比人民币差得多。买大人雨衣两件，小雨衣一件，共三十六马克，小刀七把，四十九马克，照相对光仪器一件，五十三马克。望远镜一副五十六马克。桌布两件共二十马克。余三十七马克交罗元铮。德方对外联络局招待我们的同志领我们，每至一处，必出示证件。因为东柏林物价比西柏林低，为限制西柏林在经济上的破坏抢购东柏林物资，故须凭证购物。

下午五时半至大使馆，参加曾涌泉大使举行的便餐晚会。曾四川人，五十多岁，抗日战争期〖间〗为晋察冀军区副司令（？）（司令为聂荣臻），为人和气，喜欢摆龙门阵。晚餐极丰盛，中国做法，味道精美。

我向曾使表示，会议期间，我们向大使馆汇报情况太少，并请他对我们的工作提出批评意见。他们表示代表团的工作做得好，所讲的话都是应该讲的。德高教总署署长已对大使馆讲过，对代表团的活动满意。大使馆将向国内报告。

闲谈中，曾讲到了柏林的情况。柏林周围都是民主德国，东柏林约占全柏林的三分之一，东西柏林的居民可以相互自由来往。地下电车和高架电车相通，不受检查。因此柏林情况比在资本主义国家还要复杂。中国人因事住资本主义国家，它们的政府负有保护之责。此处西德特务可以混入东柏林胡作非为。帝国主义国家的特务多以西柏林为巢穴。因为别处有〖边〗境线限制，到处巡逻，不易偷越。此处可自由出入东柏林，然后即可进入民主国家。一些民主国家的流氓进到西柏林后自称要求政治保护，即可领得每月一百西马克的“保护费”。把一百西马克在黑市上换成五百东马克，便可以过一个月优裕生活。有些流氓懒汉，便依此种方法为生。波恩政府每年都从美国〖拿到〗很大一笔费用，给西柏林以特殊补助。造成西柏林的人工繁荣。所以在柏林生活水平较高，货物应有尽有。帝国主义希望用这种方法来影响民主德国的人心。西柏林是民主阵营地区内帝国主义的一个孤岛，他们是愿意投资的。民主德国因普遍提高人民的生活，进行国家建设，就不可能像西柏林一样。东柏林一般说是比较萧条的，市面不如莱比锡。因此柏林是两个世界进行斗争最紧张的地区，比其他任何地区都更紧张更复杂。

又，近两个星期的观察，我认为很突出的和中国不同一个是知识分子对政府的态度是合则留，不合则去。合不合是看哪里钱多。连青年学生也是如此。因此政府不敢提出知识分子的思想改造问题。另一个是普通人的资产阶级生活方式。爱穿爱吃，经常有许多人麇集在旅馆饭店，奏乐跳舞，夜夜元宵。男女跳舞更是丑态百出。有男〖女〗搂紧胸部摩擦的，有臀摆的。种种丑态不堪入目。他们却视为当然，毫不足怪。这些真是资产阶级思想浸透骨髓的人，要改造恐非短期所能收效。

现在中国人在德国已开始受到尊重。四五年前还不行。有的人见了中国人问中国还有无小脚，围着你看，看你有没有辫子。这是一种含有侮辱意味的表示。但直到现在一般知识分子对统一社会党仍是不够尊敬的。克劳茨讲的最近开一次兽医会，乌布利希派代表到会讲话，说我们的党、我们的领导者如何如何。会上许多人咳嗽，嗤之以鼻。一些党员很生气。

10月16日　星期日

今天是我们此次访德的最后一天。近日大家已归心似箭。上午参观苏军纪念碑。整个园地的布局和红军的造像，极为庄严肃穆。两边排的石刻，描写了战争的整个过程。卫国战争情景历历在目，使人回忆到当时的情形。

下午一点从旅馆赴机场。柏林时间三点半起飞。大使馆政务参赞徐明，贝喜发，朝鲜崔廷厚等多人来送行。五点半以后抵华沙。（以上三页是在从柏林到华沙途中的飞机上写的。）

上面说到华沙是错觉。六点到达的是维尔纽斯。莫斯科时间九点二十起飞，十一点五十到莫斯科。从柏林到维尔纽斯，两个半小时。维尔纽斯到莫斯科也正好两个半小时。从柏林到莫斯科共只需五个钟头。比北京到乌兰巴托多一小时。已经过三个国家的首都，而且都是大国。欧洲国家距离之近，关系之密切，容易发生冲突由此可见。

原来柏林大使馆代订的从莫斯科往北京的飞机是十月十九日从莫斯科起飞。到此后向飞机场打听行期。明天下午九点即可启程。外意［意外］高兴。中央飞机场入城的道路从莫斯科大学面前经过。虽是夜深，犹能看出其规模。从莫斯科大学新校舍入城的方向，还能大致记忆。但只等到了莫斯科河桥上看见克里姆林宫，才知是到了市中心。过去觉得这一段路很长。现在可能因为是晚上行人少，车走得快，不觉得就到了。晚宿首都（宗主国）旅馆534号房间。是我驻柏林大使馆通知莫斯科大使馆代订的房间。

吕振羽在访德期间个人主义的思想作风表现得明显。（一）不以科学家自居，而〖以〗行政首长自居，向爱吉士等人说自己做行政工作多年，向洪堡大学校长说自己也是大学校长，向罗元铮说自己在家里有汽车、警卫员的等，表示自己地位很高。德方没有特别把他看为团长。（说德方报纸称苏联代表团长奥沙宁、捷克团长布鲁西克，没有称他为团长；住房子小招待不周等，有些不满。）（二）不愿参加德国科学院考古所成立会，实际是认为这个会要他参加，降低了身分，借口不懂考古学，反对参加。国内决定他参加的电报来后，他要曾涌泉大使为他向国内打电报，说他不适宜。曾表示大使馆认为中国派代表出席这个会完全必要。如果你问大使馆的意见，大使馆认为你很合适。你不同意，可以自己向国内打电报。（我出发往德累斯顿前，曾将此事向罗元铮交代，说明我们要对科学院负责，也对吕说明是两国家的问题，不是个人问题。）后来只有和他治病要求结合起来了，才表示了同意。（三）夸大工作成绩，看不见缺点，强调他个人和谁谈话等等。强调他个人的作用。他虽然没有消极，但做的具体事是很少的。他所用的下飞机的讲话、大会祝词、大会报告、工作总结报告全是我帮助弄出来的。上飞机前，（一）（二）两项告诉了徐明，请大使馆提醒吕一些。

莫斯科符鲁柯夫机场，所以名中央机场，在飞机上可以明白，四围都有灯光，不过离机场较远。

10 月 17 日　星期一

十一点醒，睡了五个多钟头，已经满意。只等到餐厅吃饭，才发现这个首都旅馆就是科学院访苏代表团离莫斯科时，苏联科学院送行请客的地点。

上午同季羡林绕行克里姆林宫一周，后至高尔基大街，绕至大戏院再至莫斯科旅馆。旧地重游，当年在此地生活的情景如在目前。这要算是第二次到莫斯科中心。上次只从这里飞过，在飞机场住了一夜。

早饭时遇唐敖庆去柏林参加化学会议。又在电梯上碰到一四十多岁的女同志。问她是去柏林参加什么会的（因为柏林同时有几个会均有中国人参加），她答覆她什么也不是。后来知道她是全国妇联书记杨玉敏（裕、民、敏？），大人物也。她不会外国文，常在柏林工作，只身来往于柏林北京之间。

五点和大使馆交际处联系，何同志接电话。我们告诉他何时起飞，如何汇款等。他认为可以不必专为此去大使馆。数至莫斯科没有去过一次大使馆，亦一异事也。

下午九点十五分往北京的飞机起飞。在候机室遇到中央体育委员会秘书长张非构。他是从布加勒斯特抵此的。那里天气不须穿袄大衣。莫斯科克里姆林宫花园的树木一部分发深绿色，一部分发黄，与柏林一带无大差别。莫斯科人有着秋装的，也有着冬装的。傍晚出外穿厚毛衣，呢大衣刚合适。

起飞后从飞机上下望，万家灯火，一望无际。飞机走了廿分钟，还有灯火在望。

下〖午〗一点三刻抵斯维尔德诺夫斯克。共四小时半。

10月18日　星期二

早七点至新西伯利亚。是早三点从斯维尔德诺夫斯克起飞的。又是四个半钟头。从莫斯科至此共飞行九小时。两段所费时间一般多。实际上莫城至斯城一段长，斯城至新西伯利亚一段短。上次去时，西伯利亚至斯城共历四时一刻，比这次回快一刻钟。斯城去莫斯科时费六小时多，比这次来慢两小时多。因路遇逆风。同样的路相差如此之远。可见飞行的速度是因时因人而异的。

上次来西伯利亚时，地上有冰。现正化消。天气晴和，比较暖。行人均着冬装。白杨树的叶子已落净，呈现冬天气象。

在机场餐厅遇朝鲜参加民主德国六周年国庆的代表。起初以〖为〗是中国人，季提醒我他穿的是朝鲜制服，与中国中山服无异，只是领子大，颜色不同。既是政府代表团自是要人，惜不便问其尊姓大名。为首的一位中国话和俄〖语〗都讲得可以，身材魁伟，因疑为中国人。

昨晚在飞机上最多有两个钟〖头〗是入睡的。今天白天莫斯科九点开始在旅馆休息，房间舒适，至十一点起床，睡了一个多小时，精神较好。听说伊尔库茨克一带气候恶劣。但后又说已开放，可以飞行。看样子要等到晚上才定。

当地时间下午六点半（比莫斯科早四小时，比北京晚一小时，每逢至此，各人的表上的时间不相同，极为混乱）起飞，十一点半到达伊尔库茨克。又飞行五个钟头。上次这一段是走了五个半小时。

起飞前在户外散步，与朝鲜代表团攀谈，知为首的会说中国话的一位是一九五三年以金日成为首的朝鲜政府代表团的财政相。他说了名字，未听清，一查可知。此人在抗日战争期间是朝鲜华北义勇队成员之一，长期在太行区麻田、桐峪一带生活。1942年去延安。中国话讲得很好，也会说俄语。朝鲜今天政府要人多是参加过中国革命斗争的。

我们向所有的中国少先队员和朋友热烈致敬。冈壁茨基本学校的少先队员和小学生对这次会见感到很愉快。

冈壁茨基本学校①

10月19日　星期三

预定今天八点四十向北京飞行。六点三刻旅馆值夜班的老太太叫我们起床。连飞机上和旅馆里大约最多睡了四小时。饭后得飞机场值班员通知，现在没有中国飞机，须苏联飞机飞行。要等到十点才能走。不知是否走得成。飞机和火车不一样，不是那么风雨无阻，那么准时的。

总结全部行程，从柏林到莫斯科飞行五小时，莫斯科到斯维尔德诺夫斯克飞行四小时半，斯维尔德诺夫斯克至新西伯利亚四小时半，新西伯利亚至伊尔库茨克五小时，伊尔库茨克至乌兰巴托两小时，乌兰巴托至北京四小时，共二十五小时。莫斯科至新西伯利亚为二千九百二十五公里，飞行九小时。依此推算，约为三小时飞一千公里，每小时飞三百三十公里。全程二十五小时共约合八千三百公里，一万六千六百华里。来回共一万六千六百公里，三万三千余华里。路比二万五千里长征还多八千里。所费的时间，只两天两夜多一点。在候机室坐得无聊，写了上面的一段。

北京时间十点从伊城起飞，十一点三十五分到乌兰巴托，比原来的时间缩短四分之一。蒙京附近，尤其是南边一段山头全白雪。因是晴天，故不比上次来时冷多少。上次在此只有一杯茶，此次有水果点心招待。一点二十继续往北［南］飞行。昨晚飞高四千公尺，伊城至蒙京飞高三千公尺。蒙京以南飞高二千公尺。可能是因时因地因气候而异。

从伊城起飞时机上有两夫妇，带三个儿童，最小的几个月，最大的五六岁。从莫斯科到华沙一段机上也有两个小鬼。看来苏联人坐飞机旅行和中国人坐火车差不多。

上面一段，是在乌兰巴托往北京途中写的。估计下午五点左右可以抵京。此次出国共二十天，生活极不安定。身体很疲乏，睡眠经常不足，常常昼夜不分。但工作完成得基本上还好，自己也增加了不少知识。工作总结已作出，此次访德旅行今天结束了。

---

① 冈壁茨基本学校的题词写在这天日记后面，显然不是刘大年笔迹。——编者注

一九六三年十一至十二月访日日记①

11月28日　星期四

下午五点半从香港出发赴日本。这次是参加中国学术代表团应日中友协邀请赴日访问的。全团共十一人。团长为张友渔同志。侯外庐、夏鼐、游国恩诸老同行。

赴日访问事，几年以前就议论过。这次是十一月底出发。十一月七八号才最后决定的。因日本方面要求有近代史方面的人员。

十一月廿四日从北京出发至广州。是日为星期天。刘潞、毛、燕均至车站送行。火车开动时，燕子哭着要跟走。廿六日下午二时到广州，仍住迎【迎】宾馆。无活动。

廿七日由穗乘车赴香港。深圳为终点站。由穗至深圳，车行整三小时。中间停两站，至少有二百余里，远非沿珠江而行。靠广州附近平地尚多。晚稻正收割，遍地甘蔗，满眼富庶肥沃丰收景象。越近深圳山越多越高。深圳为出入重地，我港双方有武装把守。

廿八日下午八点四十五分乘BOAC飞抵东京。飞行三小时五十五分。日本接待委员会会长谷川彻三，日中友协付［副］会长三岛－佐藤武雄等近百人至机场欢迎。举行欢迎仪式后接见记者。十一点始抵旅馆。连办日［入］境手续等共费三小时。海关人员讲中文，进行别有用心的活动。问我认识中国姓周的不？中国有外国人，英国、美国人没有？等。旅馆为纯日本式的“花水馆”，每个房间都用花草命名。风味特别。女用人礼节周到。与游国恩同房。

---

① 根据手稿收录。——编者注

11 月 29 日

上午在旅馆谈日程。

下午访问日中友协总会。晚上接待委员会、日中友协联合举行招待会。日本出席二十余人，包括全国各方面各地区的主要代表人物。井上清专程从京都赶来。二十余人个个讲话，气氛热烈。八点以后，与柘植秀臣、井上清谈北京中心问题。情形复杂，对方内部意见分歧。

11 月 30 日　星期六

上午访问旅日朝鲜人总会。会长韩绍株。日本有六十万朝侨，有 80% 是支持朝鲜人民共和国的。其他支持南朝鲜。朝鲜总联合会有学生四万人，有言论出版机关、报刊共 29 种。又有科学者协会、文化总同盟等十三个团体。南朝鲜侨民学校只有三所，没有定期报刊，而且是用日语出版。在支持美国的日本，有这么大的朝鲜进步力量是可高兴的。美日反动派不断对我们进行迫害，封闭报刊，烧毁会馆，停止学校等。但我们建立了现在这个大楼。总会已动员 8 万朝侨回国参加建设。

仓桥先生报告

明年如何讨论法？

1. 有无邀请欧洲代表打算。

2. 八月六号原子弹大会，时间有冲突。

1. 是否有小组讨论。

明年会议对象是亚非拉，但作为科学应请欧洲。

2. 很多人愿意去，是否会给中国带来麻烦。①

---

① 仓桥一段话，似在讨论 1964 年北京科学讨论会筹备事。——编者注

下午（一）访问中国研究所。（二）与日本联络协议会座谈北京中心科学讨论会问题。

1. 发言者甚多，表示正在准备去参加会议，只有个别人提到与世界科协关系问题。发言者为各学会代表，名单、专业见另纸。

2. 我两次发言，先声明：（一）未受权谈此事，完全只能讲个人认识。（二）对世界科学和北京科学过去的活动不熟悉，只参加了今年筹备会，谈法可能错误。然后讲：（一）会议【是】目的——是学术讨论不是讨论政治性问题的会议。（二）对日本学者抱有期望，希望和欢迎大家积极准备参加。最后回答几个具体问题：（一）会议题目范围。（二）会议如何讨论法？（三）日本能参加多少人？——都只是原则性回答。

晚上井上清来谈以下数事：

一、今天的会有势力的唯物论研究会代表没来，地质会代表未发言，事务局长表示要辞职。事情可能有些困难，但不是悲观的。印度开会也只会去少数人，这是意味着对北京讨论会的示威，很多人要考虑。

二、柘植突出个人，为人不满，有个人主义，他起了作用，还要选他当明年筹备会的会长。并把这个组织保留下去。

三、作最坏的打算，东京发生混乱，京都地区将提出三篇报告去参加讨论。他本〖人〗报告一篇。

四、他在《赤旗报》上写一篇文章宣传明年讨论会，并对世界科学〖可能出现〗的破坏打预防针，而让一些人做思想准备。

12 月 1 日　星期天

早九点从花水馆出发上火车赴仙台访问。仙台为东北区政治文化中心，在东京与北海道中间，两边距离约略相等。东边接近海岸。特别快车行六小时。沿途所见多工业发达之象，其水平在东欧国家之上。

三点整抵仙台，接待委员会来迎。儿童献花。武装警察在车站外面监视。下车后，先至鲁迅纪念碑瞻谒。一九〇三年鲁迅在东北帝国大学学医，不久改学文学。此为其转变点。至今年恰好 60 年。建碑活动有多〖位〗学者参加始得告成。继至青叶山公园眺望。其地为一城堡遗址，居高临下，全市在望。城堡为十六世纪诸侯伊达政宗所建，至今四百余年。建城时有五万人，现在全市有四十五万人。东北大学为国立大学，在全国居第三位，仅次于东京、京都两大学。市畔青山流水，为风景区。天已傍晚尚有游人对对双双上山。我们行踪所至，有武装警察乘车尾随。

晚上东大校长出面主持宴会，参加者约 50 人，比东京为多。我在会上讲【讲】话。东北大学贴出海报，要我讲中国学术研究的情况和问题。

12 月 2 日　星期一

上午访问东北大学。先由校长石津照玺接谈。人甚通达，态度友好。十点开始由夏鼐介绍中国的考古收获，实即说明幻灯片。次由侯外庐讲柳宗元思想。参加者有教授、学生五六十人。十二点即在会议桌上吃饭。饭未吃毕，即由我解答问题，讲中国近代史分期的目的、近代史范围、分期标志、分为几期等等。整一点即赴另一会址讲演中国学术研究的状况和问题。内容为：（一）情况——与解放前比较大发展。（二）怎样〖取〗得这些成绩的。1. 政治关怀。2. 思想方针正确。3. 科学工作者社会主义觉悟提高。（三）现在面临的问题：1. 批判资产阶级修正主义。2. 研究现实问题。3. 批判总结遗产。4. 培养人才。译员周斌认〖为〗理论性太强、太深，没有生动例子，名词多，听不懂。三点廿辞别石津。三点五十乘快车返东京。重泽俊郎来往同行。此人平时沉默寡言，几次即席发言很会讲话。研究中国思想史，对中国旧的东西了解很深。

石津谈：目前日本有二百八十几所大学，国立大学七十余所，都是战后发展起来的。战前只有七所大学。东北大学位居第三，有学生八千人。能授各种博士学位——大学毕业再修五年，合格即为博士。

横川（新从中国回日的青年）谈大学毕业的学生待遇标准为一万八千日元，合人民币一百余元。但不能成家。那些工资只够一个人生活，并且只能维持较低的生活标准。因物价昂贵。必须大学毕业五六年以后，即三十岁左右始能结婚。其父现在“人民中国”工作。

又一归国女青年谈，她的父亲为化学教授，月薪九万日元，须纳税一万元，即税占九分之一。折中国币尚余四百余元。为知识分子的高薪阶层。这里除了极少数，能自备汽车。

代表团在离开旅馆时每人接到一封信："请赶快起义归来，与下列各处联络【系】：1. 向当地日本警察请求政治庇〖护〗。2. 去东西［京］大使馆。3. 或横滨总领事馆。"下署总领事馆。前面称某某教授。无耻之尤。

十点以前回到东京上野车站。东京火车站很多，此为其中之一。上次下机的羽田机场则为东京最大的机场。

12月3日　星期二

上午访问日共总部。这之前至"野坂参三事务所"，即日共医院所在地，看张友渔病。日共参与接见的有袴田里见（政治局委员，貌似萧三）、土岐强（中委，《赤旗报》主编）、安斋库治（候补政治局委员）等人。谈得很亲切。总部在一个小街道上，一所两层的旧式楼，红色横书"日本共产党"五大字。里面亦甚狭小，上去下来再上去。

出来时经［由］日本政府各部所在地大街和皇宫广场经过。外交部楼最小，平顶火柴盒式。皇城外呈马蹄形。最外为护城河，城墙似墙似台，上有松树等树木，房屋只能看见最高的。广场相当宽，附近多为十层左右的洋楼。其中之一即过去的麦克阿瑟总部。

下午一点在法政大学讲演《中国近代史上的人民群众》。听讲的百人以上，教员教授占百分之三十，学生百分之七十。讲完问有关【有】统一战线的问题。讲了：（一）统战对象。（二）统战问题的两条路线，反左反右。（三）统战内部与资产阶级斗争等。

中午在中国料理"庐山"吃饭，较丰盛。

晚上福岛要一来谈日本学术会议。洗澡。十二点入睡。足睡六小时。

中村、小岛提出问题：

一、世界资产阶级民主革命的类型问题。

1. 亚非拉美某些国家是否类似中国辛亥革命、义和团？

A. 有共产党的领导，或有马克思主义思想影响，应当是类似于五四以后的形势。B. 国际形势不同了，民族解放运动和过去不同了。

二、辛亥革命如何估价——第一次在亚洲出现了民主共和国。

A. 辛亥革命的国际意义、影响。B. 越特金等的论文论据、列宁的观点。

1. 明治维新——没有经过革命就进入资本主义。

2. 中国同治中兴的评价。

3. 同盟会为什么在国外搞。

4. 新民主主义纲领怎样发展到社会主义——何时是无产阶级专政。

12 月 4 日

上午访问日本学术会议。在上野公园附近一所不甚大的楼房里。会长朝永振一郎，付［副］会长吉田富三和各部部长约十余人会见，谈四十分钟。十点四十以后访问东京大学。校长茅庆［诚］司，前校长南原繁共进午宴，气氛亲切。参观东大，规模颇宏壮。

下午在东京大学讲演中国近代史上的几个问题。神崎多实子（伪满时在东北上小学，后上中学。1953 回日，1958 年去中国一次。面形像个漂亮的中国姑娘）任翻译，中国话很标准。回答听众提出的问题，最中心的是中国民主革命类型的问题。受越特金文影响。答复，讲得还清楚。听众先约百余人，最后增加至二百余人。礼堂满座。会议主持、秩序都很有组织。参加者都是进步分子。警戒甚严，反动分子不能进来。

晚上看话剧《失踪者》，反映松村事件的，政治性很强烈。革命性说不上。在此亦□难□。

12 月 5 日

上午教育大学讲演，题目《现代中国知识分子の役割（作用）》。进大门时看到海报才知道要讲这个题目。临时应战。讲三个内容：一、现代中国知识分子队伍的状况。三个组成部分，每个部分的特点等。二、他们的作用。三、如何成为革命的知识分子——与劳动人民相结合。听讲者一千二百人，规模空前。据说这个礼堂只有两次坐满过，一次是反安保斗争，一次是今天。

五层楼上悬挂大标语“欢迎中国学术代表团某某先生”。组织秩序严格。散会时唱《东京—北京》，献花。午餐会有朝永振一郎（学术会议议长）、木下半治（政治学教授权威）参加。讲毛主席接见南原繁的故事。

下午座谈会全是搞近代史的。包括世界、日本近代。非常热情要我讲如何使历史研究为人民服务。讲了近两个钟头。反映相当热烈。有加拿大人参加。

晚上接待委员会举行盛大招待会，盛会空前，参加者名流二百六十余人。羽介二五郎在一起接谈多时。人甚热情，思想不高明。

午餐会上，木下半治（颇有几分绅士风度）问：南原繁先生（南外貌似邵力子，白发苍苍）访问中国时毛主席接见，问南日本的右派怎样？毛主席为什么单单问右派的情形。你了解他的意思是什么吗？我答：毛主席是什么意思我不了解。但是我了解一点，他问右派不是关心右派，而是关心左派，关心人民革命力量。正如木下先生研究右派一样（当时有人介绍木下是研究日本法西斯的权威学者、政治学权威教授），目的不是关心右派。木下说你说得非常对。朝永说：恐怕是这样。指下村：你应该学点辩证法。

12 月 6 日　星期五

上下午均在横滨访问。横滨距东京约 80 公里（？）车行一小时半。全部是街道连接，根本看不见空地。市内可以看见海港造船厂等。市长飞岛云：其中一厂可造十万吨的轮船。

上午访问华侨学校。学生列队欢迎，唱国歌。我作讲演。极为感动，称我们为祖国来的亲人，极力控制始能讲话。中午飞岛市长宴会，与会者有本地共产党代表和华侨总会会长等多人。

下午大会小会两次讲演，大会最后是神奈川欢迎会。我代表全团讲话，比较有条理。后来几乎一句话一鼓掌。晚上华侨饭店招待。吃饭基本上是中国风味。

晚上回旅舍，路经银座（即钱庄之意）。其地为东京最繁华街道。但不像设想的那样整齐，楼房有十层八层的，有两三层的。并且主要是商业，不是银行区。银行主要街道在附近。上午曾再次从皇宫广场穿过。护城河围绕广场之外，场中满地大松树，中有马路纵横。

几个情况：

一、东京市直径40公里。南北椭圆形，北为山手区，为上层社会区，南为下町区，为平民区。

全市一千零四十万人口。

全市八十七万件车辆（汽车女乘务员讲）。走路比车快。

二、法政大学教授小峰王亲每月工资六万元。向中央政府纳税五千元，向东京市纳税六千元。向政府归还房款五千元。新从政府贷款建自用房一座。上下两层，一共四间。贷款每月归还五千元，十八年还清。贷款有两个条件：（一）必须有自备的建房土地。（二）必须有归还贷款的能力。

教授每【月】年增加工资约五千元，增至八万元为止。

法大校长每月工资为十七万元。一每是十三四元元①。

人民币一元合日元一百五十元。（另有小峰王亲工资表，每月借下月始能维持。）

三、晚上见银座活动广告。几个人穿着丑角服装，举着商标牌站在门口招揽顾客。又停车场往往有人塞进纸条，纸条上面写的房子号数，或电话号码，说明有漂亮女人接待，让你舒适等等。

四、华侨反抗斗争故事。小孩子摸蒋介石领事的头，把威信搞垮。小孩子在资本家门上写上“停止营业”之类，迫使资本家跟我们□。爱国华侨主要是厨师、饭店老板等。

12月7日　星期六

上午中国研究〖所〗讲根据地等问题两小时半。

下午在华侨总会讲国内大学生生活问题一小时。（一）目的是明确的。（二）条件是好的。（三）学习是努力的。

晚上在日中友协积极分子百余人的会上讲中国近代史两小时。先讲旧新两个阶段的各次革命斗争的过程、阶级关系、积极意义，然后提出：（一）

---

① 原文如此。——编者注

人民群众是主体。（二）无产阶级领导才能胜利。（三）各国人民的互相支持。

下午由小峰陪同从银座至东京湾，下町区，浅草区中心观音寺一游。为平民活动中心。银座为上层阶级活动中心。两相对比，阶级界限分明。但不如巴基斯坦分明。

明天讲《中国知识分子在革命中的作用问题》。

中国知识分子的作用是讲革命知识分子的作用。

一、中国革命知识分子的特点——半殖民地社会——中国人民觉醒的代表——各个阶级来的，背弃了自己原来的阶级，才成为革命知识分子。

二、民主革命时代的革命知识分子和社会主义革命时代的无产阶级知识分子——不同的状况。各方面的作用。

三、如何才能成为革命知识分子。

1. 与工农相结合。

2. 参加到实际斗争中去。

两种实际：理论学习实践，更重要的革命斗争实践。

12 月 8 日

上午出席日本东京学生中国问题研究会举办的报告会。我、李、顾三人分别讲演。下午分三组座谈。我的讲话题为《中国知识分子在革命中的作用问题》。连讲带译共半小时。下午座谈会主要解答抗日战争的性质——阶级分析观。日本发动战争的是垄断资产阶级，不是人民群众。人民是反对战争的，据具体事实说明——等问题。参加者有青年二三百人。座谈会参加者亦近百人。有些人听过前几次讲演。地点在立教大学。1874 年成立，为美国教会学校。校长反动，未出面。有两个教授，一个付［副］教授出面。同进午餐，缺少热情。我在午餐会上讲话对他们进行了一些工作。寓教训于鼓励之中。

学生无比热情。组织性纪律性很高，列队欢迎欢送，同唱《东京—北京》，鼓掌欢呼。完全是他自己组织的，颇〖不〗容易。组织性高是表现了觉悟的提高。

现在每天接受至少两场考试。常常是一天三场考试。又叫演出。秀才好做，岁考难过。

12 月 9 日

今日由东京动身赴京都。

上午十点零几分到静冈。其地为日本本岛正中心。车从富士山附近绕过，天气晴朗。富士山全景在望。山高 3676 公尺，峰峦徐起，与周围群山无联系。上有积雪。车行最近处有 30 多公里，如近在目前。比北京看香山更清楚。其他的山很高，但无雪，足见其高。下午座谈会（实际是讲演会）讲中国科学院工作。晚上三四万人的会上讲人民群众的作用问题。

晚上在市中央公民党讲人民群众历史上的作用问题。

一、从谁是历史的主体、两种观点及其实质说起。古今中外都证明科学历史观的正确。

二、讲到抗日战争时，特别强调阶级分析，谁发动的——日本人民无责任，谁抵抗的。

三、讲完中国以后，回到两种观点上作出结论——再讲日本历史前途。

四、最后一段用文字稿结束。

午餐后接见记者。朝日新闻记者问：刘先生第一次来日本，有何观感？最深的印象是什么？我答：什么东西都感觉到有点新鲜。但很多东西又好〖像〗在别处见过的，很熟悉。这说明中日两国文化有悠久的历史的联系。印象最深的有两点：一、日本人民的觉悟是很高的，对我们的接待组织性很高，表现群众觉悟。二、日本人民是愿意对中国人民友好的，这是不可阻挡的。

12 月 10 日　星期二

又宿日本式旅馆。比东京花水馆高明得多，建筑好，设备舒适。

早七点以后始起床。到日本已经十多天，没有在〖晚上〗十一点以前就寝的。经常是十二点，有时下一点。但很奇怪从未失眠过。一般总睡五六个小时。有时更多。这是十分疲劳的结果。

旅馆右侧为一规模宏大之神社。神位为富士山神。神为女性，由一朵鲜花作为女神象征。建筑为大尾顶前面加尖脊，已有四百年历史，尚完好。神社右侧为上山游览起点。坡不甚高，设有缆绳绞盘。绳上系一座椅，上张彩色伞盖。人坐在上面，转动绞盘，穿过绿树丛中，颇有风味。

上山处写有大幅标语：每月初敬神并上山游览，保证恋爱成功！历史教授某先生告知：第二次大战以前，天皇与神社是合为一体的，神社费用由国家开支。第二次大战后，政治与神道分开。神社经费无着，现在主要靠神前结婚收入维持。殿内设有座位，为举行神前结婚场所。天雨，时间仓卒，未仔细参观。

九点半离旅馆赴车站，送行的和保卫人员簇拥上车。前面有武装警车先行。送行群众数十人，内有文学部长河内。据云与郭老有旧。学校念书见过郭老少年时代。女青年相与挽臂唱《东京—北京》，热情洋溢。十点几分上车赴名古屋。

安井先生正式谈：昨天晚上我的讲话群众反应热烈良好。江讲教育与政治的关系和体力劳动与脑力劳动的问题，近于抽象，不容易被接受——许多青年上大学是为了找个轻松的工作，避免体力劳动。

又，小峰王亲谈：日本最小的房间为四床半席（一席即中国单人床大小）每月租金六千元，合人民币四十元，住两人，可谓贵矣。

小峰送木偶玩具一件，说明是他太太送的。与他在车站分手。他回东京。此人 1943 年前后在伪北大教书，为日政府旧派。一口流利的北京话，听不出是外国人。还会唱京剧。现为进步分子。1953 年应彭真市长邀请访问中国。十几天的活动中一直由他任翻译。只有一次是神崎多实子任翻译。

此间旅馆"下女"多为三四十岁人。有一青年甚健康。她表现活泼，甚至动手拥抱。

十二点多车抵名古屋。欢迎会长、名大教授（法国文学家）新村猛来迎。住市中心公务员旅馆。对面为名古屋城。旧城已为战争破坏，现系重修。有城墙，城楼。楼与北京故宫角楼形同。

下午欢迎大会。著名物理学家有山兼孝、坂田昌一等出面。会议由坂田主持。此人曾为日共中央介绍。大会赠礼，每人有金表一只。

晚上与青年学生座谈。没有准备，讲得不好。岩村三千夫等在座。十二点入睡，早六点醒。

气候较静冈偏凉。远山上有积雪。名古屋为日第三大城市，人口一百八十万。第二为大阪。过去为第五、第六，战后大发展，街道宽阔。无高房大舍，多为一二层小房。与东京不同。

12 月 11 日　星期三

上午在名古屋大学讲《人民群众历史上的地位问题》。

问：农民是对地主的矛盾，还是对国家政权的矛盾？

下午一点名古屋大学出发赴京都。贝冢茂树（欢迎委员会付［副］会长）、重泽俊郎、井上清和大阪方面的代表来迎。车内献花站外群众（主要是大学生）夹道列队欢迎。武装警察前后随在紧伴而行。（在静冈武装警察汽车开道，后面再跟一辆车载便衣警察，受宠若惊，不胜荣幸之至。）

学生提出的问题：

一、中国知识分子在革命中起的作用。

二、中国现在大学生的生活。

现在的中国与日本：

一、是学历史的，更熟悉过去。学任何科学的都要关心现实。

二、现在的中国与日本有不同的东西——最根本的是社会制度不同。

三、从历史的观点看有更多的共同的东西。

1. 悠久的历史上的文化联系，世界上罕有的。

2. 过去有过尖锐的矛盾和对立，在历史上只是短短一瞬。

这种矛盾只是产生于日本统治者与中国人民之间，并不存在于两国人民之间——所谓排日情绪问题，阶级分析。

3. 从两国历史发展前途看——共同利益、需要。

从更长远的前途看，从私有制变为共产主义是世界人类的方向。我们相信日本也会有这一天。什么时候改变，这是日本人民的事情，当然也是与中国人民利益一致的。

4. 目前存在人为障碍，责任不在中日两国人民。从历史的观点看，这是不会长期存在的。当然是不会自然到来的，要共同斗争。中日两国的历史前途是光明的。中日两国人民的友好关系的发展是不可限量的。

一、任何人都要关心现实。

二、两国有更多的共同的东西。现在两国面临的最主要的问题是……

晚上贝冢茂树、重泽、井上清在“都大旅馆”设宴招待，吃日本烤牛肉。下女跪在桌边炮制，自始至席终。这比平时吃饭时下女跪在面前进饭汤更进一步。烤肉味美调制不甚合口，但特别软嫩。

12 月 12 日　星期四

上午九至十二时访问龙谷大学和同志社大学。前者为佛教一个学派所办，后者为基督教所办。龙谷主要研究中国佛教，藏书甚室［富］。校长出面，但始终未发一言。同志社大学校长讲话欢迎，陪进午餐。其中有前任校长田烟［畑］等，访过中国。气氛亲切友好。下午一时出席京都大学欢迎大会。校园附近街道上挂有横幅和直幅标语，红黑字体大书“欢迎中国学术代表团促进两国文化交流”字样。校门口至礼堂到处都有群众夹道鼓掌欢迎。校长奥田出席大会（昨天已出面招待）并致欢迎辞。学生讲话调子极高：反对原子潜艇进驻日本，反对美国遏制中国，反对接受福特基金，反对赖肖尔路线等。我讲《现在的中国与日本》，完全没有用昨天最初设想的腹稿。内容：

一、学历史的人要关心现实。

二、中日两国的情况不同。

三、历史的发展在两国人民面前提出了一个任务，正常化、友好关系发展。

四、从历史上看长期是友好相处的。中日战争要用阶级观点分析。这个插曲应当永远过去了。

五、现在的阻碍是美国侵略政策。美帝是两国人民共同敌人。

六、历史是由人民决定的。中国的海连着日本的海。中国人民的心连着日本人民的心。没有任何力量能将中日海水分开，把中日人民的心分开。不久的将来有一天历史年表要大书：中日关系正常化。

周斌、安井反映讲得很好。

晚上宴会。

12 月 13 日　星期五

今天最为紧张，演出四场。

一、上午京都大学人文科学研究所讲《中国近代史的几个问题》，念日文译稿。井上清即在此研究所。

十二点至清风庄午餐。西园寺别墅现已捐赠京都大学。园子不大，有池有树，借树后远山作景，颇有清净之感。

二、下午一至三点在京都旅馆举行经济方面的交流座谈会，到三四十人。松井主持。井上清陪同。京都旅馆很近代化，西洋气。

三、三至五点在同志社大学讲《历史科学为人民群众服务问题》。参加者二三百人，主要为民科分子，即这次邀请的发动核心。井上清参加。

四、晚上出席日中友协欢迎会，并讲演，七点讲到近九点。讲《人民群众在历史上的作用》。讲到中日战争、今后日本历史的时候，都讲阶级分析。指出把人民和统治者混在一起，就会减轻统治者的罪过，等等。听众感动。最后妇女代表致词，说许多人是带着眼泪听的。译员户毛敏美女士说她也很受感动。妇女代表再三称户毛翻得好，把刘先生的感情完全表达出来了。实际上是两人合作进行了一场表演。

又，一、有特务给王守武打电话，对我们的情况非常熟悉。二、有台湾学生见我表示向往，我对他鼓励了一番。

我在日中友协集会上最后一段话讲日本人民的命运比中国人民幸运。中国斗争了一百一十年，日本可能不需要那么长的时间，在你这一代人亲手实现。你们负担着光荣的历史任务。我没有给你们带来什么东西，带来了中国人民给你们的一个良好祝愿：希望日本人民担负并完成自己光荣的历史任务。

户毛敏美翻译水平与神崎多实子相当，堪称双杰。正大腹便便，其夫随工业展览团在上海。户毛曾长期在中国学习。

〖到〗日中友协会时，许多男女青年排列两边，争相拉手，情况异常热烈。此次讲一时四十分，为几次引起强烈反应的讲演之一。

由于情绪兴奋，晚上睡眠很差。

岐王宅里寻常见，崔九堂前几度闻。
正是江南好风景，落花时节又逢君。

韵调铿锵

十二月十四日由京都赴奈良汽车上。

本能寺

赖山阳

本能寺沟深几尺，我为大事在今夕。
老坂西去备中道，举鞭东指天犹早。

贝冢茂树先生在车上写。赖山阳为日本著名爱国诗人。

12月14日　星期六

上午十点从京都“都旅馆”出发，去奈良游览。江、侯均未去，同行者有贝冢、安井等人。

车行一小时至奈良市。再南行半小时至法隆寺。寺近山脚，附近人家不多。寺为一千二百年前所建。建筑物受六朝、唐朝影响，表现了当时中日文化的密切关系。

奈良旅馆午餐。此馆居高临下，有深池高坪。下午先参观〖东〗大寺，有大佛一尊，鉴真初来即在此传戒。其右侧有戒坛院，木结构，土坛，自唐代保存至今。中有鉴真十七世纪画像。东大寺外面为奈良公园，到处是梅花鹿，无人管理，到处向人要食物。

下午四点以后，〖到〗唐招提寺，为鉴真后来传法处。墓在寺左后侧，前有小桥流水。我们在墓前没有鞠躬，和尚表示不高兴。寺离奈良市十多华里，有汽车路相通。

奈良为县名，市内有十四万人口。

怎样培养国际主义：

一、历史研究中的国际主义问题——国际性联合。

二、农民觉悟问题，如何启发？

三、反帝反封建是两个任务——太平天国、义和团不同，是不是反封建是主要的。

四、义和团斗争高涨的具体事实。农民的，资产阶级——国内民主主义问题。

五、五四运动以前中国工人阶级是怎样参加斗争的。

12月15日　星期日

今天又是三场。

一、上午回答前天讲演中的问题。主讲如何反对资产阶级思想，研究历史客观规律。

二、下午讲《中国近代史上的人民群众》，回答问题。

三、晚上与青年大学生联欢，讲演中国大学生的生活。热情洋溢，握手应接不暇，红旗招展，照相欢呼。

上下午均户毛敏美翻译。晚上一濑裕子任译事。很好。在神崎、户毛中最漂亮。但据说翻译水平较户为逊。

晚上下一点做恶梦，丫头受虐待，被送至孤儿院，缚在柱子上，让她嚎啕大哭。惊醒后久久不能入眠。早七点醒，睡近6小时。

晚餐在“新三浦”。郭老上次访日吃过饭的地方。菜为白水煮鸡块，据云〖与〗“田［天］妇田［罗］”——油炸虾、“斯格格”——火锅煮牛肉为日本三大名菜云。味道都平常。

旅馆已装饰起圣诞老人、棕树等。街上到处是“忘年会”“迎新会”的招贴，有新年气象。

12月16日　星期一

今天上午稍暇，收拾行李，准备晚上赴大阪。

上午访问井上清家庭，参加座谈，参加者六七人。中心人物小野信尔、铃木实、狭间、芝原（？）等。小野信尔为首要。井上夫人四十余岁，茶点招待。谈及中苏争论等问题。井上家室环境甚清净。在东山脚，小院树石数点，池鱼数尾。

下午在人文科学研究所座谈。参加的都是搞近代史的。主要人物为北村、里井等，都是教授。事先对我的文章分类作了研究，提出问题。相当熟悉。里井是主张要从明清开始划分近代的人。整整讲了三个钟头。

上下午均一濑裕子任译事。她表示愿意跟我一起去大阪。晚上九点廿经“都旅馆”出发赴大阪，十点到达，住新大阪旅馆。一濑同来。听说已任王守武译事。京都许多青年均送至大阪始告别。大阪来接的有一地智等。研究中国有相当水平。搞近代的东西没有很特别的人，都是一般的。但搞古代的有相当突出的人物。仓石五四郎、吉川幸次郎、清水茂、一地智、小川环树等人为高峰。

12月17日　星期二

上午大阪外国语大学讲《中国革命中的知识分子的作用问题》。相浦任译事。

1. 整风运动中的知识分子。

2. 三反五反运动。

3. 共产党员如何服务人民。

4. 中国对和平共处，部分禁止核试验采取什么态度。

5. 抗日战争有的参加。第三次革命战争为什么西洋教育的人不参加。

现在人类面临毁灭危机，中国知识分子应进一步发挥作用。

下午大阪教育会馆讲《历史教学问题》。问题分四个方面：一、对日本历史教学的意见和希望。二、怎样将世界史的知识教给学生们。中国史与世界史的关系。三、古代史与现代史的地位问题。四、评价历史人物——在剥削制度的社会里是否可以给予某些人物肯定评价的问题。在什么条件下都应用阶级分析观点评价历史人物，都不能把统治人物说成比人民群众更加重要。

晚上开座谈会，六一八点。然后在朝日堂看木偶戏。木偶有高达三尺以上，一个木偶有几个人表演，说唱的人在台的另一边连说带表演，异常吃力。唱的古代剧词，许多日本人一句听不懂。

下午晚上均一濑裕子任译事。父亲一濑雷信，化学教授，在东北教过化学，现年七十余岁，在京都一私立大学任教。正写一本有关哲学的书，叙述他对思想改造的感受。日本妇女结婚便改随夫姓，现一濑尚未改姓。

又天野元之助。天野其在满铁作调查三十年，今天在会上，最近他如何见天皇，跟天皇讲人民公社云云。

大阪外国语大学为国立大学，学生数只有一千多人，为全国国立大学人数最少者。但中文专业的学生多至一百余人，为全国各大学中文专业人数最多者。校长森，人甚天真，他在校门口接送，并亲手为我安置午睡地点，又在欢迎会上讲话，说中国学者年青，他们丢了面子等语。

12 月 18 日　星期三

上午访问关西大学。学校为私立，创设于 1885 年，以法学为专长。校长中谷敬寿为法律学专业〖学者〗，日本学术会议会员。中谷连同教授十五六人举行座谈会，提的问题多为整理资料等，似无甚高明之士。

下午在农林会馆举行座谈会。参加者约廿人，主要者为北村、里井、林要三、狭间等。里井主持，日人某任翻译，华人某协助。里井介绍情况：日本对中国近代史的研究是无计划的，根据个人兴趣进行的。即资本主义与社会主义国家研究方法的根本区别。由于研究题目是分散的，所以也就没有多少共同讨论的问题。研究者有马克思主义者，也有唯心论者。

问题：

一、清末民族资产阶级的作用。

二、十九世纪末期的反教会斗争问题。

三、章太炎的思想研究问题——中国的传统学术怎样作用于革命的问题——中日接受进化论观点有不同。

四、资产阶级与小资产阶级对辛亥革命有什么关系。

五、三山先生对中共党史研究特别有兴趣。过去日本收集的资料被美国拿走了，但还能够看到。可是中国的资料看不到。这对中共党史研究很不利。希望能想出办法。

六、中国学术刊物中引用外国人名一定要注原文。中国近代史的人名辞典。

七、希望送两套《解放日报》给日本——他们就可以不利用东洋文库和美国的资料了（小野信尔提）。

晚上在大阪日中友协积极分子会上讲演《中国近代革命史上的斗争经验问题》——讲人民群众的作用。一濑裕子任译事。大冢、雨宫等主持会议。九点以后在“吉林料理”晚餐。讲演在大阪公会堂。邻室疯狂歌唱、鼓掌，后来知道是“创教会”的活动。饭店夜深还是一片疯狂嚎叫，是人们举行“忘年会”，把过去的事，特别是坏事忘掉。

12月19日　星期四

上午九点由大阪出发赴神户访问。十点至神户大〖学〗，前校长古林先生以下出面接待。

神户国立大学坐〖落〗六甲山下。十一点同游国恩先生，一濑裕子小姐等同游六甲山。在山顶眺望，全市依山傍海，形成一个狭长地带。游览时间很短，印象很深。不虚此行。

下午座谈会，讲社会主义建设时期知识分子的作用问题。古林先生主持。

从大阪至神户大约三十公里，街道联绵不断。大阪车辆拥挤与东京相当，神户好得多。大阪为工业城市，空气污浊，神户为商业港口，右侧高山高达九百公尺（可是我的观感好像不比香山高多少），空气环境较好。此为两市之别。据云孙中山长期在此活动，大阪华侨总会即当年孙中山居住的地方。此处华侨甚夥，有所谓南京街。在此下车时有华侨总会会长来迎。但南京街不能去，因有反动分子。

青年研究者伊藤（曾与刘桂五通话）谈日本研究近代史的得不到材料，过去的材料都被美国抢去了。美国写的书上资料很〖多〗，日本有些人很羡慕。他们就专门靠写些美国人著作的书评来充任研究。真正进步的人，尤其是青年人对此很不满，称他们为“洋务运动”。并且说洋务运动注定是要破产的。

又裕子告知她的生［身］世，去年她离婚了，结婚只有十个月。因与对方思想方向不同，经历了很多痛苦，是一次重要的教训。因此恢父［复］了父姓。再改姓不知在什么时候。那时一定告诉我云云。他父亲很希望得到中国哲学的书籍。

又告知纺织纤微［维］代表团来此乘 BOAC 飞机，因气候关系降落美军机地［场］，非常紧张，并验过黄皮书等。

晚上写“嘤其鸣矣，求其友声”赠裕子。

海员会馆的讲演中强调了几点：

一、在座的许多都是从事工业和其他生产劳动的，你们每天都在为人民创造物质财富。你们都是反美爱国斗争的先进者，你们的斗争每天都在影响着日本人民。人类社会的历史是劳动生产者的历史。历史是由劳动人民创造的。没有劳动人民生产物质财富，任何文明都不可能发生。没有人民群众的斗争，历史就不能前进。但是统治〖者〗并不是这么看待人民群众在历史上的地位问题的。

二、讲完中国近代史以后，日本历史的命运最后是由日本人民自己掌握的。但这不是自然而到来的。这必须经过人民群众艰巨斗争。人民的斗争一方面打击统治者，一方面发展人民自己的力量，最后战胜反动统治者。

三、人民群众内部有各个不同的阶级，觉悟有先后有高低。先进的分子是人民的优秀代表，他们就有特别重要的责任，要经过你们的活动来促进广大群众的觉悟，推动历史前进。

四、中国人民的民主革命斗争经过了一百一十年。这个时年是长的。日本人民的命运我相信会比中国人民好一些。各方的条件都不同了。帝国主义的寿命不长了。世界人民有了很高革命觉悟，互相支援。日本人民的力量已经在斗争中组织起来。有了马克思列宁主义武装，有日本共产党的正确领导等等。这些在中国整个民主革命时期里，或者是根本相反的，或者是不完全具备的。我们的父祖辈没有看到旧中国变为新中国的实现。你们有可能亲身完成这个事业，看到其实现（按：此意讲在二三前面）。

五、分析抗日战争的时候注意：

1. 战争是由日本垄断资产阶级发动的。

2. 垄断资产阶级发动战争是为了扩大利益，更多地剥削殖民地人民。

3. 日本人民不但在战争中不能有利益，而是只能损害人民的利益，牺牲民主权利，增加负担，变为炮灰，死亡残废，遭受原子弹轰炸等等。

4. 日本人民是反对这个战争的。代表人民站在反对前列的是日本共产党。日共首先遭到镇压就是证明。

5. 你们应当用这种观点教育周围的群众。这对于增强中日两国人民友好是有意义的。这对于向广大人民进行阶级教育，启发人们的阶级觉悟也是有意义的。

又，后来得〖知〗昨日整天在一起的山口为外务省特务。他自称中间派。我对他谈话很多。中心是：（一）他很积极，不是中间派。（二）要相信中间势力是可以变化的。（三）他说日本大多数知识分子赞成苏联的主张。我说资产阶级知识分子过去并非如此。现在变了，不是日本资产阶级知识分子变了，是苏〖联〗领导变了。此人会讲几句中国话。

主人最不了解其面目。

12 月 20 日　星期五

早七点五十离“新大阪”旅社，八点卅五乘快车离大阪赴广岛访问。大家、雨宫、一濑等均来送行。与一濑谈话不多，紧紧握手告别。昨晚睡得很差。几次醒来，白天的情景萦回于头脑中。九点车过神户。北望六甲山峰，驱驰而过。

九点廿车过舞子市。左侧海岸有“多青阁”，为孙中山曾居住的地方。

现在为华侨办公的地方。过舞子市往西右侧一直有山。大半是农村，城市很少。

下午参观广岛市容。全部房屋为新建。街道宽阔，车辆全无拥挤之感。市区四面环山，为一盆地。并且山势相当高，有几百米至千米左右。南东有缺口出海。

原子弹爆炸于1945年8月6日（？）上午八时半（？）。投掷地为市中心区。爆炸于〖上空〗五百七十米处。距心一公里半左右（一千五百公尺）人多无生者。一公里半至二公里之间人多伤者。死廿余万，伤十余万。战前全市共四十二万人，死殆尽。现又有四十多万人。

参观"慰灵碑"。上面刻有两句话："安息吧，错误是不会再犯的。"后一句话引起争论。这时正碰上两位妇女由此路过，年在五十左右。主要来给我们讲当时被轰炸的现场情况，并加以描写。接着到资料馆参观。备极惨酷。后至原爆病院慰问。

晚上欢迎宴会参加者约六七十人。战俘若干人，非常热情。在会上合唱《世界人民心一条》。有今堀其人在北京五年，两年住东厂胡同一号。中国话讲得可以。为此点［地］研究中国近代史的老师。看去年龄不上四十。有华侨会长林先生，台湾出生。讲话第一句：感谢日本朋友招请我们祖国的代表来访日。颇为得体。

晚上又失眠。已经一连三天了。脑际还是盘绕前几天的影子。

两老妇人谈广岛被炸情景：上午八点多飞机从东南方山口飞来，大家说又来了，又来了——因为经常来炸的。赶紧跑入防空洞。突然一声巨响，四围都发出亮光，很多人都倒在地上了。后来从防空洞里出来，到处都是一片〖火海〗，大房子都烧起了，许多人死了，许多人倒在地上，哀叫：给我一杯水喝！非常凄惨。

资料馆是陈列着各种实物，陶器、金属等都变形了。人体照片极为难看。三井银行门口一个人化为灰尘了，还留下一个人影的照片。广场北面还留一点建筑物，没有修复，只剩下高墙和钢骨架子。有一派意见要修复，有人不赞成。

量血压。

低60，高100。

为历来最低者。[①]

12 月 21 日　星期六

上午九点半访问广岛大学，校长、各部部长出面接见。十点半讲《中国近代史上的人民群众》。参加者政经学部长山下觉太郎，教授今堀诚二、伊藤、手岛等近二十人。

下午解答问题，又开全体座谈会。译者玖村女士，在中国廿年，一九五八年回国。翻译似甚熟练。华侨妇女何萍英来招待，态度热情，称为兄弟姊妹。

后又开全体会，谈交流问题。

晚上广岛大学校长皇〖至道〗请客。他致词强调今晚的宴会为纯日本式。除下女端菜送水，另有青年和装妇女四人，跪入座中，斟酒燃火，纵情谈说。席终时始知为艺妓，从外面招来。两小时大约需一二千元。时间一到马上告别。按旧日规矩，主人请来的艺妓，席终后应从客人挑选陪宿。五七年林业部付［副］部长刘成栋来访，即有主人再三劝说客人接受陪宿事。此四人中有两人相当漂亮，说话最[②]，另两人较逊，态度较老实。误称之为“付［副］团长”。她们要翻译韩庆愈（华侨）告知中国话“我爱你”的说法，又说日本女人天生会体贴男人，娶日本老〖婆〗舒服。你们都很温柔，愿到中国去看看等等。她们的终点为“置屋”，受老板剥削。

晚上服安眠〖药〗，毫无效果。几乎通宵失眠。这是连续第四天了。

过磅，63 公斤。空腹衬裤。过去为 64 公斤。[③]

---

① 该日血压测量情况记在“12 月 23 日”日记之后，现合并至此。——编者注

② 原文如此。——编者注

③ 该日体重测量情况记在“12 月 23 日”日记之后，现合并至此。——编者注

12 月 22 日　星期日

上午九点半从广岛乘火车赴山口。广岛周围的山不如原来估计的那么高。可能高的也只四五百米。

在广岛住“广岛大旅馆”，最新最近代化。每个房间有电气冰箱、电视机等等。广岛往西南有山，不很高，树木茂密。从东京到这里，基本上是依山傍海而行。

车行廿分钟有小站，停一分钟。发现有人在车站送行。原来是前天晚上在欢迎会上讲话的战俘代表。在讲话中他曾说：他们能够回到家乡同家人团聚，这不是理所当然的，这是中国人宽大的结果。今天因此携妻抱子而至。这是他们的热情，也是思想工作的明证。

十二点半车至山口小郡。日中友协会员近百人，举旗奏乐相迎。举行简短仪式。江讲话不算好。乘车行约廿分钟，抵山口县，住旅馆，和式。山口县到处是山，县治为一盆地，有十万人口。全县有一百廿万人。野坂铁、志贺义雄、岸信介均为山口县人——池田是广岛人。因此这里进步与反动势力斗争很激烈。

下午山口【各】县举行欢迎会。会场四场［周］挂有廿二个团体的旗子。其中有日本共产党、社会党、日中友协支部等，也有山口县酱油联合会等。晚餐会由各方面的代表参加，甚热烈。晚饭后有[①]等两人按事先计划来谈反核试验问题，原来是说由他们谈情况，转告中国方面。结果他是要我对这个问题发表意见。他们认为日本人民反对一切核试验。莫斯科三国条约后，运动分裂了，非常困难，对三国条约有两种意见，一种认为不好，一种认为虽然不彻底，但是一个进步。听说中国要试验核武器，当然很难说不让中国反抗帝国主义，但是一个不幸云。我先是敷衍了一番，后来对方明确表示这个意思以后，最后讲了两点：（一）把他们的意见想法转告中国和有关人士。（二）对于三国条约，我认为那是一个骗局非常明显。有人赞成，这有不同情况。一种是别有用心的人，一种是认识不清的人。你们从事和平运动，责任不是要说服那些认识不清的人，是要说服认识不清的人提高他们的觉悟。

---

① 这里缺失两个日本人的姓名。——编者注

至于中国如果试验核武器，是幸还是不幸，那要看对谁，看站在什么立场上。对帝国主义反动分子是不幸的。两人怏怏而退。这是一场斗争。

晚上理发，又是一番情景。

12 月 23 日　星期一

上午山口大学分科座谈。

一、1. 社会主义国际分工问题。（铃木提）这主要是由苏联东欧发起的。有一个经济互助委员会。内部有许多问题。——国际分工的利益应是平均分配。

2. 山口大学——安部（昨天晚上禁核斗争的发言人）

3. 中国社会主义制度，日本资本主义制度，可以友好下去——全中国给［与］日本可以友好下去。日本通过和平的方法可以由资本主义变为社会主义——要反驳阶级合作理论。

（一）国内的阶级关系。

（二）中日两国人民的关系问题。

（三）中日两国的关系问题。

（四）前途问题——和平转变。

今天的问题都是很尖〖锐〗的，“国际分工”“阶级合作”“和平过渡”“人口论”等。

二、山口县裁判〖所〗的青年女工作人员谈家庭与法律问题。裁判所处理：

1. 离婚结婚——日本没有实行登记以前两性同居的很多。发生许多问题。没有登记的生孩子，必须父方承认，离婚时才能取得子女抚养费。发生纠纷，男方不承认就由裁判所处理。不登记结婚发生财产继承权、亲子承认等问题纠纷甚多。离婚最多的为协议离婚。离婚原因最多的是感情不和，或有一方不贞。离婚后子女抚养不能解决。这是最普遍的现象。日本住宅不足，老人小孩保护很不理想。父子兄弟姊妹有养育的责任，弟兄姊妹在法律上可以平分财富。但农村有很多人放弃。

裁判所的另一任务是处理少年（14—19 岁）犯罪。最近这些人犯罪很多，有增长倾向。犯罪最多的：汽车开快、欺诈、打架、偷盗。犯罪的原因是经济困难，也由于电视教育等关系。裁判所很想努力，但由于经济不足，没有办很多事情，不理想。

下午一点半全体交流会，江讲话不得体。中午山口〖大学〗校长富川招待。

下午两点半离山口县赴福冈。

山口大学经济部助教授安部（即昨天晚上提出中国不幸试验核武器问题者）今天态度有改变。在上午的会议上没有提出恶毒的问题。最后并且送到车站，要翻译员转达三点：一、愿意为反对比基尼〖岛核试验和声援〗受难者作出贡献。二、已接到中国《新建设》《经济研究》等书刊，表示感谢。三、愿就第十届禁核大会与中国保持联系。看来昨晚的反驳起了作用。

山口地区经济发达，工业不少。农村阶级分化迥殊（见有用牛耕地者，有用手摇拖拉机者）。许多企业的工会都分为富有的和贫穷的两个工会，斗争激烈。这当是两方的人物都很多的原因。下关（马关）属山口县管。

下午时车过下关（马关）。

地覆天翻七十年。

四点廿分车抵马关。其地环山，海港穿插其中，依山傍水，形成不连续的、分散的居住地和街道。当日为一渔港，现在也只有十四五万人口。在这里接待李鸿章，实为有意轻视之。下关对面为门司，即九州北端。中隔海峡长千余尺。铁路由海底穿过。车行三分多钟。我对游、李讲：我们此行上穷碧落下黄泉，目的是为中日人民的友谊。

过海即为北九州，再行为八幡制铁厂。为一钢铁城市。制钢居日本第一。

下关在岛最南尖端。当船行至山〖下〗登陆方便。此海峡为门司海峡。至今远洋轮仍从此经过。

五点抵福冈，接待委员会来迎。下榻“高宫山庄”饭店。距市中心相当远，名符其实是一所山庄，和式。到时下大雨。房内陈设相当好。有的有西梦斯[1]床。为其他处所未见。晚上居高临下，望市中灯火辉煌。

① 西梦斯，现在通译为席梦思。——编者注

12 月 24 日

上午访问九州大学。举行座谈。介绍中国学术界状况。路过九州大学医院，规模宏大，建筑比较陈旧，已有六十年历史。郭沫若同志即在此学医。

下午九州〖大学〗法学部座谈。参加者为法律、经济、近代史等方面的人。法学部长伊藤参加。除了近代史的问题，大量是中苏争论、斯大林的看法、错误[①]，对中国革命的态度等问题。看来是中间群众。由于有这方面的问题，参加者极为踊跃。我只是从原则上给以答复，说应当关心，请他们去阅读我们的文章。

下午四时离九大赴机场。鲛岛（50 岁，某大学中国文教授）讲：九州与冲绳很近，与中国也近。这里有许多美军空军基地。美军个人侵犯有所收敛，但空军〖仍有〗危害。所有鸡场鸡都不下蛋了。鸡场都搬家了。因为飞机噪声太严重。小学中学都不能正常上课。下月廿六有十五万人集会，要求撤退美军基地。市长、议员等也反对。这是日本的耻辱等等。

五点廿乘日本美制喷气机返东京。时速 600—1000 公里，高度一万公尺。飞行一点零五分。飞机是美国道格拉斯出品的。飞行平稳。半小时后过大阪。

以上在飞机上所记。

七点多再抵花水馆。三岛一、岩村、福岛（学术会员）、小峰王亲等先生均来迎。羽田机场抵市中心——日本桥（全日本计算里程的中心）共十公里。乘大卡车由新辟的调整公路行走。气候似比来时更暖。两件棉毛衫，一件薄毛衣即足。夹大衣完全带对了。在京都以南没有用过厚大衣，只用夹大衣。除仙台以外，根本用不着厚大衣。

友渔同志谈，日共中央在野波在座的会上正式谈三点：

一、中国学术报告有水平。过去日本学界对中国学界是看不起的。这一次看法改变了。其中具体提到游和我的近代史。

二、中国学者日程异常紧，毫无怨色。为人民服务使日本学者深受感动。

---

① 原文如此。——编者注

三、自然科学少、经济学者没有来，以后要加强这方面的工作。

九点多钟突然地震，房屋动摇。此为平生经历明显地震第一次。

今夜为所谓“圣诞”节前夕，一片过节声。飞机上特别每人送一包糖。

12月25日　星期三

上午休息，同江、游、罗等至街上观光。步行和乘地下电车。先至浅草区。除了上次看到的步行至浅草街道中心。接连有几个剧场是专跳裸体舞的。剧场门口张有一幅裸体女人画像和《女性之秘密》等宣传广告。日本的堕落文化由此表现出来。这一带电影院非常集中。电影广告五颜六色，大多是美国影片。观音寺正作佛事。殿的中央有大鼎，供参拜者投掷钱币之用。鼎四周的地面是用金属方格组成的。格下面是一间房子。目的是投掷钱掉在地面上不至于散失，容易收集。设想周到之至。

从浅草乘地下电车再至银座中心四町目。出地下道即为“三越百货公司”正楼七层，陈列货物，上有屋顶可供眺览。银座中心在望。

由三越百货公司向左走，即朝日新闻东京本社。为八九层高的单独一座建筑物。四面临街。这就是日本大资产阶级喉舌朝日新闻所在地。再为前行即东京车站后侧。

下午柘植、井上、原善、乂仓等来谈北京中心。

北京中心，现已开过会。有廿几个团体参加。今后方针已定：明年一月中旬，要每个团体提出题目。二月初开联合协议会大会，最后决定，每个团体在二月中自己开协议会，提出问题。四月以前把每个团体的问题提要送到北京去。去中国以前还要开全体大会讨论。几件事：

一、参加人数，越快越好决定。

二、论文长短。可以讲多少时间，论文长短规定。

三、语言问题，非正是［式］发言是否可以用日文。

对印度中心讨论会的态度，没有接到正式通知，可以置之不理。接到通知以后，再论如何对付。

晚上六点举行招待会。参加者有谷川彻三、朝永振一郎、南原繁、三岛一等各方面人士。颇不寂寞，堪称盛会。

大会后，又招待事务局和翻译人员。【热】〖情〗绪热〖烈〗，讲话唱歌至九点半始散。

晚十一点就寝，睡六小时半。未服安眠药。

12 月 26 日　星期四

上午收拾行李。十一点至十二点，同江、顾等至日比谷公园一游。从原麦克阿瑟总部经过（原为一人寿保险公司，现恢复），园中除一喷池和音乐广场鸽群以外，一无所有。地方也不大。附近为帝国饭店，样式古老，两层楼房。

下午一时半赴机场。井上清先生谈三点：

一、他本人准备明年在中国停留六个月。

二、邀请信需在四月发出。

三、信中只提一至三个月，不要讲半年。

日共中央委员丰田四郎、三岛一等送行者百余人。历史小组坐一专车，一路唱歌讲话抵机场，情绪热烈。四点廿分飞机在旗帜招展和一片再见声中起飞。

乘中型飞机。风甚大，海中白浪滔滔。要五小时始能抵香港。

学术讲演　11 次

一般讲演　10 次

座谈会　17 次

在飞机上对在日本廿七天的活动约略统计：

访问大学研究所　19

机关团体　9

专题座谈　21

专题讲演　19

宴会　不计其数

到达、离开、游览、旅行等近六七天，实际活动时间廿天。平均每天讲演（座谈也是讲演）两次。

东京时间十一点一刻到达香港，整整飞行六小时。

飞机上一个女乘务员来攀谈。她是上海人，十岁左右到过北京。现在美国、英国都去过，就是没有去过自己的国家。想到北京看。现在一月工资港币700—1200元不等。看出勤而定（港币1元等于人民币4.2角），自己的生活住衣食要花400元，养活外婆等。现在不能结婚，不能在飞机上。说“我们难作人”“英国人有礼貌”“公平”等等。

12月27日 星期五

住香港摩星岭道福利别墅。为山的最西部，面对海洋相当安静。十二点以后就寝，睡五个小时。中午又睡半小时。

上午上街，买头巾等数事。

下午由新华社付［副］社长罗明林陪同绕香港一周。从摩星岭出发，车走后山到浅水滩，疍户区，再到前山，车走筲箕湾，中经皇后大道，西至摩星岭而止。

香港共【九十（七十？）】大小九十余岛。本岛共三百平方英里，东西长，南北窄。北面对九龙，沿山脚有坡，平地带街道即依此平行建成。主要有平行三条大街。从海滨往上数第三条最繁华。皇后大道即在此。中国银行、汇丰银行等各种银行多家，即位于此。此处地皮每英尺（小于公尺）3000元。香港共有人口三百六十万。本岛占一百七十万。皇后大道一带人口最密。香港是世界上人口最密的地区之一。这里又是香港人口最密的地区。

后山坡度甚陡，无法建筑且离前山很远，交通不便。浅水湾是所谓风景区（其实只有一个游泳场）前山穷人无法至此一游。从前山到浅水湾步行往返需一天时间。疍户居民区与皇后大道和其他布满山野的摩天大楼相比，一是天上，一是地狱。海水在这里形成一个窄狭港汊。港内由大小破旧的不能移动的木船和小木屋填满，一家紧挨一家。海水发黑，秽臭扑鼻。这个死港宽百米，长可一二华里。一年四季不论冬夏，劳动人〖民〗就在这里生活。真是一片地狱景象。不到这里就没有看到真正的香港，没有看到这个地方的真相。

12 月 28 日　星期六

上午九时二十分从九龙乘车赴深圳。车行一小时零几分，约 120 华里。

下午一点离深圳赴广州，车行三小时又五分钟。共 146 公里，即 298 华里。晚上住羊城宾馆。秦思平来访。

12 月 29 日　星期日

早八点半从羊城宾馆乘车赴从化。车行一时又五十五分。住湖滨大楼三楼 309 号。

下午开访日总结会。

晚上六点（饭前）胃痛。这是长时间以来所未有。可能吃饭太硬？太快？

晚上温泉浴。睡得很好。

12 月 30 日　星期一

上下午在湖滨大楼总结。

周围散步。地区甚小。小湖两岸共有大楼（三四层）三四座，中小楼一二十座。湖两侧和湖底各有温泉喷出。泉口小者如指，大者如拳。就泉口凿池再引水入室。总结老科出言不逊。

12 月 31 日

上午休息。微雨。同侯至湖滨散步。

下午启程由广州返北京。

一九六三年又过去了。访日手记亦至此结束。

一九六五年五月第二次访巴日记①

四月八日离乌江，九日离张掖。

十一日抵京。做出访准备。

4 月 14 至 17 日

写巴历史学会十五届年会中国代表团祝词一千二百字。

4 月 19 至 5 月 3 号

写《亚洲历史怎样评价？》一万字。

5 月 4 日

出发，下午二点五十从北京起飞，五点半抵上海。晚九点乘巴航〖飞〗机从上海起飞，五小时抵达卡，停一小时。又三小时抵卡拉奇。共飞行八小时。本地时间五月五日三点到。（比北京晚三小时。）史林峰参赞来接。丁大使因接送恩克马鲁夫人，亦至机前相迎。住大都会旅社。睡至早七点起，大约有三小时。学会组织委员会拉赫曼（与历史学会主席同名）来迎。此次系与夏鼐同志同行。

① 根据手稿收录。——编者注

5月5日

十一点周保瑞等同志谈。年会秘书长哈希米（卡拉奇大学博士）来访。哈要求致词由他们宣读，团长另外作一次讲话。与周保瑞谈的结果：一、另拟一用史学会名义的贺词。二、代表团讲话，加学术报告。下午草拟史学会贺词，四五百字。

晚上七点至使馆，丁大使请吃饭。饭后谈方针。他认为致词稿中指名骂美帝国主义，会引起外交事件，但要修改，带来的印刷稿就不能用。结果确定不用原稿，另拟定一个简短讲话。在使馆吃饭的有羽毛球队。其中有一湖南籍女青年，甚活跃。

5月6日

上午往访学会秘书长哈克、年会主席斯力克（卡大穆斯林历史系主任，未遇）、年会秘书长哈希米、卡拉奇大学校长古米希等。下〖午〗删定《亚洲历史怎样评价？》摘要，得2700字，基本意思在内，送使馆审阅翻译。使馆派译员成若愚（杭州人）一起工作。前已指定周保瑞联系。

晚上哈克夫妇来访。哈六十余，妻廿余岁，深目高鼻。衣着都艳丽。

5月7日

昨晚洗澡吃安眠药，只睡五小时多。

九点半周秘书来，谓国内指示越〖南〗问题还是在会上讲一下好，措词由使馆决定。确定用原来的致词稿，把美国二字删去，其他一切照旧。英文稿已另行印定。

十点过几分赶到会场（卡大礼堂），已开始，正在念经。主席台上为卡区专员（中间高踞宝座）、年会学会两主席、两秘书长等人。学会主席拉赫曼系昨晚经达卡赶回。讲话中先后三人都强调没有钱，经费困难。斯力克黑衣丝袍，作主旨演说。中心是要恢复穆斯林文化的纯洁性，把巴基斯坦建设成一个穆斯林国家的榜样，让其他穆斯林国家看齐，然后在世界上形成第三势力，与其他两势力争衡。其中不少地方讲到西方侵入破坏穆斯林文化的纯洁性，对这种现象要反对云云。恐怕这种思想不只是这个会议的中心，也是巴国的指导思想。因它以穆斯林教义立国，不强调并在各方贯彻就失去了立足之点。

会上介绍了中国代表。

下午我第一个讲话。在场者不过 50 人。下午天热，来的人少，不是有意如此。

接着是夏鼐报告。都没有引起讨论。连续开会。中午、晚上均吃巴基斯坦饭，相当菲薄。晚十点以后始回旅馆。中间曾有市政厅招待，达尼放考古发掘幻灯等。

5 月 8 日

原定上午我第一个作报告。因英译稿未就，改为明天上午。继续本国宣读论文。论文特点：一、全是穆斯林历史。二、考究某个建筑、某个版本、某个事件之类。其中一人的论文为《印度穆斯林的特点》。大意是穆斯林教徒与印度教徒，最初又有矛盾，又有相同的东西。遭到群众围攻。讲的〖人〗是反复解释。最后是〖被〗史学会长拉赫曼长篇发言驳斥下台。论文作者在美国学校教书，思想可能洋化一些。这场争论反映了反印的政治背景。

下午参观国家博物馆（美国大使馆对门，旅馆附近），真纳墓至墓下石棺处。地面有一假棺，围以红布，一般献花、瞻仰者在此。晚七点，使馆参赞举行招待会，放阿尤布访华影片。到者 80—90 人。

九点以后，历史学会晚餐，在哈克住处。饭后得与拉赫曼交谈。他想明年访华。哈伸手告别。

5月9日

上午九时我第一个宣读论文。

答辩情形：

问：世界有哪些古老文化发祥地？

答：亚洲是其中之一。

问：亚洲哪些国家文化最古老？

答：中、巴、印等。

问：中、巴、印谁最古老？

答：请考古学家回答。

问：西方给亚洲是否带来了什么好处？

答：对这个问题有不同的观点。我们认为带来了好处，但不是那引起所谓物质文明。侵略者带来的好处是他们给我们当反面教员，使亚洲人民受到锻炼，把自己的力量壮大起来了。中国如果只有一个清朝皇帝和蒋介石，中国人民不会有现在这么强大。帝国主义特别是美帝国主义的侵略大大增强了我们的力量。这就是他们带来的好处。

问：是不是西方的物质文明也还有可以接受的东西？我们现在穿的衣服（指西服）、吃的西餐，不也是西方文化吗？马克思主义不也是西方传来的吗？

答：马克思主义并不简单地排斥任何文化，包括西方文化在内。我们主张采取批判的态度对待一切文化。西方的某些科学技术我们从来没有主张过要加以排斥。但是对于帝国主义的侵略、对于按照侵略者的需要来篡改的亚洲历史，我们必须反对。

问：你的文章里为什么没有提到卡尔·马克思？

答：问题不在于提不提到马克思的名字。我们不是把马克思主义当作一种宗教，我们是把它看成一门最重要的科学。问题只在于我们是不是根据马克思主义的观点去看待世界，研究历史。

国家学院土耳其语教授：你这篇论文很好，你的思想很了不起。我向你祝贺。

答：这不是我一个人的思想，这是中国人民的思想，也是亚洲人民的思想。

（第三“问”，以下是会场休息室谈的。）

今天和昨天的论文，都有关于神学的。昨天使馆招待会时，一群人在草地上长久跪拜，高声念经。我强烈感觉到我们天天是跟中世纪的僧侣在一起。当然一离开这些人，又是跟商人、经纪人在一起。后者更狡猾，满身铜臭，但是他们都有现实感。前面那些人既穷酸，又讨厌。新的思想滴水不入。人民要更长时间受其毒害，不得解放。

问：亚洲历史应当重写，并且按照东方的材料去写，你以为怎样？

答：历史从来就是不断重写的。一种是反科学的重写，一种是比较合乎科学的重写。我们赞成后面一种。还有怎样重写的问题。写帝国主义还是写人民群众。重点摆在讲大写人民群众。人对世界的认识没有完结，重写历史的工作也永不会完结。因为它是反映人们对客观世界的认识的。并不是每一个问题都要重写。因为它没有意义了。人们对它已经永远忘记了。

晚上律师白劳希（前司法部长，大为有名）讲《从哲学家看历史》，认为马克思的历史观只要［有］很少材料，不全面。有了伊斯兰教以后，才有科学的历史，历史不能归结为物质的基础，而是人的思想、信念。最后是真主的作用云云。与斯力克的讲话一以贯之。

晚上宴会。由夏鼐讲话。十一点回“大都会”。外面热，室内有冷气，睡觉要盖东西。

5月10日

再游邦布尔、答答。早六点半离旅馆，九点从卡大出发，十点多到邦布尔，十二点到答答。下午三时回。六点到卡拉奇大学。近七点才回到旅馆。索然无味。与前番感觉大异其趣，萧条之至。

年会全部日程完。

晚上搬至使馆招待所。

5 月 11 日

上午至哈克处谈今后活动计划，然后又到旅行社，详细了解火车班次。哈尤为热情，其妻竭力出面招待。中心是要访问中国，并要送礼。最后约定临走再见一面。

下午秘书长哈希米、联合秘书莱易士来访，在使馆文化处接待。送礼品驼皮花瓶一。送夏鼐铜盘一。

六点又有伊斯兰学院院长来访。其人为退伍中校。他强调他写历史不是为研究历史，是为反对西方的思想侵略。

5 月 12 日

上午使馆汇报，大使、文化参赞、一等秘书等人参加。丁对代表团评价甚好，认为百分之百完成了任务。都好。

至闹市参观，适逢苦难节最后一天，不开门。“苦难节”很野蛮。自己毁残身体，互相打。

下午与夏开始考虑写总结报告。史林峰来探，搬到一间安静、有冷气的房子。

5 月 13 日

上午至卡拉奇大学历史系访问。系应系主任拉赫姆邀请。自由交谈，参加者师生 50 人。我大讲反美和越南问题。

下午三点五十从卡乘大车赴海德拉巴，六点多钟到。行程 120 英里，合 180 公里，360 华里（英里比公里大，英尺比公尺小）。车从军事区出发（每处都有居民区与军事区，后者即过去英国人住的地区，其他人不得进入）。头等车，两人一间，有专用厕所，冷气，凉爽。高处有一把，遇贼拉把，车就可以停下捉贼。误拉停车，罚卢比 50 元——处处都是罚款。大学生不穿黑袍罚 20 元。

车行三小时至海德拉巴，适逢省督出行，戒严，交通切断。信德大学历史系主〖任〗白西尔、穆斯林历史学系主任哈降来迎未遇。自雇马车至旅馆，少顷，白、哈等人赶到，谈定明天日程。

旅馆系最新开幕，房间低窄如日本式，但凉爽异常。单穿衬衣嫌冷，睡觉盖毯子。同行者为使馆三等秘书李承曾，北京人，英语好，乌尔都文能讲。耿飚时即在此工作。旅馆中有所谓中国馆，即豆芽白菜汤。每顿一人 10 卢比，合人民币 5 元。

5 月 14 日

上午访问信德大学，旧校址在城区（有古城墙，与中国风格不同，据说有二百年历史。先〖在〗答答，后迁至此。为一外来民族建立的小王国，为莫卧儿王朝的一部分）。新校址在印度河大水坝以西（？），相隔约廿华里。车从水坝上经过。新校舍未完工，规模不少 [小]。先是一个系一个系访，见了几乎所有系主任。所有的人都极热情友好。有些人直截了当提出时局问题讨论。有两个系主任提出给他们作讲话，讲东南亚问题。大好机会，但未安排时间。和这些人接触中：（一）大讲友好。（二）宣传了我们对越南问题的观点：1. 祸首；2. 前途。（三）听他们谈对时局的意见。其中白希尔谈到最多，涉及东南亚、朝鲜、中国、印巴、东西德等。大讲反美，讲帝国主义是缠在亚洲人民身上的毒蛇。亚洲人要自由，必须斩杀这条毒蛇。白希尔是中间派，他认为他的意〖见〗到得［得到］他周围朋友的赞成。足见公道自在人心。这是这次访问中最有收获的一天。

下午四点半上车回卡拉奇。车误点，在车站候车一小时半。酷热难耐。八点多回抵招待所。进门得知第二个原子弹爆炸消息。十点半收听北京广播新闻公报。

5月15日

晚上快十二点才睡。今早六点醒，睡得可以。早起看完《罗密欧与朱丽叶》。前两天大致翻过李六如《六十年变迁》第一本。这是搬到使馆后，翻阅的两本书。

上午收拾行李。至中国银行取钱。经办者为女主任王纬，其夫为稽核，热情接待。接着至使馆理发。与大使辞行未遇。夏鼐等同志经马哈季古陆亦抵使馆。

下午两点一刻离卡飞拉瓦尔品第。文化参赞史林峰、周保瑞均来送。译员成若愚同行。

六点至品第。考古局有人同行。考古局长叶甫叶罕在此。随即同赴塔克西拉。晚住考古局“贵宾馆”。

5月16日

早四点三刻醒。天未大亮。众鸟欢鸣。其中有类似布谷者，有类似百灵者。异常悦耳，恍如幼年在故乡过春天的情景。生机勃勃，倾听不能再睡。宾馆实际上是一个别墅，花类新颖，大红大黄大紫，花满高树，别处少见。

六点半早餐，七点至附近几处遗址参观。为一寺、一庙、二古城。寺名交利恩（原名不知，可称无名寺）。城名希而卡普，均现代名。寺和城均为玄奘《大唐西域记》所提到的。玄奘曾在此住过。博物馆〖藏品〗异常丰富，全是实物，没有什么文字说明。比较之下，我们有些博物馆太枯燥无味。

下午两点三刻离宾馆，穿过拉瓦尔品第市区至教育部，辞别叶甫叶罕赴机场。品第市区街道宽展，处处有街心花园。外表为一很安静的城市。未至商业区，不知情形如何。

四点三刻飞白沙瓦。飞行35分钟。达尼、穆拉瓦罕来迎。作为白沙瓦大学客人，住大学宾馆。

5月17日

早九点至达尼办公室，然后拜访付［副］校长穆哈默德·阿里。旋参观白沙瓦博物馆。馆长加发接待很殷勤。

中午大学付［副］校长设午宴招待。参加者二十人。其中有前驻日本、印尼、德国大使马立克，法院院长，各系主任。看来要算礼遇甚高。马立克年五十余，现为数学系教授，其貌不扬，谈吐亦不甚高明。说吃中国饭、住美国房、娶日本老婆三大舒服云云。问他对越南问题的看法，他说巴一般知识分子都认为美国干涉是错误的，应该让越南人民自己解决自己的问题。我说，这证明美国太不得人心了。他说不是从现在走［起］，近二十年来人们对美国的看法已经改变了。散会时讲了一番友好。

下午夏鼐去参观达尼发掘遗址。我和成若愚在家休息。找历史〖系〗主任谈话，试探他能否安排讲话，未行。晚上达尼请在他家里吃饭，作陪者穆拉瓦罕等多人。科学代表团寄来的巨猿下齿骨模型由我们送给了白沙瓦大学。

5月18日

上午九时，考古系集会，由夏〖鼐〗放中国考古发掘幻灯片。夏文《中巴友好历史》〖在〗官方报纸《黎明报》十六日全文发表。看来这〖次〗访问的一炮打响了。我们拿来的两个稿子都在官方报纸上全文发表了。

夏讲演时，小成分发越南画报和小册子。有些人很注意特别看胡志明主席的照片。会后继续有人索要。看来他们对越南问题还是关心的。

下午两点离白沙瓦起飞赴拉合尔。达尼、穆拉瓦罕来送行至机场，热烈告别。白沙〖瓦〗至拉合尔共两小时。中间在品第停25分钟。实际飞行一小时半。到品第［拉合尔］后旁遮普大学历史系两讲师来迎，宣布我们是他们学校的客人。住“大使旅馆”。五点多以后乘塔克西[1]游览市容，至市场

[1] 塔克西，出租车音译。——编者注

买头巾二幅。室外干热总有38—39度，室内特冷，只在10—15度。两个世界。旅馆餐厅豪华，厅外有电视厅，堆满美国杂志之类。洋女人座［坐］在那里看电视。我们略座［坐］即走。室内室外两个世界。晚上盖被睡觉甚冷。

5月19日

早八点旁遮普大〖学〗历史系主任拉希得来见，并即同至大学历史系参观。茶会招待，然后拜访付［副］校长。参观新旧校舍，校长亦设茶点招待。又访大学历史研究所。对方都还热情。

在历史系茶会时，与美国人发生了遭遇战。历史系共有老师八人，六个是巴基斯坦人。另有美、英教授各一。茶会最初只有巴六人参加。谈到中间忽有美国人进来，个子高大，年约40岁。一进门就问“有我的份没有？”主人立刻紧张，马上向我们介绍，说这是我们的美国教授，都是朋友。美国人了解我们是中国人以后，也马上说：美国人民与中国人民是友好的。我等他座［坐］下以后，第一句话就说：我们反对美国帝国主义，但我们主张中国人民和美国人民友好。翻第一句话时，主人和老美都很紧张。美国人接着讲：他在这里讲历史，讲的是美国政府的观点，但高兴有一个机会了解亚洲国家的历史观点。我又攻上去问：你对美国政府的观点和你了解到的亚洲观点怎么评论？老美避免正面回答：这要看有什么材料，没有材料只能各讲各的观点。下面他又讲：今天晚上我请你们吃饭。我答：“我们的时间很紧。”巴方一直插〖不〗进，未与多讲。大约20分钟后主人宣布：我们与付［副］校长约定的时间到了，要离〖开〗这里了。最后对老美讲：你说你不久要回美国，中国人民主张跟美国人民友好，请你把这个意思转告美国人民。他答：很好，希望在东亚我们不要再增加〖敌对〗热度。我立刻回答：这不是我们的问题，不是我们挑起的。他再也不响了。

当时主人、老美都紧张，我们应付自如。主任拉希得先生溜走，然后提前散会。看来很担心。我们的立场表明了，但没有使东道主过于为难。这个美国教授名威斯特威尔，是根据富布莱特法案来教书的。实为美国政府走狗。美国伊利诺伊大学的教授。据后来哈里得（自称巴共，看样子不是假冒）谈，威斯特威尔是搞军事情报的美国特务。他的全部经历是在美军中工作。在巴经常注意巴军情况。

下午再至夏黑玛花园，皇帝坟，妃子墓。情景〖依〗旧。

晚上三人开会，总结这一段工作。睡 5—6 小时。房间冷，头痛。

5 月 20 日

八时起看一个图书馆。九点看古堡、大礼拜堂。据夏鼐说，此大礼拜堂不如耶路撒冷富丽精工。十点三刻送成若愚至机场。十一点飞返卡拉奇。

今天上午陪同参观及送至机场者为哈里得其人。拉合尔〖旁遮普〗大学历史系本届应毕业学生。自称为巴共，〖执〗业律师。上历史系为取得学位。家有地 50 英亩，租给别人，每亩年收入约 600 卢比。城中有一点房子，五口人，能维持中等家庭生活。如一个月看一两次电影。不要多吃菜等。现年三十八岁。从事工人、知识分子工作已十八年。他谈到巴社会生活、苏修、美日、历史观点等等，看来都还正确。他说，宗教、真主无非是骗人的，他是马克思主义者，根本不相信那一套，是假穆斯林。曾翻译毛主席著作《矛盾〖论〗》等，早已出版。他谈到的问题有：

一、男尊女卑，女子无地位。巴法律很复杂，男子要求离婚很容易，女子要求离婚，除有重大理由，光办手续需要三年时间。法律规定一夫一妻，经妻子同意可娶三四个小老婆。我说要取得这种同意恐怕很难，他说，埃塞俄比亚相反：第一，女子不懂得行使这种权利。第二，妻子不同意时，男的提出离婚，马上就同意了。西巴从去年起，规定娼妓为不合法。但这样一来，娼妓更多了。因为生活无着，那些人由公娼变为私娼。我们〖问〗私娼不受干涉吗？他答很简单，给警察几个小费就行了。禁娼为警察开辟了财源。

二、地主占有大量土地，劳动人民生活异常困难。

法律规定一户在一个地区的土地不得超过 1000 英亩。几个地区的土地加起来不得超过 3000 英亩。实际上是一条具文。地主可以把土地分别安上他家里的人的名字，这就等于毫无限制。法律规定土地的数量还起了一个更坏的作用。西北边区有些地区，土地原属村社公有。法律规定私人占有土地数量以后，村社公有的土地变成了村长、头人的私有土地。现在政府要人许多为大地主（按：阿尤布即为大地主。塔克西拉最肥美的平原上即为阿尤布私人庄园。纵横数里，树木葱郁，他为此地人，也准备退休后在此地养老）。

地主的统治非常野蛮。知识分子想搞农民运动，但不能进到农村地主庄园里去。进去就被暗杀掉。佃农需有耕畜、种籽等。生活很困苦。自耕农略好一点。（我们见到的农村房屋三面围墙，上盖一顶，其中空无长物。）

工人一般收入为一月 90 卢比。每天需 3 卢比始能在城市生活。也就是捞饼加少量蔬菜，有时只能用盐代替。一个月吃次把肉就算好了。（哈里得同我们一起午餐，不敢跟我们吃一样吃［饭］，要了一样点心，自己付账，怕跟我们吃一样饭付不起。）

三、现在巴的历史教学、历史著作都是地主的观点，封建主义的观点。他们讲的那一套东西都是只应丢在垃圾堆里的东西。那些人对于讲人民运动毫无兴趣。1946 年卡拉奇地区有一次人民起义。是当时的共产党领导的。发动的主力为海军，附近港口城市工人罢工响应。起义海军与反动陆军激战两天。真纳出卖起义，遭到失败。那时印度有三种政治势力：一、国大党。二、穆斯林同盟。三、共产党。由于有这次起义，英国才同意印度独立，但又让印巴分治。英国是怕起义的影响扩大到陆军更无法控制。

四、印巴对立的根本原因并不是宗教，是资产阶级的利害冲突。穆斯林占领区土地、资源都差。印度教占领区资产阶级势力大。互相矛盾，这是对立的根本原因。

五、西巴共产党只有两人反华，其他反修。

下午两点三刻自卡拉奇飞达卡。五点到达。总领事郭进、付［副］领事袁对松来迎。出机场又逢满大士胡森。住夏巴旅馆。又住 105 号房间。又一桩巧事。

5 月 21 日

早六点起。报载 PIA 空难，死 122 人。巴方震动。

上午看达卡古堡，印考古局所在地。下午至“牛马克”新市场购日本笔等数事。

又看博物馆，即达尼原住地。上午最〖后〗至总领事馆拜访。在市区偏西南角有洋楼三座。与郭进等谈半小时。

5月22日

上午再看阿布杜尔 · 哈希米。他的职务是伊斯兰学院院长。一见面就大谈反美，更强调反印。我说印度人民是勇敢的。他说：教授，对不起，你不知道印度人民。他们都有优越感，自认为是优越种族，其实是绵羊，不是我们的问题，不要把他放在心上等。我想讲一点越南问题，他说美国总领事来看他，他指出他们干涉越南不对云云。

下午五时搬至总领事馆，总领事晚餐招待。

今天是第二次访巴最后一天。今天后半夜三点启程回国。

5月23日

下午三时半返抵北京。

5月26日

丫头出院。写访巴报告。体重61.6公斤，为近年最低者。

5月27日

最后写完访巴总结。原写的部分根本不能用，重新写过。付打〖印〗。

一九八一年二至三月访问南美日记①

迪也哥·马维拉

《鲁迅集》中有文，叙述他的作品，予以赞扬。（查卅【一】年代文）

墨西哥总统府大壁画作者。

2月9日

早八时北京起飞，九点一刻至上海。十点三刻上海起飞。十二点整过鹿儿岛。十二点半见富士山。天气晴朗，沿东岸向北飞行，故见富士山时为向左方看。从千叶县向西，即成田机场，离海岸很近。下〖午〗一点整着陆时符浩大使往迎送。在机场停四小时，五点三刻起飞，北京时间后半夜两点抵温哥华。飞行八点又十分。当地时间为上午九时。中间飞三小时以后和五小时两度相当大的摇晃，柜台杯盘摔地。广播通知拴好安全带。高三万零六百英尺，气流冲突仍如此强烈。总领事朱毅至机场迎接。下午游览市容。至今"中国城"（或叫唐人街）保存有孙中山当年住过的小楼，现为"中国洪门民治党"部。当时为二层楼房，孙住二层，现扩建为五层楼。孙三次来此。市政府会议决定在唐人街辟地建一中山公园，要运一孙中山铜像。卢宝贤曾参与孙中山领导的活动。

傍晚至停泊港内的中国货舱参观。载四万五千吨小麦。将于九点起锚返回。船政委领着参观。南斯拉夫造。

晚上因吵闹共睡四五小时。飞机上未曾合眼。这是两天两夜的睡眠。

---

① 根据手稿收录。——编者注

2月10日

上午朱总领事陪同游览市容。至北温哥华高地，又观动物园鲸鱼表演。中午参议员（前议长）普瑞招待。楼下即白求恩出发赴中国的码头。

市的特点：海湾，宽阔，森林，市郊房屋小楼式样各异，清洁。气候好，花树繁多。似城似乡。看不到什么行人。车多。与东京拥挤状不同。远处高山四季有雪。高1500公尺，与泰山相当。市建于1886年，温哥华即市的创始者，立有铜像。市里森林水池大雁、天鹅等自由来往。

卢宝贤96岁，1903年赴美国。……①

顾维钧办中国留学生日报，卢负责发行。

晚上在领事馆见卢宝贤。卢今年96岁，温哥华华人耋年会会长（六十岁以上者得为会员，现有会员约一千人）——此市华裔共约十万人，百分之九十五以上为加拿大籍了。据他讲：1900〖年〗前后在香港第一次见孙中山。孙在港〖办〗《中国日报》，报社地点在永安街。他祖父在旧金山挖金发了财，回到香港开设金山义安商行，在美国旧金山开设广丰泰商行。“金山”即美国，义安商行经营对美进出口贸易，地点在《中国日报》斜对面。孙中山遇有机会即宣传革命。其时商行英文秘书某是革命党人，《中国日报》来往人多，故孙常来商行英文秘书处商谈。卢得听孙宣传革命道理，于是参加他们的活动。但非兴中会员。第二次见面，他本人1903年去美国，上密执安大学，与顾维钧同学。创办中国留学生刊物。自任主编，宋霭龄为编辑之一，卢负责发行，因此认识宋霭龄、庆龄姐妹。孙中山②年底至底特律筹款，找卢会面，有所商谈，这是第二次见孙中山。其后孙〖起〗反对军，从国外购买飞机，由朱卓文经办。那时他在上海商业储蓄银行做事，协助购买四架，运到两架。以后转入香港中国银行。

---

① 原文杂乱略。——编者注

② 原文此处空格，具体年份失记。——编者注

2 月 11 日

上午十一点五十五分起飞赴墨西哥城。行程约有四小时卅分钟。途中往北京写明信片两张。五点一刻抵墨西哥城。飞行四小时廿分。使馆代办等来迎。街道车辆如流，拥挤不堪。行一个多小时才达旅馆。住馆内招待所，房子可以。服两次安眠药。屡睡屡醒，共睡四小时。橘子大，美，为别处所无。每用两颗，饱餐。城市高楼不多，人们衣着等也不如日本，但物产富足，食品便宜。行人少见，全以车辆代步。电视干净，影片有思想，艺术甚佳。全市一千一百万人。墨城大学二十八万人。房屋了了。

2 月 12 日

早六点起床，七点赴机场。规定八点半起飞，久久不能移动，据说要维修。显然是架老飞机。行程要三小时五十分，飞机出故障，近至十一点起飞。下午三点到波哥大。飞近四小时。议长来迎。

住希尔顿国际托拉斯饭店 25 层 06 号。晚上服安宁片三片，睡四小时。头痛服素［药］，未痛。波哥大为山城。

晚上参院议长举行宴会。

2 月 13 日

庞密尔糖镇，20 万人，土地 13 万多顷（20 公里半径圆圈）……[①]50 个大老板。

卡里市，瓦利省首府。卡里为哥〖伦比亚〗第二大城市。……[②]

昨晚酒会与市长、厅长等六七个人讨论。苏、越、台、古、毛、社会主

① 原文杂乱略。——编者注

② 同上。——编者注

义、中国文化等均论及。回答反映好。教育厅长大称赞，认为时间无多，再留下谈就好了。

2月14日

早五点半起床，昨晚服药，顶多睡四小时。早七点便点，机场起飞毛[1]省。同〖行〗老年妇女不停地跟我谈话，作手势划十字祈祷。

安蒂奥基亚省（金矿丰富著名），其省会是麦德林市。

麦德林市政府壁画。市长办公室四幅巨大油画。爱国思想。民族英雄，多民族团结。历史过程，保卫国家领土。

市议会整个一面墙大壁画。劳动，工人、农民，反对压迫。反侵略，爱祖国。

上午参观格达卢尼亚橡胶园。像茶园一样，风景美丽。

参院副议长某说：有句成语，哥伦比亚是南美的希腊。

又每天都是春天。

住洲际旅馆，很好。

玻利瓦尔——民族英雄。

2月15日

昨晚住 [2]四星旅馆（二等，头等为五星）。晚服海米睡四五小时。早八点十五分起飞。

玻利瓦尔省卡塔赫纳市。1530年西班牙人创立。加勒比海重要港口，1515年建，大多为非洲过来。

Santa Marta，圣 · 玛尔塔。

去年十二月九国首脑会议纪念玻利瓦尔逝世150周年。其中有母国西班

① 此处可能有漏字。——编者注

② 此处空白，旅馆名失记。——编者注

牙。

西蒙·玻利瓦尔：1. 哥伦比亚，2. 委内瑞拉，3. 秘鲁，4. 厄瓜多尔，5. 巴拿马，6. 哥斯达黎加，7. 萨尔瓦多，8. 多米尼加，9. 西班牙[①]。

2月16日

参观古城堡等西班牙建筑。

晚九点一刻起飞赴波哥大。途中雷雨、闪电交加，机翼火光照耀。十点一刻【十点一刻】抵波哥大。晚十二时半，睡六小时。

2月17日

上午拜会参众两院议长、总统、代外长。下午参观盐城。晚上大使招待会。

华侨黎步生讲，美国卫星上月球，看地面只见长城未见其他。哥国有华侨近三千人，最老资格，有五十年。

2月18日

上午〖向〗西蒙·玻利瓦尔像献花圈。参众两院议长陪同。半身像，奏国歌，士兵大队排列，有礼如仪。

2月19日

昨服安眠药，只睡四小时。

上午十点离开波哥大希尔顿旅馆。十一［二］点【刻】起飞往委内瑞拉

① 这一句原记在2月18日，现移此。——编者注

首都加拉加斯。飞行一小时半，下〖午〗一点半抵达。

加拉加斯西北面紧靠加勒比海。众山崎岖。城市房屋街道毫无规则。山顶、山脊、山腰、山脚随地散布，亦一奇景。汽车如织，比波哥大还多，因为石油故也。

“名厨高调，正宗粤菜”。

市中心“伟人们”（译为“伟人广场”）造型构造很特殊。崇敬战斗独立的英雄伟人。共十人铜像。电台、艺术作品，对民族独立、爱国主义宣传占突出地位。电台奏国歌，群众自动跟唱。

委国大城市不说，每个中心城市都有一“玻利瓦尔广场”。广场外，许多露天公共广场都立玻利瓦尔铜像。知识分子的结论是：玻利瓦尔是有缺点、有错误的，但他有伟大功绩。我尊敬他。货币名称也叫玻利瓦尔。市中心国家公墓中埋葬玻利瓦尔，房屋为教堂式，三个尖顶。

“大哥伦比亚”为西班牙统治区，解放后变为六个国家，即……

住“加拉加斯希尔顿饭店”，单间房，大电视机，又有收音机，一天一百美元，奇贵。自己付费。

2月20日

昨晚服安定片，房临大街（一四楼），吵闹特甚。睡近六小时，为最近较好的一晚。

早五点起床，出发赴洗脸时忽然想起孔孟【关于】与共产主义有关的说法数条。不患寡而患不均。看到不均是祸患，这是有意义的。反映农业小生产社会要求均的观点。穷最坏。共产主义是立在物质上极大丰富的基础上。我们的问题是只求均，而不解决“寡”的问题。经济上是正确的，历史上是倒退的。（？）此处少数人特富，穷人也较“富”。

八点起飞赴特多[1]首都西班牙港。委国航空公司飞机DC8，相当于707。实际飞行一小时。

---

① 特多，特立尼达和多巴哥共和国的简称。——编者注

此地1300多万人口，土地面积910万[①]平方公里（查），相当于中国面积十分之一，地广人稀，而又四季如春，绝大部分未开发。哥伦比亚、加拿大（地理条件差）根本相同，确为“新大陆”。

委电视片分为ABCD，主要是前两种。片中间有凶杀等，事先发通知，告知家长，儿童不要看。C片禁演。

八点二十起飞，飞行将要一小时十分钟（实际一小时）。机场休息三小时，十二点三十五分飞往圭亚那首都。

十二点三十五分飞圭亚那首都乔治敦。对方大使同行。预定飞行一小时，一点二十五到。副总统等机场迎接。

乔治敦为英国皇帝乔治五世命名。以前为荷兰殖民地，乔治五世时英国来此，故名。三层以上楼为极个别。绝大多数为二层小木屋。更像农村，不像城市。与前面几个首都大异。

晚上参加祝总统生日晚会。演节目有政治内容。早五点起连续活动，至晚上十二点止。

个人迷信感强烈。

2月21日

上午四个拜会。女市长、副总统、议长等。下午游市（实为农村），晚使馆看美国片。女人奇形怪状，基本赤身露体。为前所未见。

2月22日　星期日

上午雨，十一点出发参观“凯丘”瀑布。距乔治敦约250公里。乘飞机来往各一小时。瀑布在高山原始森林中，宽110米。落差300米（肉眼观察似不如那么高）。水溅上升如雾，涧底因日光照射，形成彩虹，亦奇观也。我签名，只题“中圭友好”，其实应写“壮观”“疑是银河落九天”之类。

---

① 这里有笔误，应为91万平方公里。——编者注

晚上参加圭方国庆，九点入场，□点升旗。“合作社会主义共和国”总统伯纳姆讲话。形式主义，个人突出。所有〖人〗先到。总理先到场，起立奏乐。又十分钟，总统到，奏乐。同家属上场绕场一周，总理等候如仪，等等。

奏国歌时，群众跟着唱。下〖夜〗一点睡。

2月23日　星期一

上午八点如时至科菲铜像（大头、小身，歪扭）献花圈，不果。

九时至十二时参观国庆团体操。观众、表演者共约万人。节目历史、现实建设主题突出。思想健康。下午中华会馆。（讲话杨）晚上至使馆便餐，“吹风”。

“中华会馆”很有意思。门口悬挂大幅欢迎祖国亲人横幅。双人舞狮，锣〖鼓〗掀［喧］天。男妇老幼参观者近200人。全圭亚那有华侨6000人，此地即有4000人，大多数为圭籍。在场者有前财政部〖官员〗、律师各一人。其他均经营餐馆。有新从广东来的青年。独立后圭亚那第一任总统何塞·钟[①]即华裔。现在在，未露面。讲话口气亲切。高呼中华人民共和国万岁。

使馆再看美国电影，讲法律对有钱有势的人不起作用。女的全身赤裸，比上次见者更凶。美国生活方式，原来如此。据说尚尖端。“吹风”未提及《决议》草案。只说学术理论。

2月24日　星期二

上午参观中国援建的砖瓦和纺织二厂。晚上大使招待会。前财长杜仲七十四岁，甚健，华裔，不得政府允许，不得参加招待会云。此国华裔六千人，四千在乔治敦。第一批来此者为1873年。杜仲云曾有人著《英属圭亚那华侨史》，他交给了加拿大使馆。

① 何塞·钟，即钟亚瑟。——编者注

2月25日　星期三

上午参观大米厂、糖厂。晚五点见总统。

此处土地制度：一、国家所有占80%，小农租用，一期二十五年。二、殖民主义时代封地，沿袭个人所有，可以买卖（华人曾有封地）。圭亚那全国80万人口，森林覆盖面84%，不少原始森林。三、小农合作共有。有地有农场主，大者较〖少〗。与哥伦比亚不同——看来都没有经过封建制。——据说巴西、智利不同——萨尔瓦多独裁者查谟占有全国财产。情况复杂，并非一律。如加拿大地广人稀，鼓励开发。许多国家□手一制。——历史发展阶段殖民地不同之处研究。

下午五点半至六点半见总〖统〗。先见团长，后见大使、我等四人。神气。

2月26日

上午八点科菲像（1977年造）献花圈。大头、短身，形如怪物。据说：一、本地原始人以为高贵者为大头；二、古代生活艰苦，领导人必须智力发达，大头为此像之正。

然后会见总理，较平易近人。然后至使馆总结、午餐。下午议长、副总统分别来宾馆辞行，送礼。晚七点半从乔治敦出发，飞行70分钟，抵巴巴多斯。顺利到达旅程的最长点。两院议长等迎接。旅馆很特别，二层楼房，成套设备，为此行最舒适者。

2月27日　星期五

上午使馆谈情况。此国面积400多平方公里。人口25万□千人，外国游客20万—30万，旅游收入为三大收入之一。人口平均每年收入达2000元美金，为加勒比最高者。全国 75% 为私生子，认母不认父。男女离合无常，生子归母亲抚养，因为不知父亲为谁。家庭为“单亲家庭”，接近母系社会。城乡差别甚小。妇女有经济收入，但无政治地位。

下午晚上为明天团长“座位”问题反复讨论，长至晚十点散。

2 月 28 日　星期六

五点多起床，昨晚近六小时，未服药，为出访以来最好的。六点多吃饭，急雨，决定不出席仪式，“座位”问题解决。开支部大会，下午花会。

旅馆地名为“教堂”（？）。离首都布里奇顿有一个半小时路程。布里奇顿有华盛顿故居。他患天花，兄长患有结核，来此治疗休养。其时华盛顿十九岁。在美国独立战争前二十年，一默默无闻青年。从美国来此，为华一生唯一出国的一次。因生天花，仔细看，脸上有麻点。一个人的生活道路，取决于环境，也有相当偶然性。他天花死了，历史的面貌就不同了。

1851 年……[①]

3 月 1 日　星期日

早九点三刻出发，晚六点半回旅馆。游全岛一周。十一点至岛东北部高地“尼古拉庄园”。现在的房主名斯蒂芬 · 开夫，近 50 岁，他的高祖 250 年前买下此庄园。至今凡五代。始终种甘蔗、榨糖。1834 年英国颁布法律废除奴隶制。剥削方式改变了，庄园主世代相传未变。最好的材料是：（一）保存了奴隶制时的奴隶姓名（原无姓，废奴隶制后，以教名为姓）、每人的价格的记录。幼小者五镑，壮年多至百余镑，老者一文不值。奴隶价格基本与牲畜价格相当。全数六张，复制。（二）祖父、父亲时代关于庄园劳动的电影。庄园主骑马至某处巡视。监工骑马挥鞭监督工人劳动，砍甘蔗、榨糖。而劳动者全为□人或混血男人。胼首［手］胝足，历历在目。庄园现土地

① 原文杂乱略。——编者注

4000 英亩，工人 40 人。斯蒂芬家在英国。每年冬天来此住半年。本人返回英国时有管家经营。人极斯文，亲为讲解，放电影。出妻女相见。冷饮款待。殖民制度剥削未变。布里奇顿、乔治敦买卖奴隶的市场的遗迹不久以前尚能见到。市场中心设一平台，出卖的奴隶，加以价目、年龄等标记，在平台上供买主选择。英国（？）某写《中国契约劳工》一书，记载中国劳工船 1851 年第一次到圭亚那，船上死亡 60%。（中国华侨 1873 年第一次到圭，前面有记载，见“杜仲”条。）

历史的后院。

3 月 2 日　星期一

马克思主义作为科学体系，不能说比较起来它对，也有缺点。这种说法不对。可以牛顿、达尔文学说来解释发展。

上午见总督，下午见总理。晚上总理招待会，专场文艺演出，达出访高潮。

3 月 3 日　星期二

上午看乔治敦独立广场公园、华盛顿故居。两排市场。□□遗迹。有亭。现在的布里奇顿外面，海湾街。华盛顿故居，现在是一清洗店老板住宅，二层小楼，楼的窗口挂一块小牌，写有黑底白字“故居”几个字。华盛顿 1760 年[①] 十九岁住在这里养病。他兄长患肺结核。此处当时房屋面对海滩。

巴巴多斯距非洲最近，是非洲与美洲的中转站。非洲奴隶运到美国，大都经过此地。

奴隶市场就在港口岸边。布里奇顿为桥的城市。奴隶市场离桥不远，不过一百多米。现在为美国“城市银行”，议会大厦也在附近。

议长云：华住地属布里奇顿市内。

① 应为 1751 年。——编者注

中午使馆招待会，总理出席。昨晚他招待，并举办专场招待会。晚上两院议长宴会。

3 月 4 日　星期三

今天将往特多。下午 2 点 55 分乘洛克西德 101 出发赴西班牙港（特多首都）。3 点 35 分到，飞行 35 分钟。平稳，特大飞机。自纽约来，终点为特多。大使、外长迎。住希尔顿旅馆 611 号。冷气不能自行调整。冷，穿两件衣。特多，近年发现石油，外汇多。全国每人平均收入 4300 美元。中国只及其零头，为加勒比富国，汽车如流。

3 月 5 日　星期四

上午参观，总统、外长会见。下午使馆照相吹风。晚上外长宴会。

3 月 6 日　星期五

上午两院拜会。

特多全国 5000 多平方公里。120 万人口。多巴哥小于 4 万人。

昨晚同团长分坐“主宾”席（应为大使）与外长长谈。问西班牙港来源，不得要领。

特国 1976 年改共和（见独立金币）。下午参观 ×× 角工业基地。晚大使招待会。

这几个国家都是星期五下午就不工作了。

3月7日　星期六

8 点出发 9 点 20 分飞往多巴哥。据说〖是〗淡巴弧之译音。他最早以产烟传名海外。飞行 15 分钟到达。

伯利兹独立问题，有人主张把其中一部分归危地马拉。

石健代办云：西班牙港为哥伦布命名。哥探险最初发现巴巴多斯、特岛等，认为是三个岛屿。其实特非岛国。哥登陆地就在西班牙港附近。西班牙人到，有本地人乘独木舟前来观看。因产水果、稻谷、蔬菜等，西班牙人横蛮抢劫、掠夺，遭到本地人抵御。中间经过多次斗争，土人被驱走。哥伦布命名后又往别处。此地多其文物，遗留几门英国大炮。法国人继西班牙人一度统治此地。现仍有少数偏僻地点说法语的人，但已本地化。狂欢节即法国人习俗。法国人来此，并不长。最后变为英国殖民地。1662 年[①] 独立，1976 年改共和。

奴隶制盛行时，此地非重要市场。遗迹已无存留。现因平均每人年收入达 4300 美元，故甚富，西港有“小纽约”之称。纽约能买到者，此处均有。旅馆，海滩。白人妇女基本赤裸。主要为美英等国游客。

多岛又被附会为《鲁滨逊漂流记》之地云。

旅馆极大，沿海，低层建筑，潮声如雷震，一声声，非连续的。与哥伦比亚经历者不同。

特多、圭亚那、巴巴多斯（哥伦比亚有部分白人）。人种，黑人、印度人后裔约多一半。当权者却为黑人后裔。此系历史所形成。最初西方人来此，主要劫掠非洲人当奴隶，生产劳动。上个世纪奴隶解放。一些人开始进入城市。西方人用印度移民来填补。原来的黑人在城市从事工业劳动，或当兵，或当警察。权力高于印度人。华人在此少数。圭亚那有何塞 · 钟当过总统。特多有何才当过总督。现均在，不参加华人社团。（此地华侨与东南亚不同：一、地理隔远。二、早来，已相传三四五代，本地化。三、与国内联系少，无亲属。只有少数是最近数月、数旬来的，端盘子、碗。生活容易维持，思乡无法克服。）

---

① 应为 1962 年。——编者注

西、葡、荷、英、法统治南美后，相传数代，形成独立利益集团。在此地者与本土者发生矛盾，要求独立。于是相继发生革命、独立战争，与美国独立战争性质相同。因此，那些革命并非种族革命，实为同种之阶级斗争。西、荷、葡、英、法势力的变迁，加上殖民者分而治之的政策，海岛地理条件，于是形成现在的许多独立小国。现在还有一些小岛在继续要求独立（多巴哥反对党以前即要求独立者）——第二次世界大战后以加勒比为中心——成立西印度联邦，首都牙买加，后垮台。现在此数国大学只有分校，仍以牙买加为总校。

资本主义历史发展的复杂——阶级斗争，民族变迁、融合，这个过程还在继续。

特国黑人主要来自尼日利亚、埃塞俄比亚，现在双方仍有往来，特国向埃聘请警察教育等。

圭、特等国统治主要靠：一、经济力量。二、军队警察。谁在这方面得势，谁掌权，否则不稳。因此，军队在任何情况下都是政权的主要支柱。

第二次世界大战后，资本主义进一步剥削。英国衰微，美国霸权遭到反对。以前的殖民地，形式上独立了，实质未变。现在纷起反帝反殖反经济控制压迫，经济要求独立。现在的圭亚那、特多政党、领导人都是从事工人、群众运动、反帝反殖活动起来的。旧的白人势力纷纷退出——这是第二次也是真正的民族独立民主运动——两次革命，特点显著。

3月8日　星期天

上午游多巴哥全岛。1小时40分钟，走全岛一周。中心为“乔治二世要塞”高地。200年前所建。方圆三四亩。有水窖、医院等设施，现尚存留。驻军多时二三百人。四门铁炮，为乔治三世时所铸，有乔治（3）字样为证。西、法、英争夺此高地，凡易手31次。殖民主义者中斗争激烈。目的在奴役劳动人民，榨取其血汗。将于12点起飞返特立尼达。此地24小时，全为游泳、游览，海滨别有风光。但有局限狭小感。

此地华〖人〗在一万人以上。

孙中山彩色照片，于右任写的“惠东安”会馆联“风雨一杯酒，江山万里心”，“× 惠东（莞）酒（宝安）”。

特多电视干净。电影〖表现〗美国腐朽生活方式等，通知十八岁以下学生不准观看。学生一律中式制服，管理。

特立尼达是我们改的新译名，旧译“千里达”。原意为宗教中的“三位一体”之意。1492 年，哥伦布抵达特立尼达南端，看见三条山脉横跨北、中、南部，便命名此为三位一体（《世界知识》中有介绍——查）。南北 110 公里，宽 70 公里。

3 月 9 日　星期一

下午一点〖起飞〗，两点一刻到加拉加斯，飞行〖近〗一小时半，仍住原希尔顿。

陈代办云：二次世界大战后拉美系统（非英法系统）主要是反军事独裁统治——委内瑞拉西门尼斯当权八年，被推翻。战后美国麦卡锡主义。扶植反共军事独裁。一些拉美国家出现此政权，资产阶级起来反对。发动联名，搞工人运动、议会政治等。许多政党成立。现在的当权势力即由此而起。委人种多次混杂。主要当权者为白人后裔，与英属殖民地截然不同。（两种革命论另考虑。）

议会一处大厅，整面墙大壁画，描写玻利瓦尔解放祖国时的三个时期：一、宣誓独立。二、玻率领大军穿越安第斯山脉，艰苦行军。三、解放者玻利瓦尔去世，灵魂尚在。

椭圆形大屋顶。

议会最主要的大厅。每年七月五日独立日总统在此演说。

屋顶画 1821 年卡拉沃波战役，解放决定意义的战役，气势雄伟。正面大厅 1811 年独立签字仪式。

委反西门尼斯，1958 年胜利。阿根廷庇隆、摩索查（尼加拉瓜，1979 年垮台）。至今危地马拉，玻利维亚、巴西（有变化）仍为独裁政权。

委首都特点，人口 400 万。

伟人广场雄伟壮观长余。但不狭窄。两侧建筑物高大多样。人像、喷池相间，另起高层建筑特多。贫民窟布满山头山脚。

3 月 10 日

上午八点加拉加斯起飞，DC8，略大于 707，每小时飞行 900 公里至巴拿马将要两小时，略等于北京至武汉的距离。九点五十到达。过境旅客不准下飞机。新华社记者来迎，才在机场待了约 10 分钟。首都平地，远处有山，高层建筑不少，人口 40 万，占全国 120 万的三分之一。运河离十余公里，半小时汽车可达。

安第斯山连接哥伦比亚、委内瑞拉、秘鲁、智利，为中南美主要山脉。

十点五十四起飞，移动备跑共 7 分钟。机场外农田有人耕种。一人操拖拉机作业，六七人在一起劳动。飞机起飞一两分钟，播音通知看运河。飞机从运河入口上空处经过，远处可见运河闸门。河长 170 公里（？），西边为太平洋，东为加勒比海。别矣，加勒比！

十二点正，过尼加拉瓜活火山上空附近。山如覆碗，碗底即火山口，烟雾滚滚。大约以〖下〗二十公里出［处］即有村庄。

十二点二十分左右过萨尔瓦多上空，城市未见。十二点三十分左右，过危地马拉上空，见城市。两者相距十分钟的飞行路程。中美〖洲〗小国如此。

下午两点十分到，整三小时，从委都至此共五小时。去时计算不确切。

下午三时游览市中心。查普特佩克山，旧皇宫，军事学院，现历史博物馆。改革大街。三种文化区。

“国民室”即总统府。进门以后，全面墙大壁画。在一组左侧，画一群知识分子围着一幅画像，即马克思。此作可见《鲁迅轶文辑》页 261。迪也哥 · 马维拉。

3 月 11 日

上午游金字塔、日月塔，在城市北 50 公里处。

3月12日

上午十点乘日航707，踏上返回航程。

一九八一年十至十一月东德纪行日记①

10月21日

应莱比锡大学邀请，参加该校东方学研究所成立三十周年座谈会，会晤老友。同行者南京大学赵瑞蕻教授。

早8点10分起飞。民航707飞越太原、乌鲁木齐、喀喇昆仑山至卡拉奇。途经沙特阿拉伯、约旦、叙利亚、土耳其、地中海等地。

自北京至卡拉奇，下午3点55分到，实际飞行7小时又45分钟，下降就费了25分钟。5点5分起飞赴贝尔格莱德。据说要飞6小时。卡拉奇温度33℃，太热。机场情景一如二十几年前，无甚进展。但飞机上所见郊外房屋似大批更新，不见席棚了。

自卡至贝5400公里，要飞6小时40分。每小时飞800公里。北京至卡飞5800公里。

回程卡拉奇——北京5500公里，飞行6小时15分（预计）。

今天追着太阳走。下午十一点半还能见到太阳，当然是夕阳。此时已过地中海。贝尔格莱德地面温度22℃。

飞机降落正值太阳下山（14小时又25分，共上厕所七次，两小时一次，其中一次在卡拉奇），如盘如盖，庞然大物，鲜红夺目，亦壮观也。由机场联系城里大都会旅馆。此地与北京时差七小时，晚饭一菜一汤，十点就寝，服安眠药，睡约四小时。二十二日早时起床，五点赴机场。

细雨蒙蒙，手提行李步行10分钟上公共汽车。昨晚、今早所见街道情形，新的八九十数层，高楼多，楼外空地宽旷，旧街道二人以上合抱大树多，落叶满地，街道宽阔。五点多钟，街上汽车已成群，人们开始活动起来了。

---

① 根据手稿收录。——编者注

机场规模大，现代化，与卡拉奇大不一样。街上小车成排，列于路侧停放。

10月22日　星期四

小雨。早八点起飞，赴东柏林。中等飞机，一百一十座位，不分座位，一人占一排。昨〖飞〗十四小时一〖直〗很稳。今天亦然。与赵瑞蕻在机场约出访方针等四事。机上仍沉沉欲睡。所见田野整齐，树木多，田野中昨夜今晨有一堆堆火焚草或秫〖秸〗秆，据说作肥料。□印象比我们强。

飞行半小时，忽然降落，打听出为贝尔格莱德南方桑卡拉夫（萨拉耶夫？）城，由此再换飞机去柏林，此为事先所不知者。民航人员根本未提及此事。满地青绿，有山很峻，但有大面积平原。

毛来福先生（马克思大学讲师），阿德曼教授、校长。

非洲近东学院。

区克系主任，教授。

费路普（汉堡大学教授[①]），北京七年。

雷鸣夏（李素馨丈夫）均北大留学生。教授、校长最高工资三千五百马克，教授二千五至三千五马克，讲师、副教授一千二百至一千八百马克（一马克折人民币六角）。

上午十一点抵东柏林，使馆政务参赞田健，文化专员马君玉去机场迎接，至大使馆吃饭，并与大使陈冬等谈话。毛来福照规矩，坚持不进使馆，在外面车上等候。使馆已非廿五年前旧址，为高台楼房。下〖午〗一点半出发赴莱比锡，200公里。两小时半。两侧四分之三以上地段为宽阔森林，只有很少地段见到农田，树木高大茂密，无专人看守，人人爱护，视为己责。高速公路中间为草地，每隔若干公里，设有电话，专为叫修理汽车之用，亦无人看管。田野青绿。一派有秩序，生活安定情景，晚上李希特讲师请吃饭。每人发一百马克。一马克合人民币六角。早餐需七八马克，午餐需约十五——廿马克。住马克思广场右侧圆圈国际饭店。单间，极窄，以［一］小窄条，但尚舒适。服安眠药。时差七小时，困倦。

---

① 应该是洪堡大学费路教授。——编者注

晚上李希特讲师陪晚餐，饭菜差。

10月23日　星期五

上午十点开会。共约四十人，我们为唯一外国客人。阿德曼（校长）致开会词。历史家，五十一二岁。去过秘鲁，接受秘鲁博士名义。会前送礼书字画等。区克系主任四十多岁，研究阿拉伯等。第一个毛来福宣读论文，题〖为〗孔子的哲学思想，为博士论文内容。已翻译出《论语》出版。博士论文尚待按法律通过，明年出版。第一个由我致词，照原稿，加了一些现场有关的内容，如开头加校长、爱吉士教授夫人，末尾加贝喜发教授健康等。贝健在，七十七岁，已退休。一进会场，他就前来打招呼："刘大年同志，我是贝喜发。"热情如旧。上下午宣读论文八九篇，全为中国历史、语言、哲学等。有中国社会主义改造的理论与实践，目前的教育制度，王蒙（《组织部新来的年青［来了个年轻］人》作者）小说评论，现代汉语等。无不良内容。中午副校长（别扎教授，历史〖家〗）请吃午饭。一菜一汤，做得好。下午开会两点至五点半，多次想睡着，勉强撑持到底。赵两次外出散步，倦极。闭幕时我再讲了几句话。睡〖前〗服药，睡眠仍不多。

10月24日　星期六

此地五日工作制，今天机关、工厂休息。上午两次在广场附近散步，大百货商店位于此。十时以后人群密集，车停广场内，全都步行至商业街道，购物。衣着整齐，过于日本所见。小空地有青铜歌德，青年时在莱比锡学习时雕像，两侧雕妇女各一人，为歌当时情人。一正面，一侧面，并记刻有姓名。歌德年轻时曾学画。其一即为画师之女，据说两人对歌德写作曾有影响云云。

西方，特别是德国与中国习俗大异，有如此者，不但不以讳，而且公之于众，传之于后，似为美事。不妨津津乐道者。中午毛来福同餐，三人58马克，煎鱼，一人合19马克。中、晚餐大致如此。

下午游市容：

一、民族战争纪念碑，莱市南郊，面从北。1813 年拿破仑大败普鲁士于此。碑大块石头砌成，高九十一米，雕大型士兵群像，盛〖大〗雄伟，面对大水池，公园。上次似乎来此。

二、新建居民房舍甚多。其中一处即可容纳 10 万人（全市只 60 万人），高层楼，较现代化，60% 分配给工人。大致按每家人口分配，1、2、3、4 间不等。

三、郭士力地区席勒纪念馆。二百年前一小木屋，两层，每层只有两米多高，举臂可以触及。某部交响乐即在此写出。其时廿四五岁，木屋当时为乡间农民临时出租给避暑者。“未敢翻身已碰头”，鲁迅、歌德、席勒等人的重要著作都是在那种条件〖下〗创造出来的。

列宁《国家革命》。

10 月 25 日　星期日

白崖

古斯塔夫——卅年战争中此地公国之王，战死。明年五百年祭大会，瑞典国王将来此。

魏森费尔斯，苏军基地，苏军大兵营所在地（即贝格堡）。

歌德 1749〖年〗生，1828［1832］年死在此。

1832 年死前，此时冯斯坦因夫人已死。冯为魏玛共和国大臣，负责管马。歌其时为魏首相。冯死后其妻成为歌德情妇，比歌德大七岁，死于歌德之前。

萨尼河，此地风景极佳。悬崖筑屋，下有河，小平原。

托恩贝格（堡）。

柯贺别克（山），冯斯坦因家族所在处，歌德纪念馆。大地主庄园，建筑豪华，周围壕沟，有天鹅游弋其中。歌德常来之地。

爱丽嘉·陶勃，今日陪同旅行者，50 年代北京留学一年，现四十七八岁，已当外祖母。人很好。从她的谈话中得知：

一、此地研究项目，人员使用全按工作需要，有计划。与我们因人设事者相反。爱丽嘉留学回国，领导的教授认为〖学〗中文没有工作可做，令其改行学蒙、藏、突厥语，她欣然从命，现在以上各文都能阅读，又懂英法俄语。后两种讲得好。莱比锡本为汉学阵地，为了有计划，人员都集中至洪堡大学，此地则研究阿拉伯、非洲、近东，在中国这就行不通。

二、强调科学水平。爱丽嘉大学毕业已廿余年，同班同学中两人为教授，本人懂七八种外国语，出过四本书，仍是讲师，升教授可能性很小。

三、长去东欧、苏联旅行工作，挣回一些钱。对中国有好感，表示死以前再去北京一次，在东安市场吃一顿饭，如愿已足云。

四、莱比锡至耶拿约 100 公里，往返 200 余公里。

乡间绿色心脏，名不虚传。田间只见一处有两人用马耕作，三处拖拉机收萝卜，其他无人劳动。

10 月 26 日　星期一

上午收拾行装，准备〖赴〗柏林。

十点见副校长别扎，他介绍大学情况，见本册最后数员［页］。又有专书相赠。

十一点半与李希特、毛来福、爱丽嘉同餐。一点半乘火车至柏林。共 200 公里。

费路等车站相迎，晚上贝喜发一人请吃饭。

Stoecka

斯特克（石德克），60 岁左右，教授，其父为德著名共产党员，研究殖民地问题。

Prof. Ph Gereler　揭而列尔

Prof. Ph Drecsiler　德列克思列尔

副所长 Prof. Ph Haiger　海测尔，似均无名气。

300 多人，一半以上做研究工作。

纪念马克思逝世一百周年。

下层史学的准备。

世界史所研究中德国史的地位。

历史书读者对象问题。

如何培养人才，来源，培养方法，年龄比例。

10月27日　星期二

上午九时洪堡大学亚洲系，中国部历史科，即费路所在单位座谈。费路为洪堡大学亚洲系中国历史政治经济教研室主任。二十余人，有教〖授〗石德克等人。出题讲资本主义萌芽问题，达一点半钟。昨晚临时考虑了一下系统。要点为：

（一）讨论过程，50年代到现在简况。

（二）争论焦点：1．是否清朝建立，切断了萌芽，2．是否已达到进入资本主义前夕状况。一致点：1．有萌芽，2．没有那么大。

（三）为什么西方侵入前中国未进入资本主义？考察此问题的两种出发点：一、从科学技术发展水平出发——西方观点；二、从社会经济结构、阶级状况等出发——唯物主义观点。前者在于否定阶级剥削，否定革命的必要，后者相反，从社会经济状况出发，中国与欧洲不同者土地制度。中国两千年前就可以自由买卖。马扎亚尔等把它说成资本主义，不知是封建剥削。1．由于土地可以买卖，资金的积累就不用于发展手工业、商业，而用于扩大土地，进行封建剥削。2．城市行会手工业封建性很强。3．封建政权的“重本抑末”政策（西方有重农重商学派）。4．中国没有资本的原始积累，即对外侵略，郑和下西洋与周围国家的关系都与西方不同。此几点都与西方不同。（石德克认为欧洲情况也并非一律，法国手工业就不全是从行会发展来的，德国土地制度也不一样。）

（四）资本主义萌芽何处去了。洋务运动评价问题。（石德克认为土耳其也有此种〖情〗势，不是资本主义，而且工业都失败了。）

（六［五］）研究资本主义的意义——找东西方历史的共同性和特殊性。但不应从此找中国进入社会主义的根据。

下午二时访科学院历史所。副所长海测尔等交谈二小时，送书。主张交流，“与君一席话，胜读十年书”。

午饭后，费路、柯公然（新助教，女）陪同看勃兰登堡门，希特勒总理府遗址，即希自杀处。勃兰登堡门当东西大街，往东数百米即洪堡大学，门外一二十米即白色柏林墙。把东西柏林切为两部分，此处可见，墙忽东西向，忽南北向，弯弯曲曲。如下图：（下面更直观）

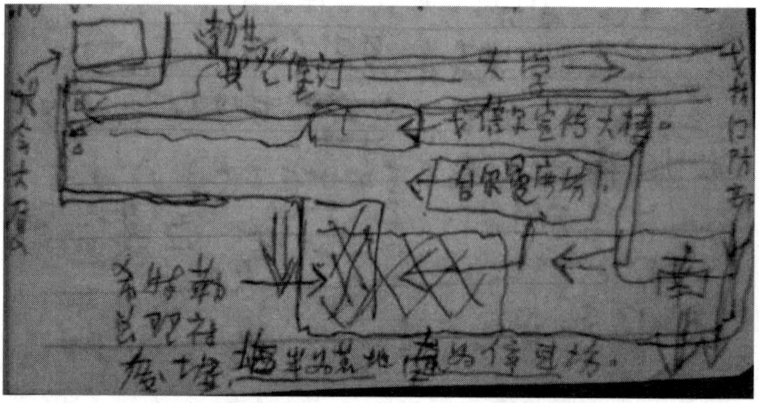

希特勒总理府废墟西半为荒地，东为停车场，总理府废墟至宣传大楼约200米，六七层普通楼房，东至国防部楼约400米，同样是六七层楼房。战争破坏了，现在修复作办公室用。台尔曼广场北面平行东西菩提树大街，西面为洪堡大学正门，东南顺次为歌剧院、新外交部、马恩广场、共和国宫。广场西部旧式楼房，即李卜克内西在阳台上宣布成立共和国处，现为国家主席办公用，西北附近灰楼即党中央。大学街心高大铜像，腓特烈二世，骑马奔驰。马恩广场房屋即普鲁士王宫所在地，堂殿除残余部分无存者。此处过去、现在均为政治中心。只有国务院不在这里。

晚上七点在柏林饭店37层上吃饭。丰盛。主要谈话者考夫曼（博士）。

德史学界权威者为施米特，研究德国1848年历史，是日在座，并发言。

10月28日　星期三

上午十一点，费路陪同访历史工作者协会。昨晚至今一直下雨。晚，文化专员马君玉来，约今晚大使请吃饭。

史学会执行副主席，木克教授，五年开一次会员大会。大约有一千人。有十八个国家的人参加。下一次会在明年十二月召开。理事会每年举行两次。

历史学全国委员会——主要准备国史学会。

历史工作者协会领导成员：

施米特（副主席），唯此人较有名，研究 1848 年德国至今。

拉内副主席，现执行，木克教授。

列宁强调辛亥革命的反帝性质。

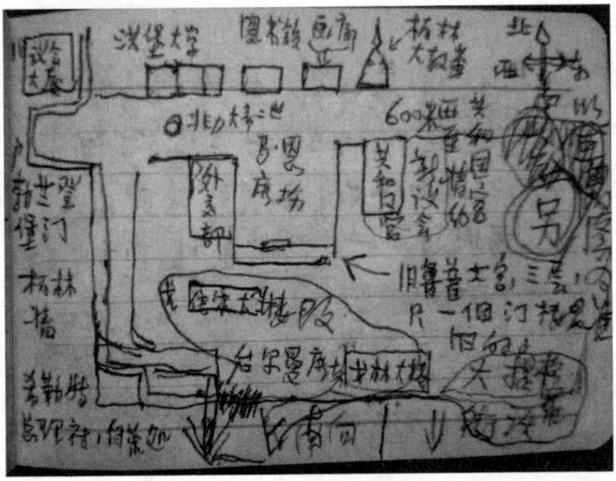

以上图为中午在共和宫吃饭，在广场瞭望所校正者。

下午二时至四时讲辛亥革命问题。反满有系统，引起热烈反应。

费路谈：一、中国如邀请，官方定支持。二、西柏林每人每年可来东柏林 30 次，经申请可增加。三、外籍工人经常来东柏林找姑娘过夜，因她们喜爱西马克、用品等等。规定晚十二时必须离开。报纸、电视常常对骂。四、有小费就好办了。柜台服务说放皮包的地方没有空，给了四角钱，马上就有空了。又昨天讲演的教室，二层有私人牙科诊所，等等。

晚上大使请吃饭。沐浴就寝已近十一点。最近都只睡四个小时左右。

10月29日　星期四

上午八时十分离旅馆赴波茨坦，约60公里，行车一小时半，洪堡〖大学〗中文教研室主任格鲁蓝开车，费路陪同。方向，柏林西南。柏林墙直至波茨坦公园河的对面，其中圈着西柏林市和郊。以前我误以为柏林墙是东西柏林的分界线，现在才知道是对整个西柏林的包围圈，1961年9月×日一夜之间筑起。

美苏坦克、军队对峙，只隔几十米、几百米，气氛紧张，战争有一触即发之势。西方大吵大闹。后来美国后退，局势、城墙逐渐固定下来了。建筑柏林墙的指挥，即现在党的最高负责人。事行保密，西方毫无所知云云。波茨坦为勃兰登堡州首府。市内“三鱼”饭店午餐，鱼很好。

柏林——莱比锡途经易北河上的威胜堡。其地教堂即马丁・路德宗教改革宣布十六条论纲处。

腓特烈大帝，弗里德里希，恩格斯同一个字。

贝叶玛（贝海默夫人，北大留学生），法□□赠礼小瓷一件。

10月30日　星期五

上午九时以后〖参观〗人种博物馆。

下午两点，毛来福来迎，往爱吉士教授墓献花。赵迟迟未出房。毛来福催促说：“我们要赶紧往坟墓里去，他们在坟墓城等。”他们者，区克教授及其他五六人。爱吉士骨灰葬南郊公墓，紧邻“民族战争纪念碑”，左侧（碑坐南朝北）树多，管理亦善。爱墓为一小方石，后立一大碑，中国式，高与人等（约一米六七）。□篆“千古”两字，下面概［楷］书大字“汉学宗师”，只有碑顶有小字德文一行。买花一束，大红，衬以青松枝，35马克。（今天上午两人一顿“三明治”，38马克。意外地贵。）

回旅馆前送赵访友，又经过蔡特金公园附近的原德国最高法院建筑物，四方大灰楼，三层，一处有尖顶，即1933年希特勒捏造所谓国会纵火案，季米特洛夫与戈林斗争处，其〖时〗戈已是希特勒国防部长。睹此肃然起敬。当时德国首都在柏林，唯独最高法院在莱比锡。蔡特金公园现为市中心，邻近莱比锡大学高楼。大学医学系最著名，出过很多大医生，系里附有二十四个医院。医院地址在往南郊民族□□碑的途中。

爱丽嘉·陶勃丈夫著《西藏手抄本和木刻本目录》（四大本），1964年，出版者西德汉学家佛郎可，所收的书都在东德。西德也有东方手抄本和木板收集计划。

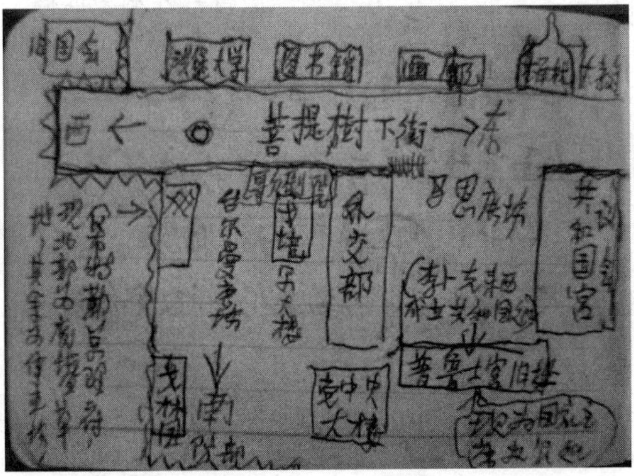

∨∨∨∨为柏林墙西端勃兰登堡门。勃兰登堡门至希特勒总理府步行五分钟。共和国宫至勃兰登堡门约五六百米。此图方位和各处距离均经核对，可以为据。

晚上七点，赵始来，同爱丽嘉至大学西南不远地下酒店晚餐。歌德青年时与大学生聚会饮酒的地方。《浮士德》中有关大学生汹［酗］酒，魔鬼作法，大学生受困的章节，即指此酒店。郭老译本中称之为“欧北和（译音）酒寮”，即小店之意。地下室、房屋为大石墙，看来极坚固，为二百年前旧物，可能经过些修理，其他未变。一侧只供三人饮酒。有某单位包场，正奏乐演魔鬼骑在大酒桶上一节。两处可容四五十人。一处供餐，可供百人坐席，客满，在门外等候招呼，始得入内。墙四周画《浮士德》故事，爱丽嘉随处讲解，故事烂熟。她〖懂〗得多种语言，熟读歌德，绘画亦好，据说家庭布置异常整洁，舒适宜人，实为多才多艺者。

饭为“典型”德国式，两个丸子、酸菜、土豆，共一盘，如此而已。三人共 15 马克，便宜。

10 月 31 日　星期六

梅森，德国瓷都，创始人勃尔卡（Bollcher），1709，化学家，原来是□□萨克森国王奥古斯特□□化学家，原首都在德累斯顿。萨克森国王奥古斯特首府原在梅森，后迁至德累斯顿。

梅森宫堡，1471—1520 年（西德有尼达，萨克森历史上是普鲁士的部分，此地非也）。

莱比锡——梅森 86 公里。

梅森——德累斯顿 26 公里。

宫中壁画无数，或为本【身】朝历史，或为希腊神话。打仗，宫廷斗争等。

溯易北河沿岸而上，此地为易北河上游，再上即捷克，下游流入汉堡。

左河右山（不高），风景秀丽。

奥古斯特的后人（摩里支宫——狩猎住所），十八世纪中叶所建（此地原为波兰领土）。

河中大群大群野鸭，无人偷猎，受到保护，又高速公路地带路上指示牌画有“鹿”，即此地有鹿，要司机注意，不要伤害。今日雷鸣夏同膳。

（一）柏林和此地所有大学校长、系主任、教授、研究所长以至重要军官，皆在 44—50（或一二）岁之间，他们是当权者，正当盛年。为苏联培养起来的一代人——反观我们与此不同，无人后继。

（二）又座谈中提问，对我□洋务派、立宪派，称胡适“进步”（贝叶玛提）大惑不解。

廿五年前来看画廊，全是废墟，今天晚到十分钟，已闭馆。缘悭。画廊为四方形，中为空地，纵横约百米。四面各有门，其一为王冠门。

德累斯顿为遭轰炸最严重地之一，破坏达百分之八十，现恢复很好，不见痕迹。

11 月 1 日　星期日

上午九时赴魏玛。爱丽嘉同行。昨去德累斯顿，为莱比锡正东偏南，耶拿在莱市西南，魏玛则为西偏北。德国东部历史复杂，柏林很新，东 80 公里即为德波边界，所以东部过去为波兰领土，摩里宫所见绘画人物，不少为波兰血统者，即由于此。魏玛与德累斯顿王族最早是一支，后为分裂对立。雷鸣夏言，其中过程复杂，详细讲谁也记不住，也无必要。对一般人知其大概即可。是为知言。一切历史均如此。研究者也应注意此点。

魏□依尔姆河□公园以河命名。公园中有莎士比亚像。

英国式的，建筑是罗马风格。

冯斯坦因丈夫为魏玛大臣之〖一〗，负责管马。其房现为古典文学研究办公室。公园中小房，以前的印象是一层小草房。

现在知道是两层小房，树皮盖顶。下层有厨房、餐厅等。楼下工作室，有斜面小桌，特有的高脚木凳，骑马式坐下很不舒服。房子上下都只有三间大，很简易。外面木条保护。歌德公园故居。

十二点半以后至公园对面高地新饭店午餐。（九点前小解，至此已三小时四十分钟，急。）饭后参观歌德、席勒故居，与公园近在咫尺。歌德工作室与以前印象不同。中间两张书桌相对，靠墙另有工作座位，室内有书架，邻室全部摆书，共六千册。工作室后一小室有单人床，面对小园。园外为街道。以前记得布置得故意很简陋，并认为舒适的地方不宜写作云云，似不然者。查旧日记录可知。

雨，三点一刻回莱比锡，五点半到 96 公里。车上睡一刻钟。

爱丽嘉言，现在社会上坏人比十年前多了，要注意安全。原因是人们追求享受，没有止境。青年人自私自利，家庭、亲友间关系淡薄。不敬老，等等。政治思想工作抓得较紧，但还是坏人增多。此事是因她前天回家已过八点，问是否安全等谈起的。她担心不安全，乘出租费 11 马克云云。

11月2日　星期一

上午至商店参观。十一点访日尔曼语系。中午与李希特等同餐。

下午莱比锡〖大学〗历史系。系主任谈他们系有三个院士，四个国家奖金〖获得〗者。但未见一人露面。回答中国为什么与西方交往（所谓他们不高兴）和“文化大革命”是否会再发生的问题。晚上毛来福、爱丽嘉、李希特、雷鸣夏告别。三点至区克系主任处告别。四至六点买零星用品。130马克而已。

注：此地博士要取得教授头衔，必须：（一）写第二篇博士论文；（二）要有教授名额，由教育部分配的名额。否则不行。

【起】此地学生十余人，得教授者三人而已。又，对外国研究的范围广，水平比我们高。

11月3日　星期二

早四点半醒，五点起床，六点出发赴柏林。莱比锡至柏林205公里，行2小时半。黄林绿野，平原、丘陵，低矮的小山，疏散其间，景致如画。

贝喜发，贝海默夫妇，大使馆参赞田健，文化专员马壬来送。回答高速公路也有曲折等问题。

十点三刻飞贝尔格莱德。中间在来时的城市降落。下〖午〗一点半到贝市。来接的使馆办公室丛某工作态度不佳，问“为什么迟迟才出来，再不来我就开车走了”。经过打【打】电话，晚上文化参赞何自力，二秘崔晞陆来看视，商定明天活动。

阿瓦拉山无名英雄碑。

克里波格丹要塞，13世纪土耳其〖人〗建。

萨瓦河入多瑙河。

贝尔（白色）格莱德（城）如列宁格勒。

11 月 4 日　星期三

上午九点，崔晞陆开车来入城，先至城外高地青年无名英雄碑，层层上去，高大灰色花岗石雕，八名各族妇女像，六米多高，顶一棺材形石拱，很雄浑。一群苏联旅游者，多数【全】为妇人，约二三十人，衣着鲜艳，相当显眼。然后，入市区，从联〖邦〗议会门口——即电视中所见铁托出殡处，再经共和国广场。名为广场，实比街道略宽。此处似皆为四、五、六层旧式欧洲建筑。之后去克里波格丹要塞。13 世纪土耳其人所建，有数处石刻为记。一层上墙颇不高，地点在萨瓦河与多瑙河汇合处，居高临下，俨然堡垒。西方势力侵入一个民族，往往采取白种〖人〗办〖事〗，南美所见全都如此。唯外国在中国例外。非不为也，是不能也。第一次见多瑙河，不过并非“蓝色”。从旧城赤萨瓦经党中央三十几层大楼，联邦政府大邦［楼］皆建在空地上，有大片草地，无其他房屋。又至“萨瓦中心”，为最近代化旅馆，大厅可容万人，可举办大型国际会议。

十一点三十五至铁托墓，已过时间。中午至南大教员范彬（女）处午餐。米饭炒菜，太美。张维（北大）〖在座〗。下〖午〗两点整至铁托墓。缓坡草地，平房坐东朝西，为铁托花房。墓为黑色花岗石，金字刻姓名，生卒年月，别无装饰。四卫兵两面站如木偶，另有警察、工作人员各一人指挥。瞻仰者不太多，但陆〖续〗三五不断。或鞠躬，或不鞠躬，绕墓而过。三点回旅馆。上午曾至一工人家参观，比中国当然强多了。

下午休息。晚餐二人费 30 西马克，贵甚。

八点赴机场。大使陈光伟送南共书记访华，迎秦基伟路过，来打〖招〗呼。

11 月 5 日　星期四

一人占三座，躺四个钟头，不曾合眼。中间大颠摇一次。至卡拉奇改为北京时间。正一点一刻起飞。

下午三点廿分广播，知飞机正飞过中巴国境线，亦即喀拉昆仑。飞机两侧全是雪山，如万刃丛立，一望无际。看下去飞机离山顶近在咫尺（百把米，全然不止）。雪山过后，开始见大片沙漠，几个钟头之内，两者重复出现，总之皆不毛之地。大概地中海以东多半如此，欧洲得天独厚，雨水调和，至今一片葱绿，或者绿黄相间，与东方大异。

自然科学与社会科学比重，社会科学五千人。其他为自然科学。学生毕业以后必须服从分配。

莱比锡大学为德三大大学之一，共二万五千人，一万一千学生，两千半工半读，一千五百外国学生。

校长一人，副校长五人，第一副校长代理校长，人事、社会科学、医学、管学生各一人。

学校设科学委员会、社会委员会。最重要的教授、青年、党员等各科人员参加。授予博士、副博士等。委员会共二百四十人。是帮助校长的问题，不是领导问题。最高权力是校长、副校长。科学委〖员〗会上层还有一个小型委员会，也只是帮助校长。社会委员〖会〗有军队、外交、工会等各方面人参加，解决与校外联系、合作等问题。

大学有个重要任务：

一、思想工作，培养学生也培养科学家。通过此而创造安定的政治条件。二、培养新人才的工作。第三，科学研究工作。三大任务结合。

一九八二年十一至十二月澳大利亚、新西兰访问日记①

11 月 20 日

十一月廿日早六点半起，七点从木樨地赴机场，行 50 分钟。

阿沛副委员长等送行。

中国民航北京直飞香港。九点起飞。全程二千四百公里，预计飞行两小时又四十分钟。每小时一千公里。准时到达。港府派员迎接，启德机场贵宾室略事休息，穿海底隧道至湾仔（？）新华社住址，紧邻跑马场。楼共 24 层，我们住 12 层。街面汽车如流，排成数行长龙，多过东京六本木一带。楼上听到噪音，但不震动。晚上十点就寝，第一次醒两点三刻，起来追记与卢克明谈话，然后又睡又醒，第三次醒来已六点十分。未服安定药，为最近五天来睡眠最好的一次。在家连四天服药，或因睡迟，或因房顶吵闹，均睡不过四小时。今得解除困乏。

晚上看电影，与新华社卢克明谈世界现在经济无出路，资本主义“三高一×”，高物价，高利率（银行贷款利率，查），高失业，低生产率增长速度。世界大战后利用战争期发展起来的技术、核能（按：查计算技术）等科学发明（按：日本利用抗美援朝）生产发展，现在已过去，普遍下跌。

从去机场的车上想到文化史来，一个问题讲存在决定意识，私有制最根本的存在就是生产资料私有，阶级对立。所以对文化要作阶级分析。资本主义制度存在，共产主义交织理论，就是因为存在工人阶级。这种分析很复杂，但并非不能进行。

从康梁谭哲学大杂烩看来谁也不属，但是还是能看出阶级本质，既不是

① 根据手稿收录。日记开头有“人大常委访澳、新代表团”字样。——编者注

封建的，也不〖是〗资产阶级的，同时二者都有。

驳生产力的一个论据：

机上与□同志谈起鞍钢是日本人搞起来的。猛然想到一个问题：洋务派办工业，中国从这时开始兴建近代工业，但对中国起了什么作用的问题。日本办鞍钢，在东北搞了重工业，但是为谁办的，是谁得利，谁受压迫剥削，是把中国变成了独立的新中国的一部分，还是变成了殖民地？只有打倒了日本帝国主义，中国革命取得胜利，那些工业才对中国人民［起］发生正面作用。

洋务派的工业是把中国变成半殖民地秩序的一部分，还是独立的中国的一部分？如果说没有洋务派就没有资产阶级，那我们同样可以说没有奴隶主就没有封建主，没有封建社会，就没有资本主义社会，是否因此就要首先肯定前者的功绩。须知资产阶级是反对、摆脱洋务派的要求产生的，不是按照前者的轨迹产生的。洋务派的工业只有归入人民之手才是有意义的，否则是压迫人民的手段。因此，中国的问题首先是摆脱殖民的统治，其中包括打倒洋务派那种帝国主义统治中国的代理人势力。

11 月 21 日　星期日

七点半至 24 楼屋顶瞭望，跑马场在下面，西面合和圆形大楼高 66 层，为亚洲第二（第一为日本太阳城 61？），可住一万人。其余三四层大楼林立。与 1963 年来所见者大不同。清华建筑系来此者约二百人，多数定居，少数新来，其中有老党员，也不想回去了，主要是待遇优厚。此为清华王教授所谈。钱就是这些“党员”的一切。

上、下午在家休息。下午睡一小时。晚上看电视。

晚十点四十五分乘“国泰”（港资）航空公司 747 起飞赴澳大利亚。晚餐丰美，黑鱼子酱，生鱼等。中间有一个多钟头，敲钟，亮灯，通知〖系〗上安全带，相当颠簸，但比上次过太平洋轻。

11 月 22 日　星期一

五点天亮，早餐，七点到达悉尼。参院议长扬、大使林平来迎。住　[①]饭店 39 层（共 44 层）。机上曾〖睡〗一小时，到此地后又睡约半小时。四点游海湾植物园，其地即最早的英国〖人〗来〖澳〗登陆处。各种奇花异果，大树参天。对面即帆船音乐厅。“教授”即关心一看处。浏览朱未去。

晚上七点，参院议长扬宴会。

11 月 23 日　星期二

早八点从悉尼飞堪培拉。议长扬同行，乘军用飞机，十点三刻抵堪〖培拉〗澳国立大学，出迎者中有王公［赓］武、陆惠民、□□切等。座谈致词，十一点离开，住　[②]旅馆十二楼，外面极安静，首都约十三万人。建筑很新，到处大片草地树林。中心一人工湖，喷泉高达数十公尺，直线上升又垂直下降，据说与瑞士喷泉同。拜访总督，督府在大松林中。下午至议会旁听开会一小时，回拜参院议长扬。

晚上大使招待会，出席约 250 人，包括参众两院首脑、议员、各界人士。

自香〖港〗至堪〖培拉〗的路上与教授同一坐舱，对面谈，并告以如何隔音。

晚上大使招待会，到 160 余人。与高级人士接触，主要关心者，中苏关系。

然后在使馆“吹风”，菜与玩从原则到具体，从具体又到原则，会讲云云。

---

① 此处旅馆名失记。——编者注

② 同上。——编者注

11 月 24 日　星期三

早八点出发从堪培拉乘军用专机飞维多利亚州（首府即墨尔本）供电局“洛阳”煤电业开发地。团长、大夫直去墨尔本。我领队，基地规模宏大，技术先进。告别对方时在路边讲话。六点多乘大轿车抵墨尔本。住希〖尔顿〗饭店【就】有大树木，极好，晚饭散步。

11 月 25 日　星期四

昨晚睡至少六小时，为近几天最好的，未服药，早起树林散步。

十点会见外交部长、众院议长，下午至广播电台。朱回答众院议长提出的朝鲜〖问题〗，〖提问者〗咄咄逼人，越南问题大体讲了，但不够透、准。会后大使来谈，外交场合我们不好插话，大体可以过得去。中午维多利亚州议会（1851 年太平天国时建立）宴请。晚上议员便宴。又会见众院议长后游市容一小时。富人商店、住宅太富丽，但无高楼大厦，一般为两层楼，花园小房。

晚餐会是众院议长委托两位副议长主持的。我讲话，较长，内容头绪都可以，有〖点〗死板，可以省略，少讲点话。

11 月 26 日　星期五

早八点半出发至［乘］【飞】公用机从墨尔本至新南威尔士州（即悉尼所在州）农业研究中心。参观猪、羊、牛饲养管理情况。某市市长招待会，我讲话。医生说深刻，自然幽默。小李事先说，你就讲，又会讲话。晚上道边与大使等小结。指出优缺点。

11月27日　星期六

维路那农场，有地四千多英亩（合两万多亩），一般农庄二千英亩，此地为四千。雇用两个工人，一月工资八百八十元。养牛一千七百头，每年四分之一种麦，其他为牧场，农牧轮作。一千七百〖头〗牛每年卖出售十五万澳元。公牛与母牛一比三十。农场主骑摩托车，带着狗——狗是训练好的，帮助放牧。

新南威尔士州农场有十万多英亩的。地一般二千英亩，他四千英亩为较多。也有少至几百英亩的。此农场主土地为五十年前买下的私有土地，值七十五万，包括建筑房屋等等不动产在内，动产是牲畜、牛羊马机器等值约七十五万。共值一百五十万。每年收入均十二万，支付税金、管理、成本、工资等费用后净收入两元［万］。平时本人管账，有两个雇请会计师管账（这里面有如何做假账，偷税漏税等问题）。庄〖主〗舒尔磁五十余岁，主妇年相当。为招待客人，晚时请来邻居，雇工妻子（打扮完全大城市妇女）等帮忙。庄主住房约二百余平米，两个会客室，富丽堂皇，厨房为不锈钢，厕所放花、毛毯，日本东京一带大城市水平。此处离最近的约三万人口的城市亦约。①

傍晚与教授散步，其对方为“一个技术人员对！”名既之大。②

11月28日　星期天

上午十点游动物园，看海豚表演。中午海〖鲜〗餐馆。此间最珍贵者为鸭嘴兽。正在产子。先打洞，然后把洞口堵塞，产子后出来。未见，从图上看，体积甚小。又一种鸟，名鸸鹋。如鸵鸟形，体大亦相近。特点是雌性产卵，雄性孵育，雌性产卵后就置之不理了。鸭嘴兽是一种哺乳动物，但产卵。

① 原文如此。——编者注
② 同上。——编者注

（恩格斯为此在《自然辩证法》中承认错误说明是胎生。）辩证法不承认有那种纯而又纯的事物。此两例即是。

11 月 29 日　星期一

上午游海湾，先参观帆船音乐厅。中午州议会宴请，参观议会房屋，议员每人一间办公室，设备很新。有沙发床。议长在办公室可以了解会进［议］厅全部情况。

然后访问州长。电梯层层有锁。每层有人管，州长九楼办公室。不经允许，不能至九楼。

晚上在领馆举行答谢宴会，我是第二主人。右侧为前总理即与中国建交的惠拉姆。特高身材，1976 年唐山地震时在天津。谈建交过程，又〖讲〗两个澳大利亚人摩里逊、端纳故事。谈北京饭店是摩里逊，旧为袁世凯旧居，就袁世凯旧居变成饭店云云。

宴会后团员与大使碰头，小结。十二点回至希尔顿，打〖理〗行李，下〖午〗一点睡，服安眠药，睡四小时。

11 月 30 日　星期二

上午十点从悉尼飞新西兰北部海边城奥克兰，然后转机往惠灵顿。飞机是澳航 747，吃焖鸡，不好。

飞行两小时四十分，抵新西兰北部城市奥克兰，大使、对方外交部人员、华侨等欢迎。然后乘军用机飞一小〖时〗半抵惠灵顿使馆。华侨挂大标语欢迎，献花，气氛热烈。晚上使馆招待。武衡在此相逢。从苏联芬兰湾——北极到南极，再次见面。

12月1日　星期三

今天六个节目，中午在议长主持的五十人的宴会上讲话。没有用讲稿。顺利，与会场对方讲话结合，生动。

下午八点一刻，红霞满山。太阳东北出，西北落。中国所谓“譬如北辰，居其所而众星拱之”，此为北半球人所见真理。到了南半球就看不到北斗星了。条件变了真理变成了谬误。明成祖夸耀其功劳便所谓“北斗南望”事属合理。

同马谈话（惠灵顿旅馆）。

一、研究社会主义前途问题，不能只从中国看，要从第二次大战后的世界历史全面看。第一次大战后只有俄占世界六分之一，第二次大战后大批国家改变所有制。其中中国就占地球×分之一，人口××分之一。资本主义进一步衰朽。这是从未有过的大改变，也就是社会主义大前进。

二、一部分资本主义国家，恢复，发展，在某些发达国家中，各有原因。

三、“人民资本主义”（指工人可以有股份，福利国家，财产再分配）。工人与资产阶级的状况，确实不同于恩格斯《英国工人阶级状况》所讲的了，双方面对立不表现在住房、近代设备等方面，而是资本家拥有更多的“财富”。美国或说“一百家”，或说“五百家”，澳大利亚“一百家”等等。他们掌握亿万财富，最大股份。国家权力，使资本主义制度不致改变。

四、剥削关系，中心在他们所有生产资料，后者失去生产资料，这一点没有变。

五、不发达国家与发达国家的贸易是等价交换，又是不等价的。前者因为拥〔有〕技术，劳动力高，后者如中国国内产品必须大减价才能〔在〕国外市场交换。资产阶级仍要待市剥削落后国劳动者。[①] 他们一是本国剥削者，二是仍是国际剥削者。

六、列宁说帝国主义是资本主义垂死阶段，从历史角度看，仍然是对的。

---

①原文如此。——编者注

垂死不等于马上死，那样未免看得简单了。历史是人的活动，但阶级，总有求自身存在。是垂死了。

七、现在的经济危机，失业。资本主义必须保持一定的失业后备军来取得廉价劳动。社会主义就不需要，而是要作发展生产来解决。

抽象来自具体，一般来自个别；抽象高于具体，一般高于个别。这是科学者思维所能理解的。

历史规律与一桩历史事件的关系问题。

抽象来自具体反映普遍性的具体事件，因此抽象高于具体，普遍高于个别。——例如，中国山水画八大山人，齐白石的小鸡、不倒翁等，毕加索的画鸽等。一是弄清楚一件，好的事，二是从中得出评价、概念，才是尽了历史研究之能事。规律并不是历史的像复制。只能要求它反映历史本质。个别证据什么时候都能举出（列宁）。畸形并不反映本质，例如，畸形的人不是正常的人一样。不能因为舍弃了个别，就以为没有了历史，就不能因此说没有正常的人了一样。

历史上从来都是由于阶级斗争，战争需要锐利武器，如铁铜等，然后应〖用〗于生产。

生产力与阶级斗争问题，极〖为重〗要。

12 月 2 日　星期四

上午拜会总督，然后直往机场，乘军用机飞北部风景区罗托鲁阿，十一点抵达。罗托鲁阿为此地少数民族毛利人取名，意为第二湖。古为火山爆发处，形成几个湖，因为全是森林，风景极优美。旅馆室内为木装饰，新木加蜡令人〖有〗舒适感。

晚上“竹园酒家”晚饭，越南难民所设。原籍广东，见面就〖聊〗起来，表示热情。我对他〖说〗一些安慰的话，〖他〗眼红噙泪，表示感激之情。来此三年，是可入本地籍。又晚上旅馆毛利族妇女唱歌舞蹈，数十人围成一圈，赤身，腰围麻编织短裙。

12月3日　星期五

早起同马散步。九点一刻出发游山。

参观维克多乳制品工厂。740家农民，每家120头母牛。为此厂提供牛奶，11月份达二百万公升。本厂150个工人。两个厂，加上行政人员300人。

中午山顶饭店午餐。下午参观锯木厂，锯条十几公尺，齿极宽大，锯大木成板，一人用机器操作，近代化。

回旅馆又步行至森林公园，来回一小时。晚上睡眠六小时多，中间未醒，为十余天中最好的一次。

12月4日　星期六

上午乘车行75公里，参观怀拉墓地，地热发电中心。又参观牧场两处：一牧羊、一牧牛，场主均参加劳动，雇工各二人。

晚上毛利人舞蹈会，极紧张。

12月5日　星期日

上午离罗托鲁阿赴威坦益[①]。此地为一海湾。对面小岛约二千米，为1769年英国人最先占领处，名拉萨尔。也就是新西兰第一个首都——然后迁至奥克兰，然后至惠灵顿。

1840年，英国与本地人订立条约，从毛利族头人中“买”得新西兰，英承认他们为英国公民，从此并入英国。威坦益即订立条约处，现有纪念碑。此为海滨小城市，风景极美，不下于澳大利亚悉尼等处，不过海湾较下，没有前者复杂。距订条约处不远有一本地人独木战船，长三十余公尺，容一百五十人。船和树根仍保存完好。树直径三公尺，十人始可合围。长度约

① 威坦益，现在通译为怀唐伊。——编者注

合十八公尺。至今新西兰仍以 1840 年订立条约日为国庆日。毛利族一部分人反对。新与美国、拉美不同，即没有对母国进行革命，宣布独立，此为一大特点，澳大利亚亦如此？查。

12 月 6 日　星期一

上午游海、钓鱼，甘晋龙（新二部二秘）被钩透手指，开刀始取出鱼钩。下午游花园等处，最后至森林保护区。一种高梨的乔木，有一千年的，有三千年的。高而且直。问何以知其年龄，答云据同等已伐大树年龄算。树林阴森，不见天日，与教授云，少数人行此，当很恐怖。

上午出发前，教授手写改造房子两方案，未及读毕，即登车。中午理发，推三分钟，洗约五分钟，共八分钟。尚可以。

气候多变，乍雨乍晴，此雨彼晴。一路以此处居住条件为最上乘。平房无市声喧闹。

何谓“生产劳动者”——此处狗是牲畜业重要的劳动力——劳动者是讲人与人的关系，不是讲人与自然或其他的关系，所以任何头脑健全者也不会把狗列入“生产劳动〖者〗”中。它们和车犁等一样是生产工具。

12 月 7 日　星期二

上午九点半动身飞往奥克兰。抵达后游市中心最高顶。周围远往［望］有圆形山头数处，均为火山爆发造成。此山亦然，留有火山口。

午后游市一周。四点华侨欢迎会。我讲话，照使馆稿略加变动。晚上对方议员举行告别宴会。六点半拖至十点半。教授说看房未成。住所为南太平洋旅馆，现代化建筑。住七层，套间，陈设讲究，电梯嗡嗡和上下声不绝，比木樨地还糟。晚上睡不过四小时。

12月8日　星期三

今天为出访最后一天。

九点前服务员来查点食厨中的饮料。购威士忌等小酒七件，每瓶2.5新元，共17.5新元，签字。九点五十出发往奥克兰大学。两个讲中国近代史的，一西人、一宋××女士，八年前从香港来此，均主要〖使用〗费正清和其他美国人著中国历史书。杂用中文材料从堪培拉王赓武处图书馆借，借书一册，付费一元。比我们好多了。

下〖午〗一点半从奥克兰起飞。大使秦力真送至海关入口。飞行五小时抵巴布亚新几内亚首都××港。新巴1975年独立，原属澳大利亚一部分。现仍受澳经济控〖制〗。此岛原叫西伊里安（？），西半为荷殖民地，东半为英德殖民地。现西半属印尼，新巴受其欺压，全国三百万人。地极贫穷。副议长来机场迎送。很拘谨，上身着一衬衣，如乡下新进城农民装束。画报上见其人面不论男妇，多刻花纹，极可怕，古称“花门鳌面”者即此种人，看来至少明代已与之交通。土地归私人所有，卖给外国人，随意经营、开采。事实上经济并非独立。机场有大型飞机三四架，为巴国所有。山多石、小树，远望呈绿黄色，似太干旱者。与印尼隔河为界，受印尼欺侮。停留一小时再起飞，头等舱满座，看来多为商人。

起飞不久晚餐，十点太阳刚落。飞行六小时抵香港。北京时间九点。住新华社原房间。十二楼三号套间。

12月9日　星期四

上午全体游海洋动物园，坐缆车，行程四分之三公里。与海狮握手照相，陪同者任仲夷来此，亦曾与海狮握手照相。看鲸鱼和表演，又看美国跳水队表演。从100英尺（33公尺）跳下，为世界最高者。

下午全团总结会。我最后发言。较圆满。

晚上看和合大楼66层，为亚洲最高，居世界第十七位。

一九八五年四月第三次访问日本日记[①]

神户对面岛叫“淡嘉”，非“明石”，明石是城市名。

连同八二年去南美路过日本，此为第四次。邀请者日本文化交流协会。一行七人，担任副团长。

4月9日

上午八点半北京起飞，十二点十分抵日本成田机场。直飞3小时40分。白士吾夫至机场迎接。

住“新大谷”老楼。13层。晚上都留重人等主持宴会。

4月10日

上午九点，皇宫外苑“千鸟苑”看樱花。沿皇宫拥城河两岸连绵排列大樱树数百株（？），树直径三四十公分，树枝下垂，繁花满枝。一眼望去，如潮如浪。樱花开放时间极短，全盛时间不出三四天。我三次来日本，逢樱花盛开这是唯一一次。梅益访日四次，逢樱花开也只这一次。以前闻日本盛称樱花，不很了解。日本人讲：樱花为日本“国花”，又称为“国魂”，表现了日本民族、日本人的性格。所谓性格，是说日本人性急，能够表现个人的时间很短。正因为时间短暂，就要猛烈表现自己。就像花开的时间短，但一定要〖开〗得好那样。看过樱花以后，对前面的说法理解。花树下有的草地被践踏，路边立有禁止临时圈地等牌子，因为商贩、看花的人晚上占地在此饮酒赏花。入夜更盛，叫作“夜樱”，来往老［男］妇老少，络绎于途。真

① 根据手稿收录。——编者注

是“无人不道看花回”。此行亦一快事也。

十一点涩谷区井上靖宅拜访。井上七十余，和服相见，在患病，正准备写一部以孔子为题材的小说。认为不同时代的人对孔子有不同的联系。他也准备〖就〗孔子发表看法。读过不少资料。住宅清幽。茶点相待。出门照相留念。据说此公作品在艺术与商品价值之间。完全没商品性，在日本不能受欢迎。

下午参观陶器馆。

三点半以后，拜访有泽广巳老先生，他今年八十八周岁已过，近八十九岁，头脑极清楚。还记得五年以前我见他时送他过一些书。主要谈赠他中国社会科学院名誉博士过程问题。

扶桑山色扬州柳，似梦如真一画中。

4 月 11 日

上午从东京至北海道札幌。

北海开发纪念馆，1869 年开始开发（即明治维新第二年），馆的公园，野幌森林公园，总面积 200 公顷。1969 年即开发一百周年，建立此地纪念馆。

下午与札幌历史学者在北海道大学座谈。由林甘〖泉〗介绍情况。然后招待会。参加者二十余人。

4 月 12 日

上午参观北海图书馆，其中最有意思的是清政府给库叶岛头人的文书，（嘉庆年间）要他们进贡。又间宫林藏？《东韃纪念》上的图画，193[①] 年满铁印本，所载清政府地方官接待日本人图画等件。

下午观看开发馆和公园，纪念碑叠立，公园中保持原始森〖林〗若干，

---

① 此处年份未记全。——编者注

全部土地共 2000 顷。

晚上宴会主持者爱尼族（？）诗人连科源藏（？有名片），两至中国，写有《云行》《丝绸之路》两集。又工学博士田部（56 岁），三至中国，大同等地。问“昔闻洞庭水，今上岳阳楼”何人所作。杜诗（杨误为孟浩然）只记起七句。“戎马关山北”关键一句，无此不足凑合上两联。昔人评此很有见地。

4 月 13 日

上午十二点零五分起飞，途经西海岸，穿新潟，至大阪。飞一小时四十分，只比东京至札幌多十分钟。西部尽山，多雪。看来荒凉。

住大阪全日空（代表人冈畸［崎］嘉平〖太〗，民营）饭店，很高级。与札幌“新大谷”同。

无聊电视片断。

三点出发赴神户，小车高速路一小时，至“移情阁”（对面为日明石岛，面积与新加坡等），孙中山纪念馆。山口一郎，神户总商会会长至阁外相迎。题辞如下：

中山先生　革命先行
纪念一馆　神户之滨
天下为公　大宇镌铭
中日友好　永垂子孙

专程谒访
一九八五年四月中旬

其中有孙〖任〗临时〖大总统〗等珍贵照片多幅。晚十人会餐，山口坚持送〖至〗大阪。

4月14日

大阪八点半出发起。乘新干线一刻钟，再换乘汽车三十分，即至奈良。奈良在大阪以东，京都东南，呈三角形。过去总〖以〗为奈良在京都西南，实误。重点看唐招提寺，奈良大东寺。招提寺后观鉴真像，即去北京探亲者。一年只开放一次。今特开，甚见优待。室为前贵族宅，周壁由东山魁夷画中、日山水，费时十年。

晚宿京都车站“新京宾馆”，较差。井上〖清〗夫妇来访，与全团相见。无一语提及本人，亦异。

十点半睡，八点起。中间小便三次，但足眠七小时。

4月15日

上午东京大学座谈。

清水茂讲，京都〖大学〗的文学院是在东京大学文学院之后成立的。但立场不同。东大主要研究介绍西方，请西方人讲授，京大主要研究东方，由本国人讲授。

清水茂，吉川幸次郎学生，1963年送老诗有“扶桑揽辔讲灵均”。

东京大学午餐，一菜，一汤，无酒，干杯。

辽宁营口，金牛山发现人猿头盖骨。距今50万—60万年，与北京猿人相当。但头盖骨比北京猿人完整得多。

人文研究所（下午访问贝冢茂树等）。

东洋文化研究的最大特点：共同研究，三至五年为周期。完成一个课题。

贝冢讲：他目前正在进行孟子研究，主要研究孟子思想所反映的时代背景。此题极有意思。可以做。

上与孔子比，下与荀子比。

与希腊城邦制等相比。

晚上井上清宴会。

晚上“东华楼”井上清宴请。讲话：在此受到招待四次，两个时期，两代人。

邦交未正常化时期。1963 年民间邀请来访，大家作了许多工作。在座很多位是那时结识的。后来两国关系正常化了，没有前面，就没有后面，它们是分不开的。周、邓告诉我们不要忘记老朋友。今后我们当一如既往。

两代人：我结识井上清先生的过程，廖公提议……

两个时代，友好无穷尽，现在已经第三代，要永远继续下去。

从民间到官方，经过两代人的努力，历史前进了。我们是历史唯物主义者。不承认领导人的作用不是历史唯物主义，不承认人民群众的作用，更不是历史唯物主义。让我们照唯物主义研究历史，也照历史唯物主义发展友好关系，学术交流。

4 月 16 日

上午“二条城”，德川将军官邸。建筑如宫殿，外有城壕，大小两城相连。宫内将军妃妾，接见部属等，造型，体现生活起居仪注，栩栩如生。又观“金阁寺”（寺周上下涂金），小山绿树环抱，面对水池。历史上有和尚造反，火烧“金阁寺”故事。然后驱车游城，西北嵯峨野风景区，往南至岚山，在“诗碑”前合影。至“嵯峨野”，吃汤豆腐。

两点十分从京都车站出发。待场裕子来送。彼此同时认出，相隔二十二年，亦不易，说我变化不大（！）云云。讲她两个孩，送她父亲的书，父已去世等。通消息者伊利智。

嵯峨绿野对岚山

新歌十顷琵琶水，旧话廿年六甲山。
去马来舟君不羡，西湖只在画中看。

4月17日

晚宿箱根小涌园。住七楼日本式。和服照相。昨晚今早都吃日本饭。晚洗温泉浴，睡眠差。八点饭后寻找五年前元旦见过的小神社。当时似乎很近，就在旅店门外的小山岗上，过两次马路，行300—400米，才找到了。神社侧茶花盛开，其他情景依旧，竹筒自来水流入小缸，又竹勺供舀水清洁，生意盎然。第一次到和第二次留下的印象总不一样。1963年到鉴真墓，记得为一土冢。这次所见冢外绕以石栏，冢上亦有建筑物，为数百年前所建。足见第一次的印象是不准确的。

《神图王垒》。

早服板蓝根2块。

十点二十分赴热海。梅〖益〗由此往机场。

晚宿港区目黑东京都饭店。

4月18日

上午国立民俗历史博物馆。参观现代民俗、日本历史两部分。民俗中最突出的是神多。一切都有神。多神不定于一，也许是一个优点。民俗中与中国关系密切，尤其是冲绳，完全是中国文化，“泰山石敢当”，遍地皆是。

下午与孙至日本女子大学辛亥革命研究会。久保田、野泽丰等20人会见。日本式晚餐。

4月19日

上午，黄江夏驾车游新宿，日本的窗口。十一座大高楼。全在五十层以上，多至六十余层。其中四座为饭店，其他为大公司、银行、企业等。新饭店完全不用钥匙，电脑控制。

黄经营不动产，在东京、千叶、美国旧金山都有房产。每年纳税一亿六千万日元。全家有七辆豪华车，公司付款。中午黄请家中午饭。住四层楼，日本夫人，吃台湾鱼子，极贵。晚上同国家电台介绍他从小店发展为大财东，本人亦露面。思想开明，表示爱国。去中国不享受优待，不花中国的钱等。

参观国会图书馆。

晚上人文社会科学交流协会欢迎酒会。

4 月 20 日

上午〖参观〗东洋文库。

下午再至辛亥革命研究会。

晚餐。

藤井昇三介绍新发现的孙中山逝世十周年东京纪念会〖录像片〗。主角为头山满、中国大使，约 60 人。放 22 分钟。已要求复制。

4 月 21 日

上午扫宫川寅雄墓。

下午至东京大学，东洋文化研究所，只能准确认出赤门校长办公楼。此所已盖新楼，与原址相连，门面未变。开会在新楼，西井、岸本（中山）美绪、小峰弓子等均在场。

4 月 22 日

上午至胜利商店。

下午访东大校长森亘，医学理论家。人极文雅。主张中日学术交流。会见在上次见向坊隆的办公室。

又至浅草。晚上答谢对方，在庐山饭店。白士表演节目，极精彩。从日本投降，延安撤退……中心是延安撤退，1947年×月　时　分，毛主席召开会议。最后毛天安门宣告中华人民共和国成立。又说又表演，乐队、礼炮等等。

到了庐山〖饭店〗才辨认出六本木方位。出来车经国际文化会馆东口，然后向右转。据此都饭店在文化会馆右边偏中方向。[①]

小解送礼。

此次房间宽敞，每日3万多元云。

4月23日

上午收拾行李回国。

久保田夫妇又是传电话，又是送礼。

东京大学旧友集会相迎感赋并酬田中正俊教授

南桃北李各争芳，又会赤门旧讲堂。
银杏迎宾清湿路，心池过雨碧盈塘。
范云结友尘埃少，刘向传经肺腑长。
独有田中各教授，西河执礼我难当。

东洋文化研究所是上次讲学，产生《赤门谈史录》的地方。这次访日，上次参加讲论的部分旧友，先后在东洋文库、东洋文化研究所集会欢迎。银杏、心池为东大校园景观。范云与何逊结为忘年友，见《梁书》文学传。心池即心字池，原名三四郎池。

田中教授特复制东洋文库所藏马嘎尔尼朝见乾隆文物相赠，末署“学生田中正俊”以示自谦。……

五月十三日

① 原文如此。——编者注

一九八五年八月出席第十六届国际历史科学大会日记①

8月25日　上午

总统讲话：

一、八十年后，再次在德国举行这样的盛会，世界著名〖人物〗汇聚一堂。

二、感谢西德国历史学家，对德国历史研究的推进。

三、历史与政治的关系。

大会进行方式也与我们的习惯不同。

1. 执行主席讲话。2. 市长讲话（隆美尔的儿子）。3. 州总理（符腾堡州【总理】讲话。奏音乐。4. 总统讲话。德国的历史学比德国的历史在世界上能够更【德】受到欢迎。历史不能教人怎么做，但教人怎么思考云云。

然后前任主席波兰教授讲话。波兰主席讲话，宣布中国第一次正式参加这个大会，会场爆发出热烈的掌声。第一次参加的还有阿尔及利亚。

最后是阿维耶勒秘书长讲话。大家都讲短话。五个人讲话，共一小时四十分钟。中间两次演〖奏〗音乐在十分钟以上。

十一点三刻讲话完毕，开始学术报告。

慕尼黑教授讲题，人类社会国家的产生。德文，很多人不懂，但鸦雀无声，总统、总理都在台下洗耳恭听。（魏茨〖泽〗克）。

唯一与我们相近的是，电视不照讲话人，始终只照台下头排的总统等人。

---

① 根据手稿收录。——编者注

今天早起，第一次尿中见血。

大会下午一点结束，然后总统接见。在场共三十余人，半数以上为德国人，其他为历史学会领导成员。外国代表团长，有齐赫文斯基，他介绍我认识他的夫人，称我们为老朋友。后又主动给我翻译迈耶（组织委员会主席）讲话，说主要意思是总统讲话好。酒会丰盛，开始后我们即告辞。

8月26日　星期一

早起尿中血多，染红床单。半夜尿道很痛。休息。

体温早起即37.2度。

改讲话稿。在这些著作中，有一本是我专门为中国学者特地参加这次大会写出的。题目叫《第十六届国际历史大会中国学者论文集》，敬请各位学者批评指正，但愿这能够表示出中国学者愿意对国际历史学会的工作努力作出自己的贡献，不是停留在口头上的。我们追求知识、友谊与和平，不是停留在口上的。

〖改为：〗在这些著作中，有一本是中国学者专门为参加这次大会而写的。题目叫《第十六届国际历史大会中国学者论文集》。但愿它能够表示出这是中国学者愿意积极地〖面〗对国际历史学会的工作的一个开端。

到会58个国家，4000人。

热门→抵抗运动，反法西斯委员会一次讨论会，报名要求发言的48人。

8月27日

全日休息，服德国药，两瓶50片，安尿痛复方新诺敏。

8 月 28 日

上午进会场，再见阿维〚耶〛勒，谈会见日本代表团等数事。下午回旅馆。

晚上全团会。安排下段日程。

8 月 29 日

上下午均休息。中午自己在小店午餐。

晚上季老房间海燕等四人会食。

体温：上午 36.89℃，下午 6 点以前 37℃，以后 36.78℃。几乎每日如此。上下午均卧床休息。

早餐时布置总结会。

包世修谈：孙中山书信发现者，古比雪夫 ГУСЕВ 信件，载《国际生活》1954—1955 年某期。

艾尔德曼教授，二十年前德国历史学会主席。

8 月 30 日

海燕凌波起，称名百鸟间。
仓庚殊逊色，瞿浴岂能班。
意有鹏程远，胸藏鹤顶丹。
高风晴日里，绰绰上云端。

赠胡海燕同志

8.30，下午 4 时

海燕，季羡老升堂女弟子，印度学研究后起之英。斯图加特国际历史科学大会期间公私多受其助。为写短章寓谢于辞。

8 月 31 日

去特城车上。

大会将近一百年的历史。第一届 1898 年荷兰海牙。实际从 1900 年在巴黎大会起，所以第十六届。

基本分三个阶段

一、1900 年—第〖一次〗世〖界大〗战爆发。共举行五次会议。巴黎，罗马（1903），柏林（1908），伦敦（1913）。

第二阶段：两次世界大战期间，布鲁塞尔（1923），奥斯陆（1929），华沙（1933），苏黎世（1938）。第二次大战期〖间〗会议未再举行。

第三阶段：1950 年在巴黎，1955〖年〗在罗马，1960〖年〗斯德哥尔摩，1965 年维也纳，1970〖年〗莫斯科，1975 年旧金山，1980〖年〗布加勒斯特。

大会历史有三个特点：【中】一个外部政治条件内部政治倾向，是国际历史家交谈的基本因素。大会所解决的理论和方法问题，对历史科学的作用。

1970 年以前大会局限于欧美。莫斯科、布加勒斯特会大会形〖成〗新的局面。许多亚非国家表示愿参加合作。南北朝鲜、伊拉克、埃及、肯尼亚、尼日利亚、阿拉伯历史学家协会、非洲历史家协会。1980 年中国第一次参加布加勒斯特〖大会〗是一个象征。这就是新的局面，象征欧中心的结束。（按：报告者认为如此。）仅［尽］管这个提法有可能过早，但至少表明大会在地理范围上扩大了。

例如艾尔德曼写有大会历史有各种文件，例如大会 50 年总结等等。文件甚多。

大会没有常设机构，固定的地点。

现在包括 49 个国家一级历史学会，23 个下属的协会。

斯图加特—曼海姆—科布伦茨（以上均为较大城市。相当一段是沿莱茵河走。自科布伦茨为摩泽尔河（小于莱茵）入莱茵河处。由此沿摩泽尔河上行，至特里尔。

特里尔城。

从科布伦茨换乘去特城的火车，沿莱茵河支流往西北。河两岸多山，低处不足百米，高的三五百米，火车沿河右岸山脚行走。中间穿过几处隧道，最长一处达 4000 米。山坡虽陡险，多辟为梯田，种植葡萄。

下午一点半车抵特城。火车站竖着标语。此处铁路建成，正满 150 年。据此，铁路建于 1835 年。其时马克思已二十余岁（查）。1848 年法德革〖命〗，也在这以后 13 年（《共产党宣言》同）。城市已有 2000 年历史，周围群山环绕中。

摩泽尔河　Mosel

罗马城门　Parta Nigra　罗马古堡

Dom　斗姆宫　四世纪建的大教堂

“向伟大的无产阶级革命导师致敬”签名。

埃德拉多尔 · 维拉尔教授，墨西哥历史家，新任大会执行主席。

墨西哥传统史学派即西班牙传统代表人物。

特里尔游记[①]

“向伟大的无产阶级革命导师致敬”——在旧居进门的留言簿上我写下了这句话。

历史只有一个中心：人——人们的生活和活动。生物学上人和社会历史中的人又统一又不一样。生物学上的人，至今有许多地方人自己还不认识自己。人脑究竟怎么运动的，这个谜底恐怕非短期所能揭开。现在人们想象人脑像一百万部电子计算机，运转迅速而复杂，但这也是一种想象。无论对自然和社会，人的认识永远不会完结。但人是怎样的一种动物以及他如何不能从人本身，而要从他们的社会关系、社会联系来认识这个世界唯一生长着思想花朵的动物，那么，马克思提出的理论和方法则又是凿开昏茫和无与伦比

① 《特里尔游记》写在另纸上，现在移到这里，正好与这天日记相映照。——编者注

的。在他以前，尽管有过多种天才的假设和论说，但终究没有构成真正的科学体系。当我参观一周，准备离开马克思故居的时候，脑子里忽然涌现出了中国旧史书《鉴略》上开头的那几句话：

粤自盘古，生于太荒。
首出御世，肇开混茫。

主席先生：

中国代表团注意到了迈耶先生刚才的发言。大家都知道，世界上只有一个中国——就是中华人民共和国，凡出现涉及两个中国的问题，我们不能不严肃地对待。希望迈耶教授按照刚才的发言，采取切实有效的办法，予以改正，这个问题就可以解决了。谢谢。

9月2日

其他人去巴顿□湖。自己在旅舍休息。

9月3日

上午七时，斯图加特出发去慕尼黑。1939（？）[①]〖年〗英国首相张伯伦【与】在慕尼黑与希特勒会谈，把捷克苏台德划归德国。张伯伦回到伦敦，拿着一把雨伞，对迎接他的人说，牺牲捷克，换来了一代人的和平云云。没有几年，希特勒发动闪击战，侵略十四国。从此慕尼黑成了自欺欺人的代名词。英美德企图使蒋对日本投降，“东方慕尼黑”从此流行。

从斯图加特东南行205公里至慕尼黑。80余处途经多瑙河，为欧洲第二大河，长2840公里。公路从上面过，没有见河。

途中行车70公里，只见三个劳动者。

---

① 此处记忆有误，应为1938年。——编者注

一路森林、草原、少数农地，风景公路都胜东德。

九点三刻至慕城市，巴伐利亚国王【统治者】夏宫——水神宫甚精致，房顶四壁尽神话，宫廷故事。

慕尼黑 130 万人。德国第三大城市。巴伐利亚公爵，□□国王领地。妇女［圣母］教堂为此城象征。天主教城市。火车站每天有 1200 列火车经过。其他大城为汉堡、柏林。经希特勒《我的奋斗》印刷所，紧相连为音乐科学院。路德维希一世爱好建筑。在“国王广场”附近，音乐科学院即张伯伦等签订出卖捷克条约〖处〗。啤酒馆已不存在。国王广场直径不过 100 米多一点。全市有超过 8 万的大学生，是德国最大大学城。第三大工业城市，机器制造，电子工业等很多。西门子即在此。有 55000 职工。主要街道整齐，房屋漂亮。最多高 6 层。二次大战摧毁房子 50%。

台湾华侨陈辉讲。

9 月 4 日

赴法兰克福。

西德现有 5670 万人。以前到过 6000 万，现在人是逐年减少。现在外籍人口 440 万人。其中土耳〖其人〗占三分之一。

西德是由十一个邦组成的联邦政府。大学都是州立的。私立的最大三家。

海德堡——13 万—14 万人口，学生 2 万人，城中有一条路名“哲学家之路”。

一点至法兰克福，莱茵河横贯其中。下午四点半至法兰克福以西 60 公里罗特尔小镇，游莱茵河。随即返回法兰克福机场。

金应照同志统计：61 国参加，2000 余人，代表团 100 人以上的意大利、美国、日本、西德（大约 500 人），将近 100 人的（正式 70 人）英国、法国、匈牙利、捷克、罗马尼亚、保加利亚。西方国家中 50 人的西班牙。20—50 人的十三个国家，中国在人数的第三种。其他 3—5—10 人。

文章三个主题，断代史、方法论 215 篇，中苏 22 篇，西德 19 篇，英国 18 篇，美国 13 篇，意 8 篇。8 个欧美国家占 104 篇，近一半。亚洲 7 个国家，日本8篇，以色列6篇，中国4篇。以上是列入日程表的。印度4篇，蒙古2篇。亚洲7国共28篇，8.1%多一些。

苏、罗都正式公布名单，苏70人，罗50〖人〗，凡他们重视的小组都有人参加。

国际经济史学会会长法国人，现在瑞士教授贝约尔——“年鉴学派”头面人物之一，所写一本《盐的历史》。

阿维耶勒——《异邦人》。

中国可以与东方第三世界联合起来搞几个会，或题目。

我代表中国学者预祝　　　主席先生，阿维耶勒秘书长和整个执行局的工作取得最好的成就。中国史学会去年曾先后两次邀请执行局于1986年或1987年在北京举行会议。期待着和朋友们再次见面。现在据阿维耶勒夫人告知，在北京开执行局会议的时间，要改在1988年。我想在这时说明，去年的邀请原则上有效。但是年度变了，有重新安排经费预算的问题。我们将在回国以后，尽快地把最后结果通知执行局秘书处。

前列腺（1985.8，斯图加特）

8.25，早起，上午，尿色发红，没有疑是血。（整天活动）

8.26，早起尿全变血色。从床上到厕所沥满一路。卧床，服镇螺旋霉，安尿痛。

8.27，早起仍有血，略少。服德国药，卧床又一天，后半夜，尿时甚痛。（复方新诺敏）

8.28，尿中未见血，晚上仍尿五六次。上午入城见日本代表团，上街午饭，下午卧休，晚上开全团会。

以上，27日体温，早37.2，下午37.4。

28早37，下午36.8。

29早36.4，下午36.7—36.8。

8.29，体温，早36.8，下午37。①

---

①以上原文如此。——编者注

9月访德日记[①]

马克思 · 魏帕尔[②]

九月二日晚从西德法兰克福回国的飞机上

会上〖关于〗马 · 魏共9篇文章。西德教授科斯卡的报告分组马 · 魏导言，是中心发言。其他是说马 · 魏的历史哲学的重要性。

导言一开始讲，魏的学说随着时间的悠久，越来越受重视。其中日本、意大利等。不仅如此，用唯物主义研究的人如东德等也重视。现在成为权威。左派思想家停止了攻击，过去说是资产阶级辩护士，与卢卡奇并列，从左到右，魏的学说都受到引用。原因有三：（一）魏学说复兴，对马克思主义是60—70年代的向往很突出，最少在西方大大下降，衰落，魏与此有关。（二）另一种态度也下降了，即对历史未来的乐观态度下降了。魏对整个科学，计划都抱有怀疑态度，非常认真地否定历史的，哲学的目的论。（三）魏学说本身的质量，其中有认真的判断，热量［烈］的情感。因此研究当代问题，魏的思想都有帮助。

然后集中讨论其方法论，魏本身不是历史学者，是经济学家社会学家，但对历史学有重要贡献。（一）非常坚决深信，对社会政治运动跟目标，历史是不能提供证明的，历史不管是描述、分析，只能说它存在，不能说明应该存在。历史是经验的科学，决不能提出有目标的理想，来决定人们的行动（即取消马克思主义的战斗性）。魏不否认从历史可以学到东西，但是坚决反对认为研究历史可以对未来行动作出结论。虽然历史科学在社会和政治中不是毫无重要性，但非常有限。（有争论）（二）魏思想肯定不是来自黑格尔，而接近康德。历史科学常有本人的主观在里面，任何历史著作都不完全。

① 9月访德日记，标明“九月二日晚从西德法兰克福回国的飞机上”，作者写在另一个本子上。按内容判断，这应该是1985年8月出席国际历史科学大会回国飞机上写的。1985年8月访德日记9月4日记返回法兰克福机场，然后乘机回国。这里署9月2日晚，估计把时间写错了，应该是9月4日晚，故放在1985年访德日记后面。标题是编者代拟的。——编者注

② 马克思 · 魏帕尔，现在通译为马克斯 · 韦伯。——编者注

任何理论、方法都不是决［绝］对的，不然还有什么讨论，各种都有合法的，多元性。争论、对抗不但可以有，而且必须有。建立近代性的历史，系统是不可能的。过去尽管引起马克思主义的批判，那是主观、独断的。魏也反对另一种观点，即完全按古人，不按现代人的观点写历史。

魏对物质与精神的因素的重要性如何估计，有认为是接近马克思的，有认为是二元论的等等。例如魏认为印度的宗教轮回观念是不能从经济来解释。《新教徒伦理与资本主义兴起》[1]（成名之作），即认为新教精神对资本主义起了决定作用。

反驳的有：英国某学〖者〗认为魏是思想家，不是理论家——理论不可取，思想不深，用魏对抗马克思是谈不上的。（魏 1920 年死去）

苏联从 60 年代开始提出两大任务。

一、提高马克思主义史学水平。

二、提出［高］历史科学学术水平。

60 年代至今一直叫方法论。重视的原因，自然、社会相互联系，相互交叉、融合，历史科学不能停步不前。亚历山大诺夫发表一个苏联科学讲演（1984 年 4 月），自然科学，技术科学，各科学的渗谈［透］联系。

苏共【党纲】二十四、二十五大党纲专有苏联各科学的联系渗透。数学。

最重〖要〗的趋势：（一）整体化，（二）理论化，两大趋势。科学院历史学部两委员会，史学运用数学方法、电子机研究委员会，70 代初，马克思主义是大前提。史学研究中的计量方法，莫斯科大学历史系。

1979 年以后苏出现历史分支学科：①历史心理学，必须揭示人的社会心理因素，但不能决定，思想在今天□□□中的痕迹，一方面强调从决定因素。引列宁论述；②历史社会学；③历史人口学；④计量史学；⑤比较史学。

我们停留在理论探讨上，苏现在用已经形成的理论写书。

苏联：一、专门理论探讨；二、理论的具体无用，一面用，一面修正。

列宁讲解释劳动人民不同的阶级的心理特点，对人们进行马克思主义教

---

①《新教徒伦理与资本主义兴起》，现在通译为《新教伦理与资本主义精神》。——编者注

育，批评西方史学，夸大心理因素，把历史解释为心理决定历史，是唯心论等。（美国弗洛伊德心理分析方法。）弗洛伊德 20 世纪初出现，现在风行，就是应当研究，去用马克思主义占领。

60 年代：

《社会心理学和历史学》

《列宁和历史心理学问题》

《社会心理学与苏联历史学理论若干问题》

（1971，《历史问题》论文《社会心理学若干方法问题》）

苏联

马克思主义：

苏联历史的特点，就是三个字“现实性”。世界两种制度，两种思想体系必定反映到思想领域来，马克思〖主义〗理论就［的］任务就是要对它进行批评。

历史社会学（不是稼［嫁］接，互相丰富、补充，是新东西）：

一、历史文献资料表面的，和□□的含义。它们不是对立的。历史家只见树木，不见森林；社会学【见】，只见森林，不见树木。是历史分工不合理造成的。历史学与社会学家都感到单独独立研究〖不能〗解决问题。把个别事实放到整体中去，就不［可］能了解。

要写出《历史学—社会学的著作》。

◎历史数学电子委员会任务【任务】：

一、协调历史研计［究］数学方法的应用；

二、分析在历史研究中采用电子计算机可能性；

三、出版。

已出第五本专著。

经济史、文化史、考古、政治史出有专著五本。

历史系专门〖开〗一门开［课］。

1986 年全苏历史学系，都要开此课学这本书。《历史研究中的计量方法》（格瓦里琴科，通讯院士），它的含义不是减轻负担，用形象不止　主要要用量的规定性去解决。俄国【市场】何时开始国内市场，18 世纪初，争论 80 年（十月革命前就争论）。老的方法行不通了，就还有这个方法。

《科学数学化》一□。

格瓦里琴科讲，历史通过偶然性开辟道路。

历史（沃斯基诺夫）数学。

斯巴达与雅典的一次□□。

格瓦里琴科说沃斯基诺〖夫〗是幻想法模型。历史用模型公式很困难。

历史人口学：

历史人口学是历史学科中不可少的学科。历史的主体是人，不了解人口情况就不能了解阶级力量对比，历史发展情况……

——十月革命有经济、政治前提，还有人口前提。——往往与［用］计量比较史学。

60年代最开始出版这方面的著作。1973年《大百科》第三版。

是比较研究，如列宁《俄国资本主义的发展》，有比较史学。

现实生活决定历史应该研究什么，回答现实生活中的问题。

历史研究的范围不是一成不变的，随着时代实践发展变化而变化、发展。

苏联人认为，一个时代存在两种以上经济形态，不能用一个模式去说明。

一九八六年十月出席莫斯科纪念孙中山诞辰一百二十周年国际学术讨论会日记①

10月12日

北京—莫斯科

应苏联科学院邀请参加纪念孙中山诞辰一百二十周年学术讨论会。对方原〖邀请〗胡绳、本人、金冲及，胡、金均外出。

此次同行者为李侃、张椿年。

莫斯科—北京6400公里。

从东京—加拿大温哥华横越太平洋9000公里，少2600公里。

飞行应8:30分。现在8:10分起飞，少上1人，晚飞1小时。苏联老飞机伊尔62。满员160人，现载130人。

8月2号从庐山回京，然后参加京西宾馆孙中山学术论文评选会。10号会议结束，大家要求必须写篇文章。不得已8月10日开始看材料。10月10日定稿。是为《孙中山与中华民国》。整两月，得24000字（其中至少十天干其他事）。今年写两个长篇，各写一万字左右，未完卷。此为唯一完卷者。今年没有松劲，但未出活。这与难度有关。但脑子更慢是主因。不知两本书，计划能否完成？近一个月晚上基本上要服安眠药（硝安定）就能睡5小时。过去能睡6小时。这两个月脚趾伤，不多散步。腹胖显著增加。

昨日上午赵复三讲此行有关事项。注意“大三角”微妙情况。一切取决于：大前提，学术交流，不能孤立。凡有提出问题，均称带回研究，不承担任务。

昨下午主持顾维钧照片展览会。四点多以后才开始。收拾行李。

昨晚睡5小时多一点。今早出发。精〖神〗可以。

---

① 根据手稿收录。——编者注

北京时间下午一点以后，飞西伯利亚天空，大晴天。机下白云如绵。间隙处见有河流雪地。其他无所睹。机身细长，头等舱在中间。两头为普通舱。共 12 个座位，有乘客 8 人。某大使一（驻波兰大使王苳臣），其他外国人。

5 点 10 分抵达莫斯科机场。海关手续慢，站着等至少四十分钟。正在此时，见齐赫文斯基、远东所长吉达林科等四五人来接。此地至市中心约三十公里，在莫斯科西北方向。齐、吉同车，一路讲解沿途史迹。原来此路为德军攻抵莫斯科入口的一路。地名 ЕЖИ，障碍物，战线最前沿。现在修有三个大的斜形铁十字架，表示车辆阻碍阻挡敌军。在此双〖方〗相峙日[①]，然后即反攻。直到攻下柏林。原左侧有彼得大帝旧居。此间穿过高尔基、马雅可夫斯基、普希金生活广场经高尔基大街，往左拐，从部长会议〖大厦〗、工会大厅、大戏〖院〗面前穿过，往右转，至下榻处，俄罗斯饭店，住 12 层，653 房间。窗口正对面往下看即罗曼诺夫王朝旧宫。三层楼，中间一金顶，四角小金顶，保存完好。围有围墙，面积不超过三亩地。

住下后，齐院士等招待晚餐，餐厅在俄罗斯饭店另一门。饭菜尚称丰盛，有红黑鱼子酱等。然后谈日程。此会只邀中国代表参加。又留下原在此，出席【会议】另一会议的陈之华［骅］等二人，共五人。接着给饭前［钱］每人 115 卢布，为 9 天伙食费。一卢布约 1.3 美元。

ЕЖИ，头上有尖的小鸟。坦克车的障碍物。

10 月 13 日

早七点钟起床。昨晚服药一片，睡七小时，中间醒。为最近多时所未有，心里没事了。

九点三刻至远东研究所大楼。先与［见］齐、吉达连科（先上北京大学后毕业于复旦大学，与冯友兰等下放黄村生产，中国话很好）。送《手迹选》、请帖等。十点讨论会开始。在一教室型会议室举行。大使馆李公使参加。共约百余人。最后□为 7—8 人。

第一个齐院士致开会词。表示欢迎并作主题报告。约一时。听众和□交

---

① 日前面应该有具体时间，失记。——编者注

谈者约十余对。似不认真。

我讲话约二十几分钟，连翻译。事先对中俄稿划分段落，青年华可胜（阿历格谢）念俄文稿，听众颇肃静。据张椿年听到当场有人下［在］会下讲"英雄""好汉"或了不起，廿分钟就把一个问题讲清楚了。又一经济学通讯院士自动起立，说不研究孙中山，是来〖听〗刘某某作报告的。作报告的有三四人提到我说的系统论理论方法，表示赞成。其中一人说："今天是一个幸福的日子。有中国学者来参加会议。"从上午十时——下午一时连续三小时。（前列腺去后三小时不动，良好。）休会。出会场电视记者提问，两个问题：一、此会对今后中苏学术交流会有何影响。二、远东会情况如何？均予简单回答。

中间招待午餐。远东所自有餐厅布置的"龙"欢迎等字。

下午继续大会。

晚上我们碰情况，一共四点。一、会议的主题：政治，齐报告最后直接海参崴讲话，中苏关系。总的研究者都有明确的。二、有相当水平，对中国情况有熟悉，有专题报告。三、礼遇招待规格可以。齐院士等亲接【近】即此。四、对我们的反映，不错。

苏联远东研究所的任务：

中国、日本、朝鲜、蒙古——中国是主要的。其中现代又是主要的。实即中国研究所。

东方学所——包括非洲、中国古代部分。

10 月 14 日

上午讨论会结束，共 20 人作报告，最后齐总结，又赞扬中国人一番。

开会前至吉达林科办公室谈三件事：（一）请介绍一些书，苏联准备翻译。其中他们提到杨珍献、薛暮桥。历史我介绍了胡绳《从鸦片战争到五四运动》。开会时齐院士又提出要翻译我的书。他说可以选，我说选没有争论的。他笑了。（二）出一本中国学术词典，完全是名词解释，供汉学研究之用。（三）……第一项我答应，二、三项请他们往科学院写信。吉又重提邀胡正式访问事。

午餐仍在远东所。

下午五点驱车来至列宁山。时已夕阳西下，能见度尚好。脚下莫斯〖科〗河两岸绿草尚有生气。各种树木深黄、浅淡绿相间，真可谓风景如画，比画更美。远望大民□处建有奥林匹克运动场，一大远［圆］圈。其他建筑物不甚多，但新修大路，建有大桥，从低洼地——以前叫湖——上穿过。湖的对面偏右即为科学院所在地——叶卡捷琳娜二世别墅。传说当初湖上尚有死尸，叶卡捷琳娜不需要的男人即从后门扔入此湖中。李鸿章充特使贺沙皇加冕即住此处。33年〖前〗来访，去那里至少10次以上。上次来列宁上［山］，莫斯科大学尚未建筑中。现在这里仍见空旷，有游人散步。

返回时进十四、十五世纪大教堂，□人“名人墓地”，王明即埋葬此处。教堂正祈祷，参加者约百余人。多为老年人和妇女。据说不是外国人。神父身披法衣，念念有词。先一人、后两人去念，还有动作。参加晚者站在下面划十字。亦景也。

从教堂出来，穿过几条大街。以斯维尔德诺夫大街最为繁华。商业电影院比较集中。最后至库图佐夫大街，至战胜拿破仑胜利门往回，经红场右面，从看见列宁墓地处回旅馆。

晚十点【离】多乘莫斯科—列宁格勒车赴列城。

同行者远东所科研处长兼苏联中国关系处长岗察洛夫。前年在北大进〖修〗七个月，中国话很流利。谈话有李侃等共四人，一直谈到十二点。此人思想比较开放。称赞中国的改革，认为中国经济上的成就，对外开放主张，党政分开，这一些都是中国自己走的道路。各国应该根据自己的特点，去建设社会主义。现在苏联也要改革。戈尔巴乔夫说苏联要改革，这是一场革命。有一个令人不解的问题：为什么苏中两国伟大的社会主义政治家认识发展生产力的必要都这么晚？毛泽东的领导中国的功劳不能否认，中国关于建国以来《决议》能接受。毛泽东三七开。苏联以后也会慢慢作出这种评价。过去对斯大林讲得少，现在电影、文章也有了……　因为中国的改革的经验有可借鉴，所以戈尔巴乔夫主张改善中国的关系，等等。

我讲了共产主义理想，斯大林、毛泽东历史时代的限制。马克思复生，有些【东】问题也要重新解释，等。

10 月 15 日　中午晴天，难得

早八点抵列宁格勒，提前一小时。几个晚上服安定一片，睡四小时。

东方学研究所缅希科夫等二人来接。缅中国名孟[1]，新本《红楼梦》的研究者。此本已由中华〖书局〗重印，送缅。住尼古拉二世铂豪广场侧 СТОРИЯ 旅馆 255 号房间，比俄罗斯〖旅馆〗房子宽些。

上午九点半出发看保卫列宁格勒英雄城英雄纪念碑。主人备有鲜花，我们献花致敬。以前此地为荒地，现在如宽阔街道尽头。从此往东公路直达莫斯科。然后从方向相近的去基辅的大路经布卡瓦天文台往沙村，约二十余公里。此处如［为］普希金（出身沙皇贵族）〖受〗【此处为普】教育的地方。又辟有普希金公园。贵族学校与沙皇宫殿相连。学校保存完〖好〗，教室寝室一切仍旧。教室学生座位桌容纳不足二十人。某次教师要普希金演算一道数学题。久久没有交卷。老师问算的结果如何？普希金回答：等于零。教师说：你坐到最后一排去。从此普希金座位在最后。——此故事甚好。

沙皇宫殿战争破坏甚大，现整修一新，工程浩大，大部分竣工，小部分尚在修复中。与波茨坦无忧宫规制略同，但殿宇占地更广、更长，外观、内部却豪华得多。不过地势太平，不如无忧宫有居高临下之势。宫殿有门与普希金学校相通，实为同□建筑，不过高低颜色不同。问之所以学校未被破坏，据说德军有意保护学校，以免破坏普希金故址。引起俄国人更加仇恨。云云。

布卡瓦天文台在我 1953 年来时为光秃土山（其实只六十公尺高，此地平坦，故尔为山），雨后初晴，道路泥泞。现已树木葱茏，道路平整，非复旧观。

缅希科夫说现为“深秋”，非初冬。看树可知，信然。

---

① 此处名字失记。——编者注

10月16日　雨

昨天晚上睡眠尚可。

十点至东方学所勒［列］宁格勒分部，已迁至涅瓦大街出口右侧冬宫相连的大建筑物里。当年在河对岸。副所长克察诺夫等相见。他系叶菲莫夫学生，认我为叶菲莫夫朋友、同志，故成亲切。走廊墙上有……金字石刻，全系人名，均为此研究所战时牺牲者，共49人。其中有各方面的专家，也有初级研究人员和其他人。（又另处有“祖国母亲像”碑，所见情景动人——照片。）无人喧哗笑语，气象肃穆，情绪沉痛。结婚者在此献花，举行仪式。晚看马戏，先有序幕，一骑一领夫，数骑列队举旗唱诗：动物与自然，保卫和平，反对战争。

下午再游冬宫。上次看抓逮克伦斯基政府部处似为一长形大房，此次看者，一拐弯处小房，有钟斜挂，半夜二点为记。

удальцова　乌达尼措娃院士

Баниваренский　巴尼瓦兰斯基

Делюсин　代留新

10月17日

早八点由列宁格勒乘红线列车抵莫斯科。仍住俄罗斯旅馆，但改为十三楼，1305号三套间（部长级房子，相当宽大，长24大步）。原来十六日晚，李侃、岗察洛夫散步，岗问李谁退休与否，李答不退休，他是人大常委委员。岗当晚即与莫斯科通电话。房子改变即由此而来（当时岗对李讲，那我们对刘的待遇升格）。

托勒库诺夫（Толкупов），最高苏维埃副主席，联盟院院长。

上午十时东方学研究所。长期无正所长，副所长等二三，开会时见过。即迫切的是要求得到资料和人员交往，希望与他们直接联系，制定交流计划等。此处研究范围广泛，中国的以古为主。鄂善荫、恪诺恪诺夫、越特金即在此研究。越译《史记》将告竣，现生病住院。郭肇堂为唯一熟识在场。交来著作二本，其一为要求我转尚昆（郭最近去中国，杨、胡均请吃饭），书上有签名。

两点，莫斯科餐厅午饭。每人交5卢布，自取蔬菜，有萝卜丝等一二样。大吃萝卜丝。

三点至苏科〖学〗院历史学部，齐赫文斯基所领导的部。在场者为：

乌达尼措娃——世界史所长（年约六十，白胖。谈话中说齐不老，为齐捧场。甚活跃）。

赫罗莫夫——苏联史所长，博士。

楚巴勒扬——苏史学会副主席。（主席是齐院士？）

史学界最高人士全在，摆出了主要家当。亦为表示重视会谈之意。齐致词，先欢迎，然后介绍苏科学院改组等。我致答词，祝贺他们开了一个重要的会等。对方又提出制定交流计划等。我答以“两条腿走路”，先一件件办理。岗先生译过后，齐又向他们解释了一遍。一个小时〖后〗告别。

正待出门，齐接电话，说最高苏维埃副主席托勒库诺夫邀请见面，问我如何。我说日程已安排满了。他说，其他项目我们取消。我想了一下，说晚上回答。回到旅馆与公使李枫林通电话。他们已知此事，并主张去，由大使陪同。至此即确定。

晚上克里姆〖林〗大会堂看芭蕾午［舞］。

10月18日　星期日

上午去高尔克村参观列宁养病和逝世住处。事隔三十三年重新来访，有些印象已经模糊，有的记得清楚。有的雕塑如入门处群众抬着列宁遗体送葬均是新添的。有的已经改变了，如原来列宁、斯大林坐的地方，〖座〗椅【在】仍在，拉上一根绳子。关于此事的说明没有了，等等。上次似乎没有看过右侧小楼。上面有列宁住室。写叛徒考茨基的小房间。在室上楼参观时，讲解员问我，你记得原来还有什么情节。我说上楼时有餐厅。餐桌周围摆有五六张椅子。导游说，对，马上就到。原来记的是上一楼前的一间房，现在是上楼头一间房，共七把椅子。列宁办公室桌子原来〖印〗象中是很大的。

现在所见没有那么大。文房用具安上了玻璃罩。列宁逝世的房子在一个角落。单人床。原来印象中似乎已不存留。斯大林的形象当然都没有了，只在大厅一张照片中露出少半个面孔。其实有关照片未必只此一张。

下午自由活动。至克宫对面商店购物。

10月19日

上午参观克里姆林宫。主要看了几个教堂，随后看了列宁墓。此为难得。马上要修理，相应时间不开放。排队长达半公里以上。

10月20日

上午先至科学院访费多谢耶夫。（每人头脑由一万万个细胞组成，世界有五十亿人口……）封建社会是一个系统，资本主义社会又是一个系统。

然后至克里姆林宫与托勒库诺夫见面。

崔书琴：（旧著）《孙中山与共产主义》，其中有致犬养毅长信（据池田诚云）。池田说，1962年台湾第一版，1985年第二版。崔人在香港。

陈志让闭幕会讲话。

写历史的人也把自己写进去了，就是其中有作者自己的观点、看法等等。

他的一生是革命的一生。他有两大功绩不可磨灭。中国共产党的领导人一个给与很高的评价。30年前，也就是孙中山诞辰90周年的时候，毛泽东就写过一篇题目叫《孙中山》的文章予充分评价。研究他，一是认识中国的国情，二是继承孙中山留下的精神遗产。我们党最近作出了加速建设精神文明的决议，孙中山就讲要建设两个文明。

一九八七年七月访日日记[①]

7月5日

上午9点50分从北京机场乘中国民航起飞赴大阪。

下午3点到达（全部飞行3小时50分钟）。上海停留1小时。

井上清先生等5人在机场迎接。乘旅游〖车〗5点30分抵京都，住宫旁旅馆。

7月6日

上午往北京发信，谈“三权分立”问题。

下午与《朝日新闻》记者谈话。费两个半小时。

晚上恳谈会举行宴会，共47人。极丰盛。

7月7日

上午卢沟桥50周年学术讨论会在京大人文科学所举行。作纪念讲演。下午继续开会。

① 根据手稿收录。——编者注

7月8日

上、下午出席讨论会。

晚上答谢小型宴会。日方出席共10人。讲话三个要点：

一、一次成功的会。

二、重要的现实意义。

三、希望恳谈会保〖持〗科学上政治上的传统坚持下去。

7月9日

上午拜访井上清，第三次至井上家。

下午二时新干线头等车至东京，井上、小雅同行。五点到达。住饭店。卫藤在“留园”设宴。老板盛老先生长袍相见。

7月10日

上、下午在庆应大学出席讨论会。共到140人。晚上出席欢迎冷餐会。今天的气氛比预想的好。相当热烈。

7月11日

上、下午全天出席讨论会。

会议最后由远山茂树总结。这次会议把卢沟桥开始的战争性质明确了。这就是日本方面进行的侵略战争。中国方面是进行的抗日民族解放战争。发言有手写稿三四页。基本上都发挥这个意思，内容很好。我走上去同他握手说他作了一个很好的总结。

出会场后同远山、井上和中国代表团全体合影。

7月12日

昨晚睡眠5—6小时。第一天至京都，第一天至东京各服安眠药一次。其他均服。

上午9时共同社记者福原来采访。

7月15日①

游富士山至五合目。

（富士山高3700公尺。五合目即第五个台阶，高2400公尺）

置身富士腰，略窥富士面。
下视云里峰，半经脚底践。

（注："下视"中"下"后改为"回"）

---

① 这一天日记记在另一个本子上，现移至此处。原标题为"1987年7月15日于五合目餐厅"。——编者注

一九八七年十一至十二月出访西班牙、葡萄牙日记[①]

11月21日

晚9点北京乘747飞伦敦，中间停加沙、苏黎世，从法国上空过至伦敦。

北京至加沙8000余公里，飞行8小时半。顺太阳方向飞行，所以0点50分至加沙。前年去西德，来回经过那里，气温甚高。机场有冷气，也热。

几天前，西、葡大使分别设宴送行。西大使谈佛朗哥评价，表现了一种偏袒的观点。

加沙机场休息一个多小时，地点在贵〖宾〗室，布置简单但堂皇，上次未到过。座椅嵌金饰，为古国王宝座。从加沙至苏黎世6500公里，飞行七小时。全程有几次加沙停留时使馆来人迎接。[②]

相当颠播［簸］，15小时中，供餐两次，通宵一秒钟未睡着。感冒现状见轻。医生小崔（红）说脉沉、细，左手几乎摸不着。1分钟跳75次，如在平地应会更慢。脉迟缓。

蒲都丽家：

类似庄〖园〗250个，此是最豪华者。

共雇用250人管理，包括修理文物，种小麦，养鹿等。最大的四家，我们看过的为最豪华的庄园之一。

苏格兰、英格兰共有大庄园250处。大的占地25万英亩，和［合］16万华亩，小的2000英亩，和［合］1万华亩。

---

①根据手稿收录。访西班牙、葡萄牙日记，分记在不同的本子上，现在合并在一起。——编者注

②原文如此。——编者注

11 月 22 日　星期天

本地时间早 6 点到苏黎世，大使馆参赞来接。苏梨［黎］世【为】机场，离首都伯尔尼汽车要行约两小时。〖瑞士〗600 万人口。抵机场地时雨，休息约 1 小时飞伦敦。相距 820 公里，飞行 1 小时又 20 分钟。方向正西略偏北，经巴黎上空。机场周围矮山平原，稀散的村落，景色无甚特异。从飞机下望，天晴多云，飞行平稳。又吃早点。

在苏黎世机场大使馆参赞云，西藏在外流民，印度居首，尼泊尔次之，此地第三，约 2000 人。前些天群集游行，叫喊“西藏独立”，要“人权”等口号，是此地代表团工作中的一问题云。

起飞时微雨，后来从机上下望，透过云隙看地面，一派黄绿。至伦敦上空穿云下降。大使冀朝柱、参赞等多人来接。机场至使〖馆〗约一小时路程，星期地［天］人少车少，如时到达使馆，下榻饭店，从使馆步行 5 分钟可至。

下面开始了伦敦三日游。

约 9 点从机场往伦敦中心区，沿途小商店如一般小城。（使馆大街：波特兰 49—51 号，孙中山来此时即如此。）

今天上午感冒甚重。昨天下午 38.3℃，服各种药，今天见轻。

11 月 23 日　星期一

至谒海格特马克思墓（意为高门），此地是伦敦附近最高的地方，70 年后迁地重修。园中比较荒凉，墓原在低洼处乱木林中。1963 年英共呼吁集资重修。现碑墓距原〖地〗一百米远，在路边上，较显眼，面对小山岗，约十数米高，有较〖大〗的树。陈君讲英共情况，自称有党员一万人，恐不足为穷［凭］。内部分裂，一般群众受资产阶级□□，把共产党看作与法西斯差不多了。理论也不合〖于实际情〗况云云。

使馆地址：波特兰 49—51 号。

23 日吐痰 4 口，有浓［脓］色。嗓子响声正常，在外面常脱帽。

庄园土地数多 25 万英亩以上。小的 2000〖英〗亩。

特城拜过桑弧地，海格来焚一瓣香。
园里青山园外辙，指人依旧认门墙。

海格特，意为高门，即附近最高处。后两句发表时改为：“城外长虹园外辙，引人开眼认门墙。”

11 月 24 日[①]

旧王宫：

菲利普五世以来妻子为意大利人，所以为意大利风格。

《战地钟声》作者海明威。

《愤怒的葡萄》作者斯坦贝克。

又爱伦堡。

西班牙马德里画宫有意［一］西班牙〖画家〗画的西班牙与荷兰交〖战〗，西班牙胜利，荷兰将军交出城门钥匙。画面表现和平。西班牙一位哲学家说，战争是战但最〖后〗没有失败者，也没有战胜〖者〗。双方终归是要握手言和的。此画作者费拉格斯，世界三名画《意女□图》作者。

11 月 25 日　西班牙

今天上午感冒甚重。昨天下午 38.3 度。服各种药，今天见轻。

上午外委会会谈。

① 此处所记为西班牙情况。这天应该已到西班牙。日记未记时间。——编者注

参观巴士拉画展，印象最深【深】者塞万提斯只一只手，面部部［表］情严肃；《宫娥图》世界三大名画之一，反拿破仑起义和群众受镇〖压〗遭排枪射击倒下等情景。

11 月 26 日

上午见首相。

国王礼服，主要是军装，腰系宽大红带。双方站着讲话。分别握手等。不过半小时。

下午接待委员会宴会，游市容几处，广场最有意思者。

一、西班牙广场，很大塔建筑。下面青铜堂吉诃德和他的信徒骑马像，两侧各有妇女形象一。先看东方宫前东方广场，前有喷水池，又有堂吉诃德现实妻子〖像〗，其貌不扬的农妇，手持笸箕淘米。又有一理想中不存在的妻子〖像〗，年轻美貌，脸朝另一侧。

二、太阳门，即马德里东门，朝日出的地方。行人路边有石刻标记，西班牙里程计算以此为起点（如日本桥）。另一标记为反拿破仑打响第一枪的地方，现在实际是一个交通路口，附近一般为四五层旧式楼房。一约二米高方形石柱，上面有□□□，是某个时候领主势力范围分界的地〖方〗。然后乘车穿过一条较小街道，中青年妇女三三两两在路边走走停停。使馆张柘云，此地为红灯区。妓女存在，名义上非法，实际不能禁。因为她们没有技能，只能以此为生，相当凄惨。她们多半有家口靠她们养活。

11 月 27 日

上午离马德里，飞加那利岛。距离 2000 公里，飞 2 小时。加岛为一群岛，最近处离非洲仅 50 公里。本岛原有着居民，近来几乎绝迹。全岛画［划］分两个行省，设一自治政府，有议会。我们处的地方叫特内里费市，一万五千人口。平时游客常在一万数千人以上，【起】超〖过〗本地人口，为一旅游城市。由机场至特内里费市车行 80 公里，中经一天体物理研究所。

问在此研〖究〗天体物理有何特殊有利条件。所长为天体物理学家。答曰，研究天体物理最大障碍是地球上的氧气层难于穿透，不利于观察。必须找氧气稀薄的地方。世界上只有两个这样的地方：一为美国夏威夷群岛；一为此岛。所以在此建立天体研究所特别有利。此机构为欧洲许多国家所投资，为西一国所管。开馆有【一】若干诺贝尔奖金获得者和本国总理来参加，备极重视。它将建一国际性权〖威〗研究机构。中国紫金山天文台有青年研究人员名卫伟者在此研〖究〗，曾在实验室见面。我问所长：从天文学上看地球，适合人类生存的时间还有多长。答曰：这〖先〗要解决一个【先】问题：地球存在的年龄有多长。现在已发现的与地球类似的星体已百万计。它们中有的已经消失，有的正在衰老，有的新生不久，它们年龄一般是一百四十亿年。地球已经有七十亿年，则为它的生存时间的一半。说到此处，我们要走了，没有谈一下。可惜。这是一个哲学上有意义的问题，回去再研究。

11 月 28 日

整日在特内里费市和此岛省会游览。晚上市长宴请，看文化节目、民族舞蹈，活泼欢快健美。门票合中国钱一百元一张，外国观众踊跃。

11 月 29 日

上午同熊复观本地市容，在旅馆花园照相，红桥流水，颇见胜况。驱车沿海行，看一棵千年树，树高不过 30 米，主干如铁块铁纽，叶如庐山椰条松，乍看又【名】如燕子掌。每一年下面长出带须一新根一穗，亦此地所特有树种。路上遇大雨，山洪把大石冲上高速路，连见车辆出车祸，受害者满头鲜血淋漓。熊一路讲“凡是”来源，最早为叶公所提，后由耿传达……
后来加在其他人头上，尤其为他们三人，根本不合事实。后来上面了解，所以再未提及。又指于科学处者以科学上□□担保亩产稻万斤是可能的，现在又一变至此。又对陆、扬等极不谓然。又说你是旗子，看过我的百家争鸣文章，合乎事实。又谓现在【是】历史界是历史心理学代替历史唯物论，应写篇“历史心理学还是历史唯物论？”文〖章〗。又看此地表演后，说法国人就认为法国有如何抵制美国文化渗透，【反对】保持法国民族文化，反对美国的问题等等。

车上许（使馆研究室主任，译员）谈佛朗哥坟墓，在马德里郊一山中。山下穿一大洞进去，墓建在中间，一为佛本人，一为长枪党领导人。山顶大十字架高达十米，十字架横划可并行两辆汽车。佛朗〖哥〗有女无子，决定把权力还给原被推翻的王室，指定现在的国王卡洛斯为继承人。其〖时〗卡同原王室族流亡在葡萄牙，接回国内所［受］教育。先上中学大学，然后上军事学院，到各部门实习。卡洛斯，1977年佛朗哥死，卡继王位。1981年军人发动政变，把议会、内阁成员全抓起，地方一军区响应，其他军区即蠢蠢欲动。政变下午发生，晚上十二点，卡洛斯〖着〗军服以三军司令名义在电台讲话，表示支持民主，反对政变。军人撤退，事变结束。个人在历史上的作用，此为一重要例证，应与马克思写的《西班牙》一书中讲费尔南德［多］加以比较。论述历史唯物主义并不否认个人的作用，但（一）他是代表一种社会力量，并非单纯个人的；（二）必须合乎时代潮流。

12月1日

上午参观贝尔纳宫。十六世纪为修道院，建于里斯本西北3—4公里一山顶，树木长年青绿。1840年，D.费尔南多二世改建为行宫避暑之用。石径曲折，房屋依山顶地逐渐增高，特具风格。每间房子小，但摆设特别精致，与欧洲其他宫有别。平台高处望【处】浩淼大西洋尽收眼底，可惜适逢大雾，能见度极差，照相也不见好。下山后又天气晴朗了。从山门往上爬，至少至［要］半小时。我们乘车通至宫门。

下午先至“欧洲大陆西南角”，女副议长特购赠“证书”一张，记有年月，证明到此一游。角端修建有望楼、纪念碑等。照相若干张。比海南岛“天涯海角”为胜，与此相同，不过天涯海角离海面近，此处较高。

从海角回里斯本，路过卡斯卡伊斯。地为一海滨城镇，距里斯本28公里。市内景色优美，有各种玲珑华丽别墅。夏天有钱人多来此度假，据说第二次世界大战时为欧洲著名“间谍中心”。美国《战争风云》一书，详细描写此中情节与当时政治背景。我们由西向东往里斯本，街道右侧往下为海滩，左侧为不高的山岗，别墅依地形建在山岗上，错落有致。——查看《战争风云》。

12月2日

全天政治活动【动】。

上午九点拜访议会，此地为一院制，议长墨法为第三号人物，物理学家，有学者风度。亲自率领议会各有关人员至大门口迎接。进门卫队持枪敬礼，进门后排列仪仗队约20人，表演如仪。据说此为接待国家元首礼节。然后议会会议室，对方致欢迎词，我方答词。而议长在致词特别宣布会将在本月11日讨论通过。中午再至“间谍中心”，午餐后在一别墅睡约一小时。

12月3日

早起从里斯本出发赴波尔图——葡“工作的首都”，为第二大城市，大部分工业集中于此。

车上与葡共议员【议员】、议会外委会主席团成员安东尼奥·莫塔谈话。据云葡共经费主要来自党员党费。但原则是党员入党以后不能损害原来利益收入，但也不因入党谋个人利益。现在议员月工资十二万葡币，约合三千人民币。他本人担任议员以前，每月收入十万葡币，那时物价便宜。现在收入十二万，他每〖月〗只得约三百元人民〖币〗，其他交给〖党〗，他的收入实际减少了。葡共总书记的工资与他的工资〖相同〗。一般党员交党费，没有具体规定，视个人情况而定。关于工人阶级问题，他认为技术科学应用于生产，使工人阶级内部发生矛盾，情况复杂化。以前要多人共同做的工作，现在一个人管理仪器就可以，其余工人发生失业或改拿锤子的人由白领层代替。（按：这是前进中的矛盾，要具体分析。）

Francisco（佛朗机），十五世〖纪〗一个重要教派名，可能来源之一。

Antonio Mota，安东尼奥·莫塔，葡共党员答，“佛朗西斯可”，创始者为西班牙人，葡萄牙信此教。去中国的教士自称佛朗西斯可，《明史》上中国人误认为即国名，又称“蒲都利家”，此为议会关系局长所云。第一副议长云，印度人最早称葡萄牙为佛朗西斯可，这也证明“佛朗机”来自“佛朗西斯可”教派。里斯本北部城市 200 余公里（车行三小时），波尔图为葡第二大城市，以制造、纺织、航海、酿酒著名。没有葡萄牙以前先有波尔图。“波尔图”的意义即“港口”，葡萄牙即“波尔图”语音之转，“波”即“蒲”，“图”即“萄”，省去“尔”加“牙”音，即为葡萄牙。所以“葡萄牙”最初来源于葡语中港口。中国文献中的“佛朗机”则来源于佛朗西斯可教派。此足资语音学家、地理学家考证。

住王子饭店。古老陈旧，英国女王等居住过，所以称五星〖级〗旅馆。实际设备很差，房中很冷，最后加一电炉始维持 20 度温度，落后、保守此为一例。难怪西方称葡为“第二世界中的第三世界”云。

旅馆替客人开门开电梯为门童。着旅馆条纹、浅色服装，俊秀活泼。问其年龄工资等，答云十四岁，每天工作六小时，工资约一百余美元，不上学。

12 月 4 日

早起七点乘原车返里斯本。

忽然想起 1982 年访问澳大利亚时，澳一地点叫“洛阳”，为华侨聚居地，说他们的祖先来自洛阳。澳有〖人〗问我，洛阳在何处，我答以肯定非河南洛阳，因为那里离海远，未闻有群众外出。至于华人所云来自洛阳，不悉何地。当时实有思索。福建有洛阳桥与宋代蔡襄有关，王士禛《池北偶谈》记有福建洛阳故事一则。应查《偶谈》，在《散记》中记入。

又 1974 年葡“425”革命军人起来推推［翻］独裁政府，宪法上写向社会主义过渡，实行土地改革等，有成为“第二个古巴”的样子。1975 年又一次政变，修改了宪法，但有约六分之一的土地，由没收庄园主土地，政变□□在农民手里，因此葡共为议会第三大党，有相当势力。但席尔瓦准备再修改宪法，农民的土地退还给庄园主，斗争激烈。

又至伦敦第二天感冒，至西班牙第一天发烧至38.5度，打针先锋素等，两天内下降，离西班牙时已一切完全正常。现仍服药。

（以上12月4日车上）

十二月四日中午返里斯本，下〖午〗一点在市内一山顶古堡午宴。古堡为一旅游者多去的胜地，居高临下，全市西北部一览无余。市中心有河，分城市为南北两部分，面积甚广，建筑物各异，虽非绝妙，亦为佳景。堡外有铜炮数尊，来历甚早。

葡1640年（即清朝入关前四年）在西班牙统治下解放出来，独立至今。韩一秘，陈大〖夫〗各云有两部讲中葡历史关系的书。韩云一为古文献如《明史》等书所辑汇并加解释而成，书名《西洋四国通商始末》之类（按：此或为张维华《明史欧洲四国传注释》？），非今人所作。一为近年湖南出版的记述葡西等国历史的书（按：此或为河南朱杰勤《中外关系史论文集》？）。两书均需查对。

西葡均为拉丁语，原来相近。葡反西斗争时故意使用隐语或含糊其词，故至今葡人懂西语，而西人不懂葡语（大使所说）。

今晚大使举行宴会，全部访问即告完成。我只在西班牙伽利略宴会上讲了一次话（反映说“很好”，我自己觉得平平），其他都是团长讲话。所做工作有限。但即使中间发烧两天，仍坚持下来了，没有误事。在葡因时差已经倒过来，显得更适应，虽然每天晚上十二点，或一点，才休息，也顶下来了。医生小崔两次量血压，都正常70—120余之间。发烧心跳每分钟88，后来也正常了，77次。

12月5日

下午本地时间三点半抵罗马，从里斯本至罗马飞行两小时半，一路平稳，机下云厚，地中海没有看见。至机场时小雨，由特大宽型车从机边送至机场候机大楼，休息约半小时进城，机场距罗马中心60公里，环城公路极好，车行时速100公里。

半小时抵旅馆，名 [1]，在罗马城边上，豪华型。一路为坡度很小的丘陵地带，树叶深黄，如北京初冬景象，比西班牙、葡萄牙较冷，但非寒风刺骨。

王任重率另一代表团访非洲四国，至此会合。驻意使馆安排明天去佛罗伦萨，后天参观罗马城。希望天气好一点。

罗马机场最大特点是海关前警察端着手提机枪，枪口略向下，对着行人。其不安全可见。

12 月 6 日

早六点起床，赴佛罗伦萨，直行 300 公里，下午再去比萨斜塔，又 80 公里，加上曲折共约 400 公里，晚十一点十五分回至旅馆，连续活动 16 小时 15 分，未觉疲劳，走路很快，轻松，亦异事。

罗马至佛罗伦萨〖时速〗80 里，指高速公里，市区另加 30 里，实际来回达 1600 华里以上。罗马附近多低矮山岗，多小树，少大树。与英国等处所见不同。佛罗伦萨一河流穿过市中心。画廊即在河畔。建筑高大，画廊主要在三楼，文艺复兴时期大师如拉斐尔（马克思评论过）、米开朗〖琪罗〗等原画俱在。许多为宗教画，如《圣母怀孕》，肚子很大，上帝告诉她怀孕了，圣母说她没有，从未接触过男人，怎么会怀孕，上帝说你是怀孕了，儿子就是耶稣。又耶稣受苦等。其次为肖像画，又其次为美人画，多裸体，如“三美女”等。走马观花，一小时走了一遍。画廊下面小广场，塑一巨型大卫相［像］，在〖此〗照相，然后再〖去〗一教堂。本地华侨请吃饭，大多数温州、青田两地人。“文化革命”时只约两千，现全意大利增至一万余人，多为有亲朋，偷渡来者，其中有党员、县委官员等。意方很不满，说是从南斯拉夫边境墓道钻出来的。主要开饭馆、□□，已猛至百家。

午饭后三点去比萨看斜塔。车正北行。前方自东至西，然后转南北有一条山脉，成一曲字形。山非甚高，约数十米至二三百米，车至山曲字转弯处向西，然后又从山脉西面向南，再略偏东，共 80 里，即至比萨。比萨为一

---

① 名字后空白，显然未能记下来。在下一页记有此旅馆名“焦里”。——编者注

小乡镇，逢星期天，游人很多。我步行塔一周。塔高8层，全系石头建筑，倾斜度很大，每层有〖栏〗杆，各有游人在上面眺望。塔基为一石建圆盘，在地以下。塔基圆盘北高南低倾斜，北面离地只7—8公分，南面低于地面，至少两公尺半。塔基圆盘的倾斜度最明显地表现了塔的倾向度，据说前些年每年倾斜约十公分，近年采取了一些措施，稍有缓和。科学上至今没有办法解决。管理者劝告游人不要到南面塔照相。我在此停留片刻，外事局孙副局长说，如果这时塔倒塌，我们就埋身在此了。可惜天色已过四点半，光线暗淡，照相未必很好。然后驱车原途返罗马。平原地带夜景极美，不同方向的快速公路汽车鱼贯相连。有如一条火龙舞动。

12月7日

早十点出发参观罗马城。中午在华侨餐馆午饭，下午三点半回焦里旅馆，即在古罗马城边。共参观下列各处：

①梵蒂冈教堂。

②英雄高地，及其群像。

③英烈祭坛，石筑50级，李先念献花处。

④英烈祭坛下威尼斯广场左侧一五六〖层〗高黄楼房，墨索里尼发动战争即在楼上一窗口向群众发表演说，现仍挂一面蓝色旗为记。广场大致呈四方形，直径不过六七十米。

⑤斗兽场。

⑥隔街高地为恺撒大帝凯旋门遗〖址〗，照了一个相，没有见到什么遗物。

⑦少女泉群雕，由总统府门前广场一小街道下去，再折向右一小胡同，一路下坡，至少500米，来回1000米，熊复上来了，看来很费力。我在上台阶时稍歇一两分钟，不觉十分吃力。

⑧路过古罗马几处遗址，存有断垣废砖，多在地面三或四公尺以下，足见两千年来，地面很快升高了。

来去进城出城，观其建筑比较单薄，不如故宫高大雄厚。

以上各处，最重要者为梵蒂冈教堂。教堂前为一广场，略呈圆形，东西南北直径不过约200米，广场中为高大长塔，顶为一巨大十字架，靠近教堂左右两侧各有喷泉雕像一处。广场入口处设有约一公尺X字形木架，进入木架，即为梵蒂冈领地。教堂外观平平，由广场上去不过二十余级。进入教堂，却见其筑建技巧及其石雕绘画装饰精工雄伟，别处所未见。教堂建筑全部材料均选用最好的大理石，没有一根木料。中间圆顶高达数十米（约40—50米？），中间跨度很大，全部为大理石砌成。一些圆柱和雕像也是整块大理石所琢成（大使馆人云，我们现在在北京饭〖店〗新盖部分从意大利进口大〖理〗石费二十亿？）（不对，经核实，为二亿里拉尔，合美金一百万元左右），大厅圆顶下设一两公尺多高石台，上蒙布色饰，此即教皇宣布文告，对高级神职人员讲话处，这也就是所谓“皇帝宝座”了，不过它没有座位。每当这个时候，大厅和外面广场上□了人群。大厅下面还有两层，厅中间有一石梯下去，下面即各代教皇放置骨灰的地方。大厅两侧，各有小厅多处，金碧辉煌，有的灯光闪耀，有人正在祈祷等。教堂后面有一片大花园，周围圈以高墙，内中树木青翠。教堂左侧面另有四五层楼的普通楼房，其中有一间窗户装着防弹玻璃，是教皇每星期一次与群众招手见面的地方。有□□□共有2000人员，一说二万者，未知孰是。需查对文件。

（以上12月6［7］日下午记于焦里322房间。昨晚服安定三片，睡七小时，最多的一次，今天上午未穿大衣，似未感冒。）

12月8日

昨晚十二点一刻睡，服安定两片，早八点半熊来按铃叫醒，犹在梦境中，中间有似睡非睡状况，足矣，为出来后最好的一次。一是疲劳了；二是心踏实了。早饭后收拾行李，准备中午至使馆午饭，下午登机踏上归途。此行工作尚顺利。昨代表两代表团（王提议）在华领宴会上讲话，简单内容也可以。散会后有人连称“精彩”者，有说“口才好”者。可笑之极。

此行游历所见，为生平所向往已久，回去查看资料，写成“散见”，以历史为中心，或有可取云。

此行我们一个团往返机票十八万元。伦敦、罗马住房自费，单间【单间】一百五至一百六十美元，团长住套房，二百美元以上，加上吃饭（有限的几次），全团十三人，平均每人以二百美金计，至少在一万美元左右。另一团至上［少］加上一倍。

又昨天所说北京饭店总统套间大理石系从意大利进口，经核实，两亿意币里拉，合美金一百万以上。实似可不必。我们不是太富了，何必比这类排场！

下午两点离开大使馆。“条条道路通罗马”，现在要告别罗马了。

下午四点五分飞机起飞。罗马至北京一万一千公里，直飞12小时。每小时近一千公里。这是在空中不着陆飞行最长的一次。比从日本东京至温哥华多出3小时。

在机场与参赞某君谈梵蒂冈情况。据所述如下：梵蒂冈作为一个国家，是政教合一的，教皇在宗教方面是最高教神领袖，上帝在人间的代表者；梵蒂冈作为一个国家来说，教皇是国家元首，他是人又是神，特殊的混合物。梵蒂冈既是宗教大国，也是经济势力不小的实体。世界天主教徒，名义上都是它的臣民，实际它是国际金融大国。许多国家的大银行大财团都有它的资本股份。各地开设公司，各地教会财产都是它的财产，庄园或土地。但它的财产究竟有多少，绝对保密，从不公开，所以梵蒂冈的实力，不止是精神的影〖响〗——信徒中虽然并不都相信那些骗人神话，但也确有虔诚信徒，而更重要的还在它是一支不可忽视的国际金融资本势力。基督教黑暗，查《十日谈》。

梵蒂冈教堂后面围墙中，有街道、商店和各种服务人员。其中职工有时也因待遇等问题罢工，上帝也管不住，无可奈何。

梵蒂冈作为一个国家，有一套行政管理机构。教皇下设国务卿，再设各部，管理宗教事务，各地财产、人员升迁任免等。神职人员中等级极其森严。教皇下有红衣主教、大主教、主教、神父等等。一个神父升为主教要经过许多手续，最后要教皇亲自批准。大权独揽，不许旁落。各种等级或教派的神职人员服色各异，黑袍、绯袍、紫袍，区别严格，教皇着白袍，白色高顶皇冠，如中国旧戏服饰一样华美。

教皇为终身制，这个教皇死了，才另选教皇。以前红衣主教很少，现在全世界红衣主教已多至一百人以上。不是因为信教的人多了，是因为梵蒂冈要拉拢各教派各地区的宗教势力，不得不给封号。教派之多，信仰之异，有如佛教各宗的苦修者，多种苦行者，无奇不有。（范《中国通史》佛教中有讲。）红衣主教原则上是有选举教皇资格，但实际不能都参加，只能一部分有特殊势力的红衣主教组成主教团参加选举。选举教皇是极其激烈的斗争。主教团体集中在教堂的一个房间中，吃喝拉撒几天几夜不离开，从外面看，房顶冒黑烟，就是还没有选出来，看见冒白烟，就是选出来了。实际是实力的较量和利害交易。红衣主教多是年是［事］高，资历深，所谓德高望重者。其实，有些人的行为并非那么清白，照样遭到教徒的非议。所以有的人说，我们信上帝，但不信教皇。

（以上记于罗马起飞后两小时内）

此中大有唯物论的道理，头脑在天上，基础在地上，在人间，而且是双重的。教皇、神界的森严，天堂的幻想反映了人间剥削压迫的等级，地狱般实际生活的存在，教皇的精神权威，也不能离开它梵蒂冈的物质财富存在。这可以作很好的论述分析。

12 月 9 日

早八点半飞机上开始亮灯，准备早餐。飞机前方正好看日出，先见红云，愈来愈红，忽然地出一线，很快变大，如日蚀所见。

快九点已飞过酒泉，忽然宣布北京有雾，不能降落，飞机折返乌鲁木齐，十点半左右降落，党政全体负责人来迎，机场候机室休息，十一点三刻飞北京，乌—京直航 2800 公里，飞行预计两小时五十分。实实推迟五小时到京。

起飞后跨越天山，高峰峻削，低峰如海如潮，飞机似离山峰很近，壮观。（以上九日十二点一刻记于机上。窗户关闭，天亮光。）

一九八八年八月出访新西兰、澳大利亚日记[1]

第二次访新西兰、澳大利亚。

凡事预则立，不预则废。

8月12日

北京下午6时起飞。

孙团长，团员符、钱、刘。连工作人员共7人。比上次小。

晚8时半抵广州，休息一小时多。此地雨后28度，凉快。近10时起飞。空行8小时40分至墨尔本。上次是直抵悉尼。晚上睡可能有一至二小时，为从来所未有。出发前的11号晚上服药睡七小时，也很好。早5点天微明，钱谓可看日出，海上近处云呈红天鹅绒状，远处乳色，亦奇观。飞行大部分时间稳，亦有颠簸。（以上13日早6时半，记于机座。）

8月13日

墨尔本9点起飞，约1小时抵悉尼（本地多华人，仍译雪梨），总领事李锡麟，大使张再自堪培拉接。领馆午餐，住中心区新加坡华人何某所开旅馆，名哈澳依特旅馆集团（译音，人名？无意义），共31层。孙住31层。我、符浩、钱敏住28楼204、205（本人）、206（钱）号。室中有烧开水等设备。下午3点始休息，睡着约半小时。下午华人招待会。

弄清楚澳洲早期来者为洛阳（泉州）人，近来广东人占大多数。华人总数已超过20万。来此自费留学生情况：（一）人数公自费（后者居多）已

---

① 根据手稿收录。——编者注

超过一万人。(二)每人每周(此处以一星期计工资)约 90 澳元，其中伙食 30 元，房费 60 元，为官费留学生规定如此？(两澳元也能吃一顿饭，但只有面包，加杯牛奶，其他不行。)(三)华人青生［年］打工，餐馆排队，广东人餐馆需会广东话，而且工资压低，一二时，给一二澳元。(四)英语补习学校【之】有，联系好，发通知即可来，但必须证明能有往返机票费用和半年伙食费。半年伙食，学费等即需 6000 澳元。(五)因生存困难，女生有堕落的，男生有回国的，似有更多的人要来，等等。

澳东南三州，新南【土】威尔〖士州〗(悉尼)，昆斯［士］兰州(布里斯班)，墨尔本(维多利亚州)。

8 月 14 日

上午至附近海湾公园散步，即上次来照相处。很舒适。昨晚睡眠晚，服药，约六小时。中午总领馆午餐。

下午睡约半小时，四点半至领馆，张再大使谈情况。

饭后吹风。我坚持未讲。

晚上收拾行李，十一点后就寝，开头睡三小时，中间醒，早晨睡约两小时。七点起。

这两天主要休息。身体情况很好，早起凉，中午热，时有暖气，未感冒。

李来荣，新西兰猕猴桃改良者。第二次世界大战□□回国，流落此地。现在国内在福建农科研究工作，已退休，年过八十。“我们几个省派人来考察猕猴桃，就是不能商品化。”

8 月 15 日

上午十点由悉尼飞惠灵顿，澳航班机，乘头等舱，白人坐满，飞行三小时。时差两小时，下午近三点始抵惠机场。大使倪政建(？)、华侨代表等多人来迎。有年老妇侨，极热情，要求代表每人签字。倪即上次同朱学范来此时外交部美澳司工作人员，惠机场有改进，不停场上，直靠象鼻子。市区似较前整洁。仍住库克旅馆4层，但房间很冷，空调不灵。晚使馆便宴。据云此地经济不景气，倒闭店铺不少，外债二三万亿。九改革派，十推进私有化。[1] 旅馆早餐，供应尚丰富，与上次所见无异。

晚上十二点未睡着，服安眠药，睡近6小时。温度在10度以下，暖气不灵，盖厚被子。

8月16日

上午9点半拜会议长，坐半小时，然后至山上花园，上次来过，【在过】在此饮茶，满园鲜花盛开。中有热带植物园一室。又有小吃便餐。小吃茶——青年送茶点，马来亚人，在此留学打工。然后游市容至达尔文（？）高地，上有南极石嵌成大石块作为纪念物，上次来有南回归线标志。现在没有了，问陪同人员，亦言不知。此事很奇怪。查上次记录，当非误记。何以前后不同如此？中午华人餐馆午餐。20新元（约合14美元，60人民币）丰盛之极，九个人，许多东西没有吃完，足见食品不贵，国内乱收费！

下午三点会见代总理。本地“四邑会馆”（台山、新会等）华人晚餐招待。同桌人云，六七八三个月最冷。九月一号开始算春天。一、二月是夏天。此人为司机兼油漆工。自有日本车一辆，与其他41人（此人台山人，能讲普通话）合组成出租汽车公司，为股东之一，每人每车一股。每周雇人开四天，所得45%归司机，他得55%，自己开车三天。两项合计，所有纳税（39%）、工资、原料等，除尽每周个人净收入400新元。以前一新元值1.2美元，现在降为一新元合0.66美元。一家五口，自有房子（此人年四十几岁，大儿子22〖岁〗，小的女儿15〖岁〗，二子一女），每周伙食水电等支出200新元。在餐馆吃饭，一人一餐需10元，高的达20元，参加集会者共三□，20人为“四邑会馆”领导成员。多为小业主，菜园〖主〗，小商人，汽车司机，其他工匠等。大多文化不高或无文化，会讲洋泾浜英语。

---

① 九、十，原文如此。——编者注

8月17日

上午先会外长，谈半小时，开会离去。然后由协理外长（女）提问柬埔寨等问题，只听，不讲见解。然后会反对党领袖，看来水平不高，恐难成气候。下午一点会见议长，即上次来的办公室。其人短须，燕脂，仪表堂堂，尚文雅。（外长，其他议员年轻留须。）中午宴会，一沙拉，一牛肉（大块），一点心。如此而已，无汤，无水菜，但参加者近60人。餐前念经祷告，中间为两国领导人——主席、女王祝酒，只说一句为某干杯，不讲话。点心以后双方讲话。随即散席。稍歇即至议会旁听，辩论如仪。

午宴间与一先在大学教历史，现为议员者邻座交谈。据云，以前学历史的学生很少，现在有三个大学设有历史系（全国共7所高等院校），学生渐见增加。原因是以前主要讲英国史，他本人就是讲16—19世纪英国史的，与新西兰无联系。现在：①教学内容改了，讲新西兰史，本地毛利人史，再加太平洋历史，与人们需要知道的事情有联系了，而且许多人进入政府部〖门〗工作，需要□方的知识。历史知识尤不可少。②学历史可以选择多种工作，如教中学，编报纸刊物，当记者，在政府部门工作等。此时毛利人议员表示，现在讲少数民族——毛利人的历史了，很好。

今天风大，大约6—7级，下午3点半乘用专机离惠市赴南岛达尼丁市。起飞时颠簸剧烈，猛然下落，有如空中坠下。至高空以后，比较平稳。飞机沿岛东岸在海上飞行，飞行两小时抵达尼丁机场，华侨领袖徐百朋，85岁，等廿余人来迎。天冷，离市区30公里，交通不便，可见其热情。下午5点多天色已晚，山头黄色，草地绿色，小房星星点如火柴盒。

8月18日

上午参观达尼丁市羊毛拍卖行，拍卖行经理介绍羊毛在新西兰出口占第二位，仅次于肉类出口。【出】年内【类】出口20亿两千万新元。中国是羊毛大买主，去年从新进口4000又900万吨羊毛。拍卖行从牧场主收来羊毛加工，然后拍卖，拍卖行按不同服务，收取费〖用〗。基点：按一公斤收十二分新元。他们是中间人。新共有几家拍卖行，去年卖出一百五十多万包。每包一百五十公斤。去年达市卖出十八万包。美利奴羊毛最上等的一公斤卖二百一十新元，贵如金。

幼羊在室内饲养，配以专门饲料，产于高地少，两地区。去年此地仅卖出一包。百分之六十为中等羊毛。现在全国羊有六千万只，去年有七千余万只，现在大降了。

奥塔哥大学 1878 年创立，有学生 7000 人。〖奥塔哥〗以前为一个省，达尼丁属奥省，火车站 1906 年。医学较著名，有我留学生十余人。新西兰共有七所高等院校，其中麦西大学和林肯学院侧重于农牧业，奥克兰、惠灵顿、奥塔哥均为综合大学。此地一些 1905、1906 年的小房子均指定为保护物，上个世纪的建筑就更为古物了。

下午参观糖厂一小时，比以前看的上海益民食品厂不知高明多少。清洁卫生，只有几道工序用手工。然后至市政厅拜访市长。侨领 6—7 人在座。其中有得封号者二人，分别为“太平绅士”“女皇公民”。他们并非如香港获勋位需有大量财产。对公益有贡献即可。

上午气温 9 度，中午雪天冷。此地一年最冷为 6—7 月，受南极风影响。

8 月 19 日

上午 9 点自达尼丁飞岛北部克拉斯特市。周围山头白雪皑皑，山下绿草如茵，淡红满树，气温略高于达市。

先至林肯农学院参观，新西兰最好学院，农牧科学较有水平，有国内在此读博士者数人，其他自费等共十余。参观农牧场牧羊狗收羊群，如以前各处所见。适逢日晴，留学生指正南正北方向。指向与北半球同。时值中午 12 点，太阳在北面很低处，与中国冬天所见太阳在南面离地很近者同，以前认为南北方向至此相反者，误。但确实看不到北极星及北半球所见其他星体。及至旅馆，房间适值朝正北，显得阳光明媚，室内温暖。房间朝南者，虽空调器度数相同，感觉则较差。中国冬天气候变化主要来自西伯利亚寒流，而此处降温则来自南风，即南极吹来的寒风。亚洲、新西兰位置不同，所见如此。以前不知何以发生谬误，人云亦云，不能得到知识，此其一端，可概其〖余〗。又留学生问国内情况，谈起物价，他说，中国物价问题与西方不同。西方工资高，用于住房、高级消费者多，用于食物者比例很小，物价上涨，多数人不感觉眼前困难。中国不然，工资低，一大部分用于购买食品和其他生活必需品，物价上涨，立刻表现生活受影响，一部分人明显下降。物价因此成一个尖锐问题，与西方发达国家不能相比。

下午至市政厅，会见市长。参观市政委员会议室。市长介绍开会时市民可随意旁听，但平常无人来，但一讨论电费问题时，马上挤满了人，尤其家庭主妇。因为电是她们关心的问题。所以什么事不能一概而论。比这更根本的中国与西方不同之点，西方发达国家是物资，首先是食物生产过剩，卖不出去，如美国、加拿大、澳大利亚的小麦，美、澳、新西兰和欧洲某些国家的肉类、牛奶制品等供过于求，找不到市场，发生危机，引起金融风潮，造成社会矛盾。中国则相反，粮食生产平均人占有量很低，猪肉紧张与粮食数量不足联系。前几年提倡高消费，你生产品严重短缺，人民消费尚且不足，拿什么高消费？头脑发热。不从生产上去克服物资短缺，就不能在消费、物价上得到根本性解决，或者不是根本途径。以前片面在生产关系上打主意，以为越消灭一切所谓“小生产”，一切平均，生产力就上去了，历史表明此路不通。现在反过来了，但实际仍是从生产关系上打主意，以为公有的程度越少，私有的程度越高就越好了。现在经济学界提出改变所有制形式——实际不是形式而涉及到取消或变〖相〗取消社会主义公有制。从一些议论，看来是资本主义被越说越好，社会主义被说成越坏。以前讲“兴无灭资”，现在没有人讲“兴资灭社”，实际上在许多人心目中，中国走社会主义道路走坏了、走错了，中国的前途出路在于资本主义——不是挂社会主义招牌的资本家是名实相副的资本主义。如果行得通，我看没有理由不赞成，但在中国行得通吗？中国在国外去剥削谁，在国内如果不鲸吞国有和集体财富，能够产生亿万富豪吗？产生了，又是中国之福吗？再好好细细想想。

8月20日

早8点醒，昨晚未服安定，后半夜醒，早晨睡着，尚可。

上午游城，上至附近山上，背面为海滨，房屋整齐，最一般的房子，平房三间一室，小花园，8万新元。上等的30万新元，最多可至100万新元（1新元合美元6角5分）。中午华人吃茶，多为小业主，他们自有房子一般值15万—20万新元。工人平均周工资（五日制）200—300新元。羊最贱者2元可买一只，猪肉5元一公斤。花园除草等临时工一小时3元。使馆修理工一小时30元，有多至60元一小时的。登记失业者，每月领补助180新元。大约半年停止补助，懒惰者停停干干，仍能维持相当生活。因此“华人无穷人”，据此可称为社会主义因素。关键是人口少，全国只300万人，土地相当于中国浙江（？），气候好，宜畜牧，中国与它不能相比。恩格斯之为［谓］资本是天堂，良有以也。又此地不排外，毛利族、华人一视同仁，实际华人多小商人，与白人无利害冲突，也没有在政治上真正有地位的。

近日一直营养过剩，今天中午吃很少，大有好处。

住诺亚斯饭店13层11号，此为克市饭店之最，英女王〖曾〗下榻于此。13层套房孙住者，可能即为英女王住所。市区开阔，小河（约五公尺）流经中间，小鸥嬉戏，垂柳两岸，远较惠灵顿为优。临行看访惠纪录片，可复制。

8月21日

昨天下午自新西兰飞抵悉尼，本地时间下午6点半，中午气温高至20度。领馆和澳议会工作人员来迎，住洲际饭店2626号。附近高楼林立，20—30余层。都是最近7—8年内盖的，上次来只有少数高楼，且不如此现代化。上午10时麦克利（副议长）夫妇，霍利斯（二月访华团长）来音乐厅港口陪同游览悉尼港，并在游艇上午餐。简短发言，一般。下午看文化宫，至海滩散步。

晚上吃饭陪同者，外交部前驻河内使馆馆员斯通霍斯普（娶越南妻子）谈柬埔寨问题，其人表面沉静，祖越观点极强烈。辩论。

游港和谈话中得知数事：（一）澳议员副议长工资高，但买不起海楼房中的一个套间，要30万—50万，他们没有那么多收入。（二）海港山边有总理、总督别墅，但只能在任职期内使用，议员很少去。他们很少乘游艇游港，非政府出钱陪同机会少。（三）外长海登在商店购物，顺手牵羊拿了一件小东西。商店现代手段监视严密，被发现，报纸披露，群起而攻。海登本由总理霍克推荐为下任总督，亦因此遭受责难。一场风波现虽平息，但海登形象因而受损。总领事李锡铭云，此事如发生在青少年身上，一辈子记入档案，找工作、就业都受影响。资本主义私有道德足见重视。

8 月 22 日

上午参观华人投资的菲利普（？）电子线路板公司。中国广州电子七所廿人在此实习。

中午拜访新州议会。昨天商定我为发言人。理由是钱敏话难懂，我的话较容易翻译。澳出席州政府部长主持，参众两院各四员参加。我悉尼总领事李锡铭陪同。照相，讲话，场面正式，气氛热烈。

下午参观股票交易所，新州只此一家，日成交额达二亿元。晚上广东餐馆，据说每 700 元。①

8 月 23 日

昨晚服安眠药，睡得可以，早 6 点多醒，然后又睡半小时。

上午出发赴昆州首府布里斯班。11 点半【与】孙、符从堪培拉来，在机场贵宾室会合。12 点半起飞赴布里斯班。

开头遇见气流，飞机颠簸很烈，后来平衡。昨晚斯通霍斯普问，与你上次来访相比，有何变化。我〖说：〗（一）你们有许多新建设，新议会大厦就是其中代表的建设事项之一，你们的澳大利亚人民取得了新的成就。（二）双方关系很好，关系密切，双方从经济合作者加了一些项目，如悉尼所见，彼此接连有高〖级别〗代表团互访，了解增多。（三）两国议员友好小组建立，彼此互访，增加互相的了解。一句话，与 6 年前相比，我们的友谊大为

① 此处原文如此。——编者注

〖增〗强了。中澳两国人民的友谊是建立在共同利益基础上的，这个共同利益有经济合作，也有政治观点的一致或者相近。

8 月 23 日[①]

昨晚服安眠药，睡眠好。上午在机场与孙、符会合，赴昆州。下午参观博览会，澳会馆设备最现代化，先乘单轨车游行，然后〖参〗观澳历史发展顺序，其中土人生活表演，洞天雷雨，蛇虫出没，活灵活现。中国馆全景电影亦不错。漓景不知何以狭窄异常，殊杀风景。最末为《红高粱》歌，亦无意思。

快餐部会见殷尚瀛，女掌柜为“全美华侨工商业总会”应行久助理，管家。为一交际花，看来四十多岁，自称已作祖母，女儿卅一了。生意赚钱。自称投资 30 万—40 万美元，向中国馆交 30 万利润。关系来自上层。

8 月 24 日

下午两点十五分，离布里斯班后至悉尼，赴堪培拉。

受我们副委员长，也是代表团长委托，在这个丰盛的宴会上讲几句话，来表达我们的心意。首先我要感谢库克先生的热情讲话，并代表我们代表团的全体同事，对澳大利亚议会盛情〖安排〗我们进行这次访问表示衷心的感谢。

中国人〖大〗代表团这次来访，有两项任务。一项任务是祝贺澳大利亚〖成立〗二百周年，参加贵国新议会大厦启用典礼。这项任务已经完成了。再一个任务是进行友好访问。在来到堪培拉以前，我们已经访问了新南威尔士和昆士兰州。会见了老朋友，也结识了新朋友。今天又在这里同各位相见，而明天还将同联邦议会和

---

① 8 月 23 日的日记分别记了两次。——编者注

政府领导人交谈。我们大家都同意中澳关系是很好的，两国领导人和高级代表团不断互访，经济合作逐步发展。中国政府坚定不移地奉行独立自主的和平外交政策，根据和平共处的五项原则同各国发展友好关系。中澳友好是建立在共同利益基础上的，这个基础不仅是经济的，也有政治上在一些重大问题上的一致或者接近。我们的友好合作前途广阔，不可限量。我们的代表团希望这次访问，能够对我们的友好关系有所促进。

各位朋友，还请允我作为中澳友协小组主席说几句话。我要感谢库克先生和澳大利亚小组各位朋友在增进中澳双方议员友好活动中做了很好的工作。你们先发起成〖立〗友好小组，促进了中国人大常委友好小组的产生。两年前中国议会［人大］代表团访澳，中国友好小组成员，大部分都参加了，受到了你们很好的接待。今年二月，以霍利斯为团长的友好小组访问中国，进行很〖有〗益的交流。中国友好小组做了一些工作，今后还要多做工作。美丽的花朵需要人们的培植才会开得更加鲜艳持久。我希望我们共同努〖力〗，不断培植中澳友谊这个美好的花朵，让它鲜艳持久地盛开下去。

惠特拉姆【指】　摩理逊　法依夫（自由党议员）

8月25日

上午9点，澳新议会〖大厦〗与外委会会谈。主席戈登·比尔尼致词。

新议会建筑规模宏大，式样新颖，技术先进。进大〖门〗两边列柱石，左右多有楼梯步行，拾级上登，与我人大会堂近似。各委员会自己〖有〗开会的房间。大楼占地　[①] 方米【亩】。外观只有一两层，顶上树立金属角架。

在副总理办公室见阿格尔夫人即1985年驻华大使阿格尔之妻，彭真曾称此人为“半个中国人”。她现在是副总理办公室工作人员。一进门，首先前来和议会打招呼，称刘先生你好。我事先没有想到在此见面，经她打招呼

① 此处失记大楼占地面积数。——编者注

后认出来。临离开总理办公室后两次相见。她说，她丈夫很想见我面，但现患病，不能谈话。匆匆而别。下午拜会议长夫人，一进门，一位青年工作人员来迎说他认识我。问在何处见过。他说作为友好小组工作人员，今年访问过中国。

昨天晚上库克举行宴会。库刚进门，个子不高，满脸胡须，比较年轻。他首先说我们只是第一次见面，每逢国庆互相电报祝贺等。我发觉把另一个人的名字安在他身上了。立即表示祝贺澳〖建国〗200 年，当面祝贺比打电报好等等。座位排在一起，彼此交谈。库克讲话以后，中方由我讲话（见前面笔记本上内容）。宴会进行至后半截，进来一人，刚就座，立刻彼此认出。来者即上次访华团副团长，名法依夫，自由党议员，做过教育部长。他离座走过来拥抱，代他夫人致候，并说他刚从伦敦回来，与访华时的议长，现任驻伦敦高级专员麦克米芒在伦敦时还说起我，他对我常常〖很〗怀念等。我送书给库克时同时送书给法依夫并签字："尊敬的 ×× 先生请收下这本书！作为我们在堪培拉见面的纪念。"他再三感谢，说是他的极大光荣。我说女儿将在今年 11 年［月］来墨尔本办展览，届时去看他们。法即回答他同夫人去墨尔本见她。要翻译把书上的中文签字译出。临别时写下他的通讯处。我们已经上汽车，找来汽车告别。热情可感。

给法依夫宴席旁的另一小桌上。[①] 库克这时拿着给他的书走来，也要求签字。我指出扉页上的毛笔字，说已经按中国习惯〖签〗过了，并附有另纸中文打字译文。他很高兴。对面坐的他们的"议会之父"前退伍军人部长看了英文打字，说很好。

宴会开头平常，后来气氛热烈。霍在我讲话〖后〗来攀谈，说很喜欢听我讲话。表示再到中国去，一定要见面。在座的有澳方友协小组另一副主席，可惜没有时间交谈。大使云，霍为左派。库克属中左。工党议员中有剪羊毛工人出身的，有教员等，并非都为上层，主要人也为工会运动起家，很难于向右转云。

住海亚特旅馆。

---

① 原文如此。——编者注

8 月 26 日

是日下午往州督府会见州督，晚上华人举行宴会。

上午飞墨尔本，飞行 50 分钟。经济舱来回 190 元。头等 200 余元。通公共汽车。与首都相距 700 余公里。汽车票便宜。副总领事胡，领事兼〖办〗公室主任周。

住李根德（李根——意译“摄政”）饭店 4922 房间。全楼 50 层，已近最高楼。（胡留有名片，已嘱咐请他关照。）晚上华人晚餐，到 100 余人。交谈有老夫妇、澳国朋友。

洛阳在墨尔本东面 150 公里。现在那里已经没有华人。那里有煤矿，一个大的【大的】电机场。1840 年前有许多华人小镇，现只有地名，镇子都不存在了。年老夫人为维多利亚友协秘书。同席中年妇女为澳中友协全国秘书（丈夫为法国人），座［坐］在对〖面〗，未多交谈。

8 月 27 日

上午 10 点 50 分飞悉尼。比预定的 8 点起飞，延误近三小时。墨尔本至悉尼 720 公里，飞行 1 小时 10 分钟。

此次出访顺利。各地气候有差，时常变换，室内外亦有差，但无灾无病。顺利登上返国回程。下站将在悉尼留停。此行两至墨尔本，四访悉尼。（以上记于堪培拉至悉尼途中。）

悉尼至广州 8700 公里，飞行 9 小时。悉尼机场遇居正子居浩然之夫人徐萱。50 年前清华经济系毕业，住悉尼，多次回国。此次同行。

附录

中国人民的伟大朋友和导师[①]

中华人民共和国科学院代表团一到莫斯科，就惊悉约瑟夫·维萨里昂诺维奇·斯大林逝世的噩耗。中国人民，全世界进步的人们都感到无比的悲痛。

在斯大林同志的关心和帮助下，我们的革命事业，中国人民现在正进行的建设事业，取得了伟大的胜利。

二十多年前，斯大林同志英明地指出了中国革命的性质和道路，揭示其反帝、反封建的性质。中国革命用自己全部的历史证实了斯大林同志预见的正确性。他对中国革命基本问题的论述在思想上和政治上武装了中国共产党，帮助中国人民取得了伟大的历史性胜利。

三年多的时间里，新中国在国民经济恢复与重建中取得了巨大成绩，并为实现经济建设第一个五年计划准备了必要条件。这些成绩是在苏联人民的无私援助下取得的。正如斯大林同志所说："这种援助不仅仅是特别优惠的，而且是技术一流的。更重要的还在于，互相帮助和取得经济共同振兴的真诚愿望是这种合作的基础。"

斯大林同志关心新中国的建设，他考虑到了所有细节。在三年时间内，根据斯大林同志的指示，苏联专家帮助新中国进行经济建设。在工业、农业、林业、水利、交通运输业、财政金融、经济规划、基本建设和文化教育领域——到处都能感受到来华苏联朋友的帮助。他们不仅把自己的科学技术

---

① 原载《火星报》，1953 年 3 月 10 日（Лю Данянь:Великий друг и учитель китайского народа.10 марта 1953г.“Искра”）。唐仕春译，陈开科校。——编者注

知识传授给中国的工人、农民、知识分子，而且本着最热烈的友情和最高的国际主义教我们解决各种问题的正确方法。如果没有这些在斯大林同志的倡议和领导下展开的大量的有益的工作，没有苏联的这些无私帮助，中国经济恢复和建设要在如此短的时间内取得如此成绩是不可思议的。

斯大林同志有关语言学问题的天才著作对中华人民共和国的科研工作产生了巨大的影响。它不仅【是】对中国语言学家是最宝贵的，而且在所有社会科学发展中发挥了最重要的作用。

斯大林同志的天才的科学著作还帮助了我国自然科学家消除各种不正确的、反马克思主义的、庸俗的观点，帮助他们理解各自学科领域的特征，帮助他们正确地对待科研工作。斯大林同志在其历史性著作《苏联社会主义经济问题》一书中有关科学规律和由社会主义向共产主义过渡道路的客观性的深刻的马列主义分析，无疑将推动中国科学工作向前发展。斯大林同志离开了我们，但他的名字、他的教导将永远留在我们的心中。毛泽东同志在给苏联最高苏维埃主席团主席的信中表达了所有中国人民的思想情感。他写道：

"中国人民一定会以最大的坚定性，和伟大的苏联人民永远紧密地团结一致，巩固并加强以苏联为首的世界和平民主阵营，提高警惕，加倍努力，打击战争挑拨者，为苏中两国人民的永久利益和世界和平与安全而奋斗到底。"

刘大年教授

中华人民共和国科学院代表团成员

为访问巴基斯坦做的背景资料 ①

一、巴情况不会长久，要变。根据是：一、十年来跟着美国跑，得的东西不多，吃不饱，饿。它看到印度与美闹点别扭，得的东西多。泰、土等，跟美走，得的少。二、印度对巴是大国沙文主义，欺负它。美国不予帮助，反而助印。这里表现了英美矛盾。美国拉印对付中、英。印、巴在克斯［什］米尔问题上的矛盾无法解决。阿尤布有一□子药。苏有［要］印反对美国，也要印反对中国。对巴是高压政〖策〗，要巴与印搞好关〖系〗。要巴不与中国搞好。中国不能够给予帮助。十年来只有巴对不起〖中〗国的，没有中国对不〖起〗巴的。据这个情况，估计要变，当然变到什么程度还要看发展。

二、中巴边界问题。谈判边界是不平常的事情，要认真研究。中国要签约的，要给予时间，不要操之过激［急］。解决边界问题要双方努力，和友好是分不开的。在发展两国的友谊上下一点功夫。巴在联合国连续八年投反对票是不友〖好〗的，我们忍耐了八年。希望。

三、会外要主动地多谈发展中巴友好。我们有本账。1956 年中巴两国总理互相访问过。苏拉瓦底讲了很多友好的话。但不对［兑］现。东巴人民对中国很热情。欢迎总理的〖有〗50 万人之多。接着我们提出援助它建立四个工厂，它不要。一个农业展览会准备送给它，不要。并且省督撤职。十年来我们没有骂过他［它］。你在联合国支持我，我们感谢，是一种正义，欢迎。但不能以此作为条件。强调世界上有帝国主义的存在，就有战争有危险。不反对帝国主义不能生存。

四、中苏关系。如果人家问到，我们要承认有分歧。如果我对你说没有分歧是不诚恳。我坦白地说，在意识形态上某些外交政策有不同。但这不

---

①这里的六点意见，根据手稿收录，推测是为访问巴基斯坦所准备的背景资料。1962 年 1 月，刘大年曾率领中国历史学家代表团出席巴基斯坦历史学会年会，并访问巴基斯坦。六点意见中所反映中国当时的情况，没有超出 1963 年，这是作出上述判断的基本根据。访问巴基斯坦日记未曾发现。六点意见写在 1955 年访德日记之后，未署时间。标题是编者代拟的。——编者注

〖是〗两国、两国人民的问题，是两党意识形态有区别。只能谈到此。这是我们党、国家的事，我是个人意见，你以为如何？中苏对巴也有分歧。

五、克斯［什］米尔，这是巴印两国应该解决，也可以解决的。这是你们自己的事，只要你们两国都不采取沙文主义态度，一定能解决。中缅、中尼能解决。要你们两国解决，不要第三国参加，不要依靠联合国，因为那是联合国操纵的。

中印边境问题。有过实际控制线。本来没有问题，是印度为了国内国外的需要，国内要大选，国外为了向外国要钱。

六、巴要搞历史、文化的会，是与印度有矛盾。地下发掘有丰富的资料。巴基斯坦三千多年。当会议上有印巴历史争论的时候应当站在巴基斯坦一面。

争取了巴基斯坦可以突破美国东南亚条约的薄弱环境，打击印度的右派，打击修正主义。更重要的是解决边界问题，各方都有利益。

生产问题，我们去年灾害，粮产量有下降，今年已有〖好〗转。

钢铁过去达到 1800 多万吨，但产品不够，现在增加各种品种。

是否在搞原子〖弹〗。

东德见闻①

应东德莱比锡大学校长阿德曼的邀请，我和南京大学赵瑞蕻教授于十月二十一日赴莱比锡参加纪念著名汉学家爱吉士教授诞生九十周年和庆祝东亚学院成立三十周年学术讨论会。会后访问了莱比锡、柏林大学和研究所，共两个星期。会见的有大学校长、副校长、历史学会〖负责人〗等一批东德党的高级知识分子。所见所闻，有一些值得注意的地方。

负责接待或与官方关系密切的人，多次表示，希望今后双方有较多的往来。莱比锡大学〖副〗校长别扎说："这次是我们请你们，下次就该你们决定了。"陪同我们活动的洪堡大学教授费路说，今年是我们两国文化交流有意义的一年。五年前这样的往来是不可设想的。"只要你们邀请，我有把握，官方肯定是会支持的"。费路并建议，双方合作进行某些项目的研究，比如德国占领中国胶东的历史等。前柏林大学的讲师、目前在东德党中央工作的考夫曼博士说，双方有争论的问题一时不易解决，可以先从没有争论的问题做些工作。合作研究历史，就属于这样的问题。他们的意思明显地是想通过民间来往，使中德关系有一点松动。苏联在那里控制很严，东德在这方面当然不可能迈的步子很大。

德方很注意中美关系、中苏关系和我国内动态。考夫曼博士其人，事后了解到，是东德党中央在中国问题上出谋献策有重要影响的人物，曾发表反华文章，写过一本研究中美关系的书。在对方特意安排的一次晚餐会上，考夫曼就以学术问题征求意见为名，着重讲了他对中美关系问题的如下看法：

（一）中美关系，中国现在是社会主义，将来还是社会主义，美国是资本主义，两种制度不可能调和，而且还有台湾问题。美国有一个《〖与〗台湾〖关系〗法》，他们对台湾是不会放手的，中国也不会让步，矛盾是尖锐的，不能克服的。因此，中美关系不可能长期好下去。

（二）中苏关系，谁也不能想象中苏两国不久会相爱，但可以想象有一

①1981 年 10 月，根据手稿收录。——编者注

天关系会得到改善。就像现在的苏美关系一样，有矛盾，有斗争，又有合作。

（三）在上述问题上，中国内部有分歧。根据是：中国党和国家领导人在讲到这类问题时的口径不一致。学术界评价洋务运动等问题上的争论，是反映了居于幕后的领导层在目前政策上的分歧。

考夫曼谈话的内容，可以认为，大体上是东德党对这些问题的看法。他们是想做我们的工作，争取中苏关系缓和，挑拨中美关系，并在我国国内问题上抱着一厢情愿的想法。但他只是宣传观点，搜集资料，没有挑衅，没有正面替苏联说话。

考夫曼在谈论中美关系时，强调说：他最近几年两次去美国，与美国国家安全委员会和国务院的高级助手有接触，那些人讲，美国的政策，是实际上保持两个中国，这最符合他们国家的利益。美国目前对大陆与台湾的关系，只是说法不同而已。考夫曼讲这些话自有用意，但看来也不完全是谎言。

东德的社会科学工作颇有特点。科学工作人员标准严，知识水平高。博士只能当讲师，要升教授，必须写出第二本博士论文和有政府分配给本单位的教授名额。系科设置、研究项目很有计划性，不许各自为政，因人设事。研究人员不执行计划，必须改行。科研、教学主力都是壮年。我们见过面的自大学校长至博士、讲师约六十人，绝大多数的年龄为四十出头至五十出头，近六十岁的仅一二人。工作效率高，出版的东西不少。

莱比锡大学右后侧小广场有歌德铜像。像下为石座，两侧各雕歌德年青时在莱比锡大学上学之恋人一，一侧面，一正面，并刻有名姓。据说她们分别对歌德有过影响。其中一人为画师之女，歌尝从之学画。西方类此不以为讳，津津乐道，公之于众，传之于后，以为美谈。与中国风俗大异，有如此者。中国古代大略亦类此。《国语》记载秦某太后对某使臣的话似乎比这更露骨。王士禛《池北偶谈》载此一条，以为不知耻云云。或为宋以后人们的社会风俗观念?

广场附近有地下室酒店，即歌德聚大学生饮啤酒处。《浮士德》中有关大学生酗酒，魔鬼作法、大学生受困等篇章，即指此店。郭老译本称为“欧北和（译音）酒店”（？），即小酒店之意。四周画《浮士德》故事。郭称歌德为“中国贾宝玉”以及其他思想评论，甚是。

莱比锡南郊有民族纪念碑，面向北，对大水池公园。一八一三年拿破仑大败〖于〗普鲁士于此。碑为大块石头砌成，高九十一米，雕大型士兵群像，甚雄伟。汉学家爱吉士所葬公墓即在附近，故曾两度来此。

南美旅行散记[1]

温哥华

二月上旬的温哥华，景色奇丽。远处山头白雪皑皑，山下绿草如茵，花树相间。我们一行，乘的是东京到温哥华的日航班机。飞机上一路用日语、英语、中国普通话和广东话同时播音。从这一点可以知道，加拿大、温哥华一带华裔、华侨众多。我马上想到利用在温哥华停留的两天时间做一点副业：搜集孙中山在华侨中进行革命活动的史料。

加拿大现有华侨四十万人，温哥华占十万至十二万人，大部分已加入加拿大国籍。中国人定居加拿大，据说开始于1858年，那正是太平天国时期。以后，李鸿章、孙中山、康有为、梁启超先后到过温哥华。领事馆的同志帮我找到一部本地华人李东海编的《加拿大华侨史》，近百年的事迹，那上面多有记载。可惜一些看法太陈旧，连累到事实讹误。

康有为于1899、1902、1904年三次到加拿大活动。第一次就在维多利亚、温哥华集合一部分华侨富商，组织起“保救大清光绪皇帝会”，这就是“保皇会”的由来。因为英国事先打过招呼，康至加拿大，官方曾出面接待，给予相当礼遇。康有为在《游加拿大记》里面说：加总理一见面，就表示“吾与子皆新党，愿子速得政如我”。总督也邀请参加舞会，并命一位18岁的女画家给他画像留念。康有为很兴奋，写了这样一首诗：

漂泊余生北美洲，左贤特为写形留。
风鬟十八红衣女，却是中原顾虎头。

---

①1981年2月，根据手稿收录。——编者注

《加拿大华侨史》记载，1899年至1905、1906年间，加拿大保皇会会员多达六七千人。成分以商人为骨干，以各邑界、各姓氏团体的主脑人物为支柱。洪门致公党会员入其彀中的也大不乏人。中年以上的人居多，工人与青年则视为畏途，百中无一。领袖人物有叶恩（惠伯）、李文惠（福基）、李祐枢、黄孔昭等。叶恩于1905年奉康有为之命回到香港，代表康同璧向法院控告革命派的《中国时报》诽谤名誉，诉讼经年。辛亥革命后，叶依附龙济光，充任五县清乡督办，驻扎江门，鱼肉梓里。李文惠也在这时任江门纸厂监督。康有为、梁启超又先后与维多利亚华侨富商李润华、罗昌、周国贤结为姻亲。保皇党在国外的社会基础很少为人了解，从这些记载可以窥见其一斑。

孙中山1897、1910、1911年【春】三次至温哥华宣传革命和筹款。因为保皇党势力大，同盟会迟至1910年才由冯自由建立支部。参加者和积极分子，首先是冯自由主编的《大汉报》社中的一批青年。1916年，革命党人在温哥华组成讨伐袁世凯的“华侨义勇军”。华侨义勇军共二百一十余人。其中黄惠龙、马湘后来成为孙中山的得力卫士，号称“左龙右马”，他们都是开洗衣店的。可以看出，孙中山、革命党人所依靠的群众，与保皇党是有所不同的。

从领事馆得知，温哥华一位华侨老人与孙中山有过交往。老人名卢宝贤，时年96岁，温哥华华人耆年会长。晚上在领事馆相见。他自认为下半身是90岁人，上半身是30岁人。腿不良于行，头脑明晰。照他叙述：1900年前后在香港第一次见孙中山。兴中会办的《中国日报》社址位于香港永安街。卢祖父在美国挖金发财，开设“金山义安商行”，经营香港、美国间的进出口贸易，地点在中国日报斜对面。商行英文秘书某君是孙中山的同志。中国日报来往人多，孙中山常利用商行某君的处所与人谈话。卢听得孙中山宣传革命道理，参加他们的某些活动，但并非兴中会员。他本人1903年去美国，上密执安大学，后来留学那里，认识宋霭龄、宋庆龄姊妹。孙中山某年至底特律筹款，约卢见面，有所商谈。后来孙中山反对军阀，从国外购买飞机，由朱卓文经办。这时卢在上海商业银行做事，孙要他协助。买飞机四架，运到两架云云。卢写有回忆录，可惜稿子不在手边。

我们到达温哥华的第二天中午，加拿大参议员、前议长普瑞先生专程从渥太华来此，举行招待宴会。宴会楼的下面是海港码头。主人特地告知：白求恩去中国，就是从这个码头登船出发的。“中国城”（即“唐人街”）离海港不远。街道一侧有孙中山三次来此住过的小楼。原是两层，现扩建为五层。门首颜字一行：“中国洪门民治党”。据说全美洪门民治党总部也设在这里。市议会决定，在“中国城”辟地建造中山公园，立中山铜像。白求恩、孙中山，他们同是中加两国人民深厚感情的象征。

温哥华市区，随着海湾的地形分为南北两部分，以大桥数道相联结。建筑物沿海傍山，因地制宜，高低起伏。市内保持大片原始森林，甃以水池。大雁、天鹅自由来往。商业街市集中，住宅分散。行人稀少，似城似乡。从北京、东京到处人群拥挤的地方来到这里，猛然感到开阔、空旷。旅行困倦，为之一扫。

波哥大

哥伦比亚是访问南美的头一个国家。从首都波哥大入境，也从波哥大离境。中间游览哥第二大城市卡里、安蒂奥基亚省会麦德林、玻利瓦尔省会卡塔赫纳等地，历时凡八天。

专业的习惯，走到哪里，总不免留心些历史文物之类。不过现在全部议程都是事先商议、安排好了的。其中有拜会总统、参众两院议长；有旁听参众两院的会议，出席两院的招待会；有会见政府部长、地方官员，两院在地方的议员；有参观工厂、地主庄园、咖啡园等等。唯独没有接触到科学、文化研究单位。议员中间可能有历史学家，但未曾碰面。一位众议院副议长对我讲：哥议会议员职业分布的情况，是律师占第一位，其次为医生，又其次为报纸、电台的拥有者或记者、教师、工程师等，最后是工商企业家和地主。现在参众两院正副议长六人，医生占四人。因此，副议长特地补充一句：“我们的议会是医生的议会。”

对我来说，哥伦比亚完全是陌生的。出访以前，浏览过几本有关的书。美国人帕特·姆·霍耳特编辑的《哥伦比亚的今天与明天》是其中的一本。照那上面说，哥伦比亚传统文化的特点是“自私”，人们遇事推卸责任，宿命论，抗拒改革，“如果上帝叫你去当农民，你要一个劲想干别的，那几乎就是异端”等等。走马看花，我当然无法评论什么。不过如果说哥伦比亚文化里尽是消极、落后的东西，肯定是歪曲。

文学作品不必说，绘画同样足以直接反映社会生活、民族状况和人的精神面貌。访问安蒂奥基亚首府麦德林，市政大楼的一系列壁画吸引了我的注意。壁画共九幅。哥著名画家彼得罗·奈尔·戈登斯绘于1934至1938年。画题叫作《咖啡舞》的一幅，描写咖啡收获季节农民劳动的场面。一群妇女采摘咖啡，抬起双臂，有节奏地挥舞，仿佛中国采茶舞，也仿佛西方的芭蕾。劳动者中还有忙于晾晒的，有整理工具的，妇女并有同时照管着孩子的；马匹装备停当，等待就运。整个画面充实、活跃，生活气息浓郁。题名《共和国》的一幅，说明词的第一句话："这是歌颂祖国的一曲凯歌。"画的左面，排列着三个巨大头像，他们是民族英雄西蒙·玻利瓦尔、弗朗西斯科·桑坦德尔、安东尼奥·纳里约。头像下面，以前任总统为中心，经济、知识文化、宗教等各界代表人物，围坐在一张地图面前。地图很显眼地没有巴拿马，1930年它独立出去了。画的中间是一群赤膊的工人，他们举着标语牌，高呼口号，要求将私人资本和外国掌握的矿山、石油、电力国有化。举标语牌的工人下面，一张大桌子，许多人或立或坐，是市议会正在开会。右边是一个印第安妇女，侧身横卧，随流漂荡，不知向何处去，为祖国命运担忧。她的身后，也就是与左边民族英雄头像相对称的位置，伸起一双巨手，表示工人要求组织工会。图的上端从左到右：矿山沦入外国资本家手里，矿工生活贫困化；大批淘金工人在水里面挣扎，失业，死亡；香蕉园工人由于罢工失败，横尸遍野。整个画面，到处是人民群众的斗争，但没有武器。男男女女，裸身露体，赤手空拳，血洒地面。他们或她们，只有一个目的：能够自由劳动，得到起码的生〖活〗待遇。其他七幅画，或描绘妇女儿童的困苦生活，或再现工人、农民、知识分子的斗争活动【和斗争】，思想性和艺术性，处处紧密结合。

那些壁画所告诉人们的知识，显而易见，不知比《哥伦比亚的今天与明天》一类书正确多少，丰富多少。它不是一部历史书，胜似一部历史书。每个民族都有两种文化，麦德林壁画无疑属于哥伦比亚进步的、人民的文化。我自然地产生一种联想：热爱祖国，歌颂革命英雄，关心民族的前途命运，谴责侵略和压迫，把工人、农民、知识分子放在历史主人的地位上……这是一切进步文化思想的主题，是一切体现人民群众利益的文学艺术创作的主题。资本主义制度下的进步文化是如此，社会主义制度下的文化，在这些方面，又应当怎样体现自己的优越性呢？

波哥大市区就坐落在山脚下。主人对我们说，哥伦比亚有句谚语：每天都是春天。其实只有波哥大地区可以这样说。波城以北二十五英里[①]处，是著名的锡帕基腊盐山。长期开采以后，内部已经挖空。人们利用盐石，修建一座大教堂。从城门般的洞口走进去，经过一段相当长的宽阔隧道，便是殿堂塑像。壮观别致。

加拉加斯

委内瑞拉与哥伦比亚大陆相连，历史上一度是一个国家。委首都加拉加斯，紧靠加勒比海南岸。我们去圭亚那、巴巴多斯和特立尼达和多巴哥，往返都经过这里。其间委两院议长出面款待，陪同参观议会建筑。

美洲从（　）[②]起，先后沦为西班牙、葡萄牙、英国、法国的殖民地。美洲遭受殖民统治的时间特早，人民反殖民斗争的时间也特早。美洲殖民地获得独立或半独立，基本是两种类型：进行独立战争，对“母国”革命和改良渐进，由自治进到独立。美国、委内瑞拉属于前一种类型；今天的英联邦成员国、英国“联系邦”属于后一种类型。美国独立战争要打倒的“母国”是英国，拉美民族革命要打倒的“母国”是西班牙。不一样的地方，仅在于此。

参观议会建筑，游览加拉加斯市，听人们的谈吐议论，给我一个突出的感觉：委内瑞拉人强烈关怀自己的民族荣誉，尊敬“解放者”西蒙·玻利瓦尔。

议会大厦位于市中心广场右侧，宏敞精致。大厦中心是椭圆形大厅。每年独立纪念日——七月五日，总统在这里发表演说。1821年6月，玻利瓦尔统帅的革命军在卡拉沃博与效忠于西班牙殖民主义的拉·托雷指挥的保皇军大战，　　[③]取得决定性胜利，重新解放加拉加斯。椭圆的大厅的屋顶画着巨幅卡拉沃博战役图景。进到房子里，抬头仰望，就仿佛身在战场上。

① 刘大年旁注：折算公里。——编者注

② 原文空格待补。——编者注

③ 此处有一句看不清。——编者注

玻利瓦尔解放祖国的三个时期：一、宣誓、独立；二、玻利瓦尔率领主力翻越安第斯山脉高峰，艰苦行军；三、“解放者”去世，灵魂尚在。描绘在另一个大厅的画（？）面墙壁上气氛肃穆。壁画上的翻越安第斯山脉就是讲的这次战役，转称1819年，玻利瓦尔从委内瑞拉东部根据地出发，撇开敌人强固设防的加拉加斯，行军数千公里，直奔盘踞哥伦比亚境内的殖民军。在波亚卡的一次遭遇战争中消灭殖民军主力，解放波哥大。后来人们把这次翻越安第斯的军事行动与古罗马大将汉尼拔〖翻〗越阿尔卑斯山的战略转移相比。

玻利瓦尔领导的民族革命力量，先后解放委内瑞拉、哥伦比亚、厄瓜多尔、秘鲁、玻利维亚和巴拿马；玻利维亚并用他的名字作为国名。壁画所述三个时期，概括了玻利瓦尔一生业迹［绩］中直接与委内瑞拉有关的部分。

议会〖大厦〗外面便是市中心广场。场地直长，但不狭窄。两侧建筑物高大多样。“伟人们”的巨大铜像，矗立在广场靠中间的位置。他们是委内瑞拉历史上的杰出人物、民族英雄。共10人，5人一排，相向而立，栩栩如生。本地人士说，委内瑞拉每个较大城市，都辟有玻利瓦尔广场，大凡公共场所总能见到玻利瓦尔铜像。知识分子的议论是：玻利瓦尔是有缺点、有错误的，但他功绩伟大，我们尊敬他。艺术作品、电台节目，十分重视民族独立、爱国主义的题材。电台奏国歌，群众自动跟着唱。那歌声，不用说，是自发地表现出的群众的爱国感情。

玻利瓦尔被称赞的人称为南美洲的华盛顿，持不同意见的人说他主张中央集权，更像美国开国要人之一亚历山大·汉密尔顿。客观地说，他领导和完成南美独立战争，坚决反对帝制，宣布解放奴隶，与华盛顿相比，毫无逊色。可惜拉美独立以后不久，玻利瓦尔一些部将争夺权力，内部分裂。委内瑞拉地区著名的勇士军人派斯首先发动反对波哥大中央政权的判乱；波哥大内部以桑坦德尔为首的分裂派阴谋杀害玻利瓦尔，发动政变。主张统一、在反殖民主义战争史上取得最辉煌胜利的年轻军事家苏克雷被分离主义者暗杀。玻利瓦尔去世，分裂再也无法挽回。如果大哥伦比亚继续下来，或设想中的“南美联邦”实现了，而不是像后来分裂为若干小国，那么，今天美洲有着一个与美利坚合众国并立的南美强国，是完全可能的。客观形势相近，前途是否相近，人物的活动就起着重要作用。“创业难，守成亦不易”。美国早期联邦派与反联邦派，即统一派与分裂派的斗争相当激烈。汉密尔顿、杰斐逊等人顺应形势的要求，把统一巩固下来，守成功绩，不下于创业的伟大。当前，拉丁美洲各国仍然面临着反对殖民主义、军人主义、霸权主义，巩固政权独立，发展民族经济等一系列艰巨任务。1983 年 7 月，圭亚那、哥伦比亚等“玻利瓦尔国家”隆重集会，纪念玻利维亚独立（？）一百周年，纪念发言者一致强调玻利瓦尔关于拉丁美洲团结和一体化的思想与理想。实际上是历史教训的重要总结。

拉丁美洲的英雄玻利瓦尔[①]

委内瑞拉与哥伦比亚大陆相连，历史上一度是一个国家。委首都加拉加斯紧靠加勒比海南岸。我们去圭亚那、巴巴多斯、特立尼达和多巴哥，往返都经过这里。其间委两院议长和有关人士出面款待，陪同参观议会建筑。

美洲于15世纪起，先后沦为西班牙、葡萄牙、英国、法国的殖民地。美洲遭受殖民统治的时间特别早，人民反殖民地斗争的时间也特别长。美洲殖民地获得独立或半独立基本是两种类型：进行独立战争、对“母国”革命，或改良渐进、由自治到独立。美国和委内瑞拉等拉美国家属于前一种类型，今天的英联邦成员国属于后一种类型。美国独立战争要打倒的“母国”是英国，拉美民族革命要打倒的“母国”是西班牙，不一样的地方，仅在于此。

参观议会建筑、游览加拉加斯市、听人们的谈吐议论，给我一个突出的感觉：委内瑞拉人强烈关心自己的民族荣誉，尊敬“解放者”西蒙·玻利瓦尔，将他的事迹制成壁画，嵌于议会大厦墙壁。

议会大厦位于市中心广场右侧，宏敞精致。大厦中心是椭圆形大厅，每年7月5日独立纪念日，总统在这里发表演说。1821年6月，玻利瓦尔统帅的革命军在卡拉沃博与效忠于西班牙殖民主义的拉·托雷指挥的保皇军大战。革命军取得决定性胜利，重新解放加拉加斯。椭圆大厅的屋顶画着巨幅卡拉沃博战役图景。进到房子里，抬头仰望，就仿佛身在战场上。描绘玻利瓦尔解放祖国的三个时期：一、宣誓、独立；二、玻利瓦尔率领主力军翻越安第斯山脉高峰，艰苦行军；三、“解放者”去世，灵魂尚在的绘画，是在另一个大厅的整面墙壁上，庄严、肃穆。1819年，玻利瓦尔从委内瑞拉东部根据地出发，绕开敌人强固设防的加拉加斯，行军数千公里，直奔盘踞哥伦比亚境内的殖民军。在波亚卡的一次遭遇战中，消灭殖民军主力，解放波哥大。后来人们把这次翻越安第斯山脉的军事行动与古罗马大将汉尼拔〖翻〗越阿尔卑斯山的战略转移相比。壁画上的翻越安第斯山脉就是讲的这次战略

---

① 原载《人民日报》2001年6月15日第11版《国际副刊》。——编者注

转移。

玻利瓦尔所领导的民族革命力量，先后解放委内瑞拉、哥伦比亚、厄瓜多尔、秘鲁、玻利维亚和巴拿马。玻利维亚并用他的名字作为国名。壁画所述的三个时期，概括了玻利瓦尔一生业绩中直接与委内瑞拉有关的部分。

议会大厦外面便是市中心广场。场地直长，但不狭窄。两侧建筑物高大多样。“伟人们”的巨大铜像，矗立在广场靠中间的位置。他们是委内瑞拉历史上的杰出人物、民族英雄。共 10 人，5 人一排，相向而立，栩栩如生。本地人士说，委内瑞拉每个较大城市，都辟有玻利瓦尔广场，大凡公共场所总能见到玻利瓦尔铜像。知识分子的议论是：玻利瓦尔是有缺点、有错误的，但他功绩伟大，我们尊敬他。艺术作品、电台节目十分重视民族独立、爱国主义的题材。电台播放国歌，群众自动跟着唱。那歌声，不用说，是自发表现出的群众的爱国感情。

玻利瓦尔被赞赏的人称之为南美洲的华盛顿，持不同意见的人说他主张中央集权，更像美国开国要人之一亚历山大 · 汉密尔顿。

客观地说，他领导和完成南美独立战争，坚决反对帝制，宣布解放奴隶，其功绩与华盛顿相比，毫不逊色。可惜拉美独立以后不久，玻利瓦尔一些部将争夺权利，内部分裂。委内瑞拉地区著名的勇士、军人派斯首先发动反对波哥大中央政权的叛乱；波哥大内部，以桑坦德尔为首的分裂派阴谋杀害玻利瓦尔，发动政变；主张统一、在反殖民主义战争史上取得最辉煌胜利的年轻军事家苏克雷被分裂主义者暗杀。玻利瓦尔去世，分裂再也无可挽回。如果大哥伦比亚继续下来，或设想中的“南美联邦”实现了，而不是像后来分裂为若干小国，那么，今天美洲有着一个与美利坚合众国并立的南美强国，是完全可能的。

客观形势相近，前途是否相近，人物的活动就起着重要作用。“创业难，守成亦不易”。美国早期联邦派与反联邦派，即统一派与分裂派的斗争相当激烈。汉密尔顿、杰斐逊等人顺应形势的要求，把统一巩固下来，守成功绩，不下于创业的伟大。当前拉丁美洲各国仍然面临着反对殖民主义、帝国主义、霸权主义，巩固政治独立，发展民族经济等一系列艰巨任务。1983 年 7 月，委内瑞拉、哥伦比亚等“玻利瓦尔国家”隆重集会，纪念玻利瓦尔诞辰二百周年。发言者一致强调玻利瓦尔关于拉丁美洲团结和一体化的思想与理想。实际上，这是历史教训的重要总结。

《人民日报》编后：这篇文章是历史学家刘大年先生1981年参加中国人大代表团访问拉美后写的散记，一直没有发表，他去世后家属在整理他的遗稿时才发现。文章虽然写的是他出访时的所见所闻，却渗透着一个历史学家的深刻思考。现经刘大年先生家属的同意，将这篇文章公开发表。

外游散记提纲[①]

一、白求恩出发来中国的码头（华侨、访孙中山的友人）。

二、伟人广场等等（讲爱国民族英雄）。

三、壁画（同上内容）。

四、议会与权杖（假发、保守思想）。

五、奴隶贸易。

六、大资本（哥伦比亚等）。

七、希特勒葬身之地。

八、澳洲袋鼠、树熊、鸭嘴兽（辩证法，恩格斯检讨错误）。

九、新西兰三个“首都”（与议长话别谈话）。

十、森林公园（爱国主义）。

外游散记照此写法——不按国别，引故事叙述，可长可短，以历史〖为〗中心，爱国主义，论英雄人物。

外游散记说明：

1953年2月28［26］日—6［5］月30［24］日，访问苏联，共三个月。中国科学院代表团团员。

1955年10月至民主德国出席东方学会议，访问20天。中国代表团团员。

1962年2月出席巴基斯坦历史学年会，在缅甸、东巴停留约20天。中国历史学代表团团长。

1963年12［11］月1［28］日访问日本，时间一个月。中国学术代表团团员。

1965月5月再次出席巴基斯坦历史学会，访问两个星期。中国历史学代表团团长。

1979年10月至1980年1月访问日本，其时访问了三个月。担任日本东

---

① 根据手稿收录。——编者注

京大学研究院特聘教授。

1981 年〖2 月至 3 月〗访问哥伦比亚、圭亚那、特立尼达和多巴哥、巴巴多斯。在加拿大温哥华、墨西哥、委内瑞拉、巴拿马先后停留，时间共 40 天。中国人大代表团团员。

1981 年 10 月下旬，出席民主德国纪念汉学家爱吉士学术讨论会，时间 10 天。

1982 年 10［11］月至 12 月，访问澳大利亚、新西兰，在香港停留，共 40 天。人大代表团团员。

1985 年 4 月访问日本，时间两个星期。中国社会科学代表团副团长、团长。

1985 年 8 月至 9 月至西德斯图加特出席国际历史科学大会，时间 10 天。中国历史学代表团团长。

1986 年 10 月出席苏联科学院孙中山学术讨论会，访问时间 10 天。中国历史学代表团团长。

1987 年 7 月，出席日本京都、东京“七七”事变 50 周年学术讨论会，时间共两星期。中国史学会代表团团长。

1987 年 11 月至 12 月访问西班牙、葡萄牙，在伦敦、意大利先后停留，共 18 天。中国人大代表团副团长。

1988 年 8 月访问澳大利亚、新西兰两星期。中国人大代表团团员。